ニュース空間の社会学

不安と危機をめぐる現代メディア論

伊藤守・岡井崇之編

世界思想社

はじめに

1　不安と危機をめぐる現代メディア論

現代社会にじわじわと浸透している「不安」の感情はどのようなメカニズムを通して生まれているのだろうか？　そして、この「不安」の感情は、われわれ一人一人に、そして社会に何をもたらしていくのだろうか？　これらの問いに簡潔に、しかも説得力を持って答えるのは容易ではないだろう。にもかかわらず、メディア空間には「不安」の文字や語りがあふれている。近年、新聞、テレビ、インターネットなどの媒体を問わず、それらに共通して見られる特徴のひとつが、「不安」をキーワードとしてつくり込まれるニュースのあり方であったと言えるのではないだろうか。

たとえば、自民党から民主党への政権交代が起こった二〇〇九年衆議院議員総選挙の選挙報道では、各政党のマニフェストを解説する形で「雇用」「貧困」「子育て」「年金」など切迫した個別の争点が繰り返し報道されたが、そこではこれら多くの争点が「雇用不安」「生活不安」「健康不安」「将来の不安」のような複数の不安、あるいはそういった諸々の不安を内に含んだ「社会不安」といった枠組みで報じられていた。また、こうした事態はニュース報道にとどまらなかった。

そのことは、『健康不安社会を生きる』〔飯島 2009〕、『〈不安な時代〉の精神病理』〔香山 2011〕、『「自由な時代」の「不安な自分」』〔三浦 2006〕など、健康、自己、犯罪、グローバル化など、さまざまな要素と結びついた不安をテーマにした書籍が同時期に立て続けに出版されていることからもわかる。日本のさまざまな言説空間において「不安」が大きな位置を占めていたと言えるだろう。

本書で焦点となるのは二つの問題関心である。ひとつは、前述した「不安」が近年の日本社会に通底する特徴となっているということ、およびそのような不安社会とニュースメディアが相互に関連しているのではないか、さらに両者が深く関連することで何が生じているのか、という問題関心である。もうひとつは、かつて「ニュース」と言ったとき、暗黙のうちに「テレビニュース」を指す場合が多かったが、現在、われわれを取り巻く情報環境は大きく変容し、インターネットのニュースサイトやソーシャル・ネットワーキング・サービス（ＳＮＳ）でのニュースの閲覧が当たり前のものとなっている。このような事態をいかに考えるのか、という問題関心である。新しいメディアを媒介とするニュース受容が、世論形成や政治、経済、文化の動向などに影響を及ぼすような事態が進行していることはもはや明白である。そして、それが前述の不安の拡大や増殖にも深いかかわりを持っているのではないだろうか。

また「危機」や「脅威」、そして「不安」と言ったときに、二〇一一年三月一一日以降われわれが経験した東日本大震災と東京電力福島第一原子力発電所事故による「危機」や「不安」を避けて通ることはできないだろう。震災前の段階で本書の構成はほぼ確定していたが、震災を経て、三・一一をめぐるニュース経験を可能な限り記述することを目指した。

2　ニュースをめぐる社会状況の変化

不安と危機をめぐっては、近年国内外を問わず社会状況に大きな変化があったことを踏まえておかなければならない。グローバルな規模では、二〇〇八年九月のリーマン・ショックに端を発する世界的な経済危機が起こった。二〇〇九年頃からの欧州危機は現在に至っても世界経済に大きな影を落としている。また、二〇一〇年のチュニジアの「ジャスミン革命」から広がった中東の民主化運動も挙げられる。日本国内に目を遣ると、二〇〇九年の政権交代劇は、その後三年あまりで幕を閉じ、自民党が政権を奪い返す結果となった。そして、二〇一一年の三月一一日、東日本大震災と福島第一原発の事故という未曾有の大惨事をわれわれは目の当たりにすることになった。

一方、メディア環境に目を向けてみても多くの変化が見られた。ユビキタス社会の進展、ツイッターやフェイスブックなどSNSの出現、電子書籍などの利用者の増加、スマートフォンなどモバイル端末の高度化などである。中東の民主化運動では、デモの組織化にツイッターが用いられたことが報じられているし、日本においても、政権交代に際して新聞、テレビ、インターネットの言説が相互に関連するなかで世論形成が行われたことが指摘されている［遠藤 2011］。

その後、三・一一に直面することで、マスメディアはその重要性やジャーナリズム機能があらためて問われることになり、また、普及し始めて間もないSNSは危機的な状況でその可能性が試されることとなった。しかし、たとえば当初「アラブの春」と称された中東の民主化運動が、複雑な政治的、民族的、宗教的な背景からその後混迷を極めていることや、政権交代後の民主党政権がその後、ネットや政治家自らが駆使していたSNSといった言説空間を中心に支持基盤を失っていったことを見れば、新たなニュース環境が大きな変化をもたらす半面、それが社会制度や秩序の構築や社会的な合意形成においてどのように利用され得るのか、といった論点もあらためて浮上している。

このようなさまざまな局面での激しい変化を経験するなかで、ニュースをめぐっても多様な水準での変化が立ち現れているのではないだろうか。たとえば、①ニュースの生産過程の変化、②ニュースの消費形態の変化、③ニュースを消費する空間の変化――などである。これらのことが示しているのは、個々のニュース表象や言説だけではなく、ニュースをより広い社会的文脈でとらえる必要性が今まで以上に生じているということである[1]。

従来、ニュース研究に限らず、メディア研究自体が固定的な視聴形態やオーディエンス像を想定してきた。しかし、今日電車での移動中にモバイル端末でニュースを閲覧するという行動が広く見られるように、あるいは、いたるところに設置されたモニターや電光掲示板からニュースが否応なく視界に入ってくるというように、ニュースの空間的な広がりやそこで得られる経験に目を遣らなければならない。

こういったニュース経験は、受動的で漫然としたニュース消費を促すという考え方がある一方で、SNSなどを駆使した新たな社会運動や表現活動につながる能動的なあり方も近年生じていることが指摘されている［伊藤昌亮 2011, 2012］。

後者においては、脱原発を訴える「金曜官邸デモ」や「フラッシュモブ」のような動きが見られる一方で、「ヘイト・スピーチ」（憎悪表現）のような排他的なレイシズムも顕在化しているし、LINEやツイッターと若者の逸脱が結びつけられ「社会問題」化されるという状況もある。

本書はこうした新たな変化を視野に入れて考察を行っているが、その半面、体系的で網羅的なニュース研究を志向したものではない。また、ニュースの利用行動を経験的に記述し、それらを一般化しようとするものでもない。それぞれの執筆者が、特徴的で問題が凝縮されているイシューに焦点を定めて掘り下げることで、多様な視点からニュース空間のあり様やその変容をとらえようとするものであり、さらにそれらを導き糸として現代メディア社会が抱える諸問題に迫ろうとするものである。

3　本書の構成

次に本書の概要を紹介しておきたい。序章「ニュース環境の変化と『不安』の構築」（伊藤守）では本書全体を貫く分析視角が示されている。そこでは、「世界を見る視点としての『不安』」がどのように構築されているのかという大きな問題意識がまず提起される。

以下、本書は三部構成となっている。第Ⅰ部「遍在するニュース空間」は、ニュース空間の変容がどのような特徴を持っているのかに焦点をあてている。第1章「断片化するニュース経験」（土橋臣吾）は、移動しながらニュースを消費するオーディエンスの個別的で断片的な経験を記述している。そして、そこで立ち現れる「移動すること」と「社会的なもの」が交差する瞬間を、より大きな文脈でとらえるための視座を示唆している。第2章「遍在する、ニュースと〈個人〉」（小林義寛）は、秋葉原無差別殺傷事件と三・一一後のネット空間の考察を通じて、ニュースが遍在するなかでの「個人性」と「公共性」の関係とその危うさを論じる。第3章「個人ニュースサイトの活動にみるニュース空間の遍在性」（平井智尚）は、ウェブで急増しているニュースサイトの特徴と現状を把握することにまず主眼を置く。東京都青少年健全育成条例改正に関するニュースを分析し、そこにネット空間独自の批判性があることを挙げながらも、それが既存のマスメディアが抱える諸問題も併せ持っていることを指摘する。

第Ⅱ部「不安のニュース言説」では、テレビニュースのマルチモーダルな表象や言説を通じて経験される「不安」をとらえようとしている。第4章「臓器移植法の改正をめぐるテレビ報道の動き」(2)（清水瑞久）は、各番組を詳細に分析した結果、臓器移植にとどまらない、再生医療などの医療テクノロジーの発展に対する期待の一方で、それらと表裏一体にある「不安」の存在が不可視化されていることを指摘する。第5章「新型インフルエンザ・パンデミックへのカウントダウン」（柄本三代子）は、「パンデミック」（感染症の世界的な規模での流行）として表象された新型インフルエンザ報道を時系列的に追っている。分析からは、矛盾に晒された視聴者のニュース経験が明らかになるが、その視座は、その後に起こった福島第一原発事故や、二〇一四年に西アフリカで広がり、今も世界中を震撼させているエボラ出血熱をめぐる報道をとらえるうえでも有効なものである。第6章「若者犯罪報道が描く脅威と不安」（岡井崇之）は、不安社会をつくるひとつの要素として若者犯罪報道を位置づけ、そのなかでも日常的に繰り返されるルーティンな言説に着目する。「大学生大麻事件」と「茶髪入試不合格事件」の分析を通じて指摘されるのは、言説の編制を通じて構築される「身近なリスク」としての若者イメージと不安との関係である。第7章「ニュースが伝える失言、ニュースが組み立てる失言」（堀口剛）は、福島第一原発事故をめぐる政治家の「失言」について、テレビニュースの語りと映像を詳細に分析している。そこから導かれるのは、不安や不信感と結びつきながら発言が「失言」としてメディア空間で瞬間的に立ち現れ、それらが爆発的に拡散していく過程である。

第Ⅲ部「ニュース経験の多層性」には、現代のメディア社会をとらえるうえでの重要な論点を収めた。第8章「危機における言説の力を分析する」（藤田真文）は、福島第一原発事故当時の枝野幸男官房長官の「直ちに人体に影響を及ぼす数値ではない」という発言を事例に、言説分析というアプローチの可能性をあらためて問いかける。第9章「テレビニュースの『水俣』」（小林直毅）は、約六〇年にわたる水俣病の言説を総括することで、「現にある」ニュースのみを対象にした共時的分析では見えてこない「水俣」の歴史性を浮き彫りにし、同時にそれが現在「歴史化」されている政治性を看破している。第10章「政治を語るテレビニュースのことばと身体」（伊藤守）は、対象をテレビ朝日の「ニュースステーション」と「報道ステーション」に絞って分析している。そこから展開される考察は、これらの番組におけるキャスターの語りや身体性が、政治家や視聴者、さらに言えばメディア空間をも巻き込んで「意図せざる結果」を引き起こしたのではないかという大きな問題提起を行うものである。

この間の重要なイシューでありながら、事例研究としてカバーできなかった重要なもののいくつかについては、コラムを設けて補うよう努めた。前述したように、本書は体系化を志向したものではないため、本書を手に取っていただいた読者の方には、関心を持たれた章やコラムから読み進めていただければ幸いである。なお、本書で取り上げる人物の所属や肩書きについてはすべて当時のもので統一している。また、引用文中の〔　〕は引用者による補足である。

編者を代表して　岡井崇之

付記　本書は、文部科学省科学研究費補助金基盤研究（B）「グローバル化におけるニュースメディア・テクスト研究の刷新」（二〇〇七年度～二〇〇九年度、研究課題番号一九三三〇一一八、研究代表者：伊藤守）の成果の一部であることをここに付記しておきたい。それから、三・一一を経験したことで、本書の構成を大幅に変えることになり、スケジュールの面でも大きな変更を余儀なくされた。原稿を粘り強く待ってくださった世界思想社編集部の本書スタッフの方々にこの場を借りて感謝申し上げたい。

注

（1）ただし、本書はニュースの機能や生産／受容過程、制度、産業などのすべてを網羅的に研究しようとするものではない。従来のニュースの全体像をまとめたものとしては大石らによる入門書が詳しい［大石・岩田・藤田 2000］。

（2）メディア・コンテンツを複数の要素（モード）からなるものととらえ、それらの結合による意味の生成をとらえようとするアプローチを指す［伊藤編 2006 など参照］。

目次

序章

ニュース環境の変化と「不安」の構築

伊藤　守

1　ニュースの経験の変化

移動の経験とニュース受容

朝起きると、顔を洗い、机で一仕事終えて、ＦＭラジオを聞きながら朝食をとり、その後にまた机に向かいメールをチェックし、Google や Yahoo! のサイトでニュースをチェックすることが普段の過ごし方になった。「トップ」「社会」「政治」「テクノロジー」と並んだ項目の中から関心のあるニュースを選択して一読した後、関心をもったニュースを、他のニュースサイトでどう報じているかチェックすることも多い。毎日とはいかないが、重大な出来事が起きた場合には、イギリスの『ガーディアン』の記事をネットで見ることもある。

日中はどうだろう。仕事場までさほど時間がかからないこともあり、移動時間にケータイを取り出してニュースをチェックすることはない。お昼に少し時間があるときには、パソコンの画面で朝じっくり見ることのできなかったニュースサイトを開くこともある。だが「2ちゃんねる」を見ることはほとんどない。そのため、学生に「先生、今、こんなことで盛り上がっていること知っていますか？」と言われても、その話題にまったくついていけないこともある。ニュースを読む・見る、という経験がそれぞれの個人によって異なること、これまでであれば社会の構成員がほぼ共有しているだろうと考えられてきた情報共有の基盤自体がすでに大きく揺らいでいることを実感するときだ。

大学生や若者の間でのニュース受容の経験が、年配者のそれとは大きく異なっていることが予想される。自分の部屋やリビングといった特定の空間でニュースに触れるよりも、移動中の電車や街頭でケータイやスマートフォンでニュースをチェックし、ツイッターによる友人や様々な人からの情報を介して、身近な話題から大きな事件まで多種多様なニュースを経験している、そんな若者の姿が浮かび上がってくる。友人が話題にしている私的でもあり公共的でもあるような新規の情報まで「ニュース」と考えるなら、私たちは場所と時間を問わず、つねに「ニュース」に触れながら生活している時代に突入したと言えなくもない。

移動する個人と一体化したモバイルメディアから、ビルの側面に設置された巨大なスクリーンや店頭を飾る小型のスクリーン、電車のドアの上部に設置された小型のスクリーンに至るまで、ニュースを受容する空間は遍在化し、拡散し、こうしたメディア環境の中で、それぞれの年齢層で、あるいは同じ年齢層でも職業や関心の違いに応じて、一人一人が個別のニュース経験を積み重ねている。受容するニュースの種類も、それを伝えてくれるメディアの特性や情報の在り方も、さらにニュースを受容する空間も変容する中で、現在のニュース経験は、具体的にどう変化しているのだろうか。

リビングで見るテレビニュースに引き込まれる瞬間

前述のように、ニュースを受容する空間が遍在化する中で、ニュースの経験が差異化し、多様化している。とはいえ、ネットでニュースを選択することが日常化した今日でも、テレビニュースを視聴する経験がなくなったわけではない。多くの人がかなりの時間をそれに割いているのではないだろうか。そしてそのテレビニュースをベースにしながら各種のネット情報が流通しているというのが現状ではないだろうか。

筆者も比較的早い時間に仕事を終えて帰宅したときには、いつもＮＨＫの「ニュースウオッチ９」を見ながら夕食をとり、一〇時近くになるとチャンネルを変えてテレビ朝日の「報道ステーション」でまたその日のニュースを見ることが多い。ほぼ同じニュースが伝えられるから、一つの番組を見るだけで済ませばよいのに、二つのニュース番組を見てしまう。時には、「報道ステーション」を見終わったあとに、ＴＢＳの「ＮＥＷＳ23」まで見てしまうこともある。もちろん、他のバラエティ番組やドラマも視聴するが、他に見る番組がないと、妻から「同じニュースを見なくてもいいでしょう」と言われても、三つの局のニュース番組を連続して視聴してしまう、そんなパタンに嵌《はま》ってしまうのだ。

たとえば、二〇一二年八月二九日の「ニュースウオッチ９」はこうして始まった。

ナレーション「野田総理大臣に対する問責決議案の採決が……」
映像①　国会の大臣席に座る野田総理大臣の顔のアップ
映像②　投票結果を読み上げる参議院議長の顔のアップ
議長「白色票一二九票、青色票九一票、よって本決議案は可決されました」
ナレーション「消費税の引き上げを批判する野党七会派が提出した問責決議案が、自民党など野党側の賛成を得て可決」
映像③　公明党の山口代表議席の空席映像
ナレーション「公明党は採決を欠席」
映像④　議員が参議院の議場から退席するシーン
テロップ「事実上〝閉会〟へ」
効果音（なんともその音を表記することが難しい）リズミカルな高音の効果音
映像⑤　輿石民主党幹事長、谷垣自民党総裁、水野みんなの党参議院国会対策委員長、山口公明党代表の映像とコメントならびにそのテロップ
映像⑥　野田総理大臣が国会内の廊下を歩くシーン
ナレーション「問責決議案が可決された野田総理大臣、法的拘束力が無いなどとして辞任や衆議院の解散には応じない方針です」

効果音　リズミカルな高音の効果音
ここでようやく、大越健介キャスターと井上あさひキャスターが登場する

番組の冒頭から、今日の「衝撃的な出来事」と言わんばかりに、ニュースが語られはじめ、それが一段落したところで、ニュースキャスターが登場する。冒頭からすぐさまニュースを流す、こうしたニュース番組の形式はいつから生まれたのか。初期のニュースは時計が映し出され秒針がちょうど「12」を指したときニュースが始まった。もう時計が画面に出ることはないが、つい先頃までは、ニュースですよ、と知らせてくれる番組のタイトル映像とテーマミュージックが流れ、その次にキャスターが登場し、「〇月〇日のニュースです」といった挨拶があり、それからニュースの具体的項目が順次報じられたのだが、それがいつ頃からか、番組開始と同時にニュース映像が流されるようになった。これもまたニュースを受容する経験の、看過できない変化の一つである。

この番組形式の変化が何を目指しているのかと問われれば、たぶん視聴者をニュース番組開始と同時に番組に引き込むため、というのが妥当な回答だろう。冒頭から、これこそが今日の重大ニュースと流されれば、ついついその映像に引き込まれ、そして少しドキドキしながら見てしまう。いつもその罠にかかってしまい、筆者はほぼ毎日ニュースを視聴してしまうのだ。何か重大な出来事が発生したとき、街頭で「号外！　号外！」という叫び声とともに号外がばらまかれると、誰だって何が起きたのかと気になってついそれを手にしてしまう。ケータイやスマートフォンで何が起きたのか、事の成り行きをいち早く知ってしまった後でも、「号外！　号外！」という声を聞くと、その声の方向に足を向けてしまう。こうしたことが、毎日、テレビの映像と音声を通じて繰り返されている風なのだ。また、過剰すぎることはないが、それでも印象に残る、効果音のリズミカルな音は、視聴のリズムとともに、ニュースの間合いを調整し、視聴者の内部に何かしらの情動を生み出していく。

つまり、冒頭からニュースが流されるという形式は、ニュースの画面に視聴者の顔を向かわせるための工夫であり、それは結果的に視聴者に少しのドキドキ感を与えながら、すなわちある種の情動を喚起させながらニュースを見る地平

をあらかじめかたちづくるのである。妙なたとえかもしれないが、「号外！　号外！」という声を聞くと心が騒ぐように、ニュースの冒頭から、「ドン、ドン、ドン、ドン」という太鼓の音を聞かされて、心が動くような体験とでも言えばよいだろうか。

2　ニュース報道と「不安」

日常生活を包む不安の感情

さて、同八月二九日のNHKのニュース項目を一通り見ておこう。トップは、前述したように、野田総理への問責決議案可決、それに続いてオスプレイ事故の調査結果を報告するために沖縄県庁を訪問した森本防衛大臣と仲井真知事の会見、南海トラフ沿いで起きる巨大地震の被害予測、日朝協議、中国の日本大使館の公用車襲撃事件に対する中国側の対応、あらたな出生前診断といったニュースが報じられた。

「報道ステーション」の場合はどうだろう。「報道ステーション」では、男女の動きを一本の線で描くコンピュータ・グラフィックスの映像が流れた後に番組タイトルバックそしてテーマソングが流れ、その後にスタジオに飾られた花をアップで映し出し、次にスタジオに並んで座る宇賀なつみ、山口豊、古舘伊知郎、三浦俊章、青山愛をしっかり捉える映像を流して、ようやく古舘が語り出した。

古舘「まずは政治の問題からです。加速度的に政治はひどいことになっていると思います」

この冒頭の発言からスタートして、NHKと同様に、野田総理大臣に対する問責決議案が可決されたことをトップで伝えた。その後、日朝協議、南海トラフ、アメリカのロムニー共和党大統領候補、中国の日本大使館公用車襲撃事件、防衛大臣の沖縄訪問と続いた。ニュース価値の判断でどのニュースが先に流されるかの違いはあるものの、ニュースの項目はＮＨＫのそれとほとんど変わらない。

ニュースである限り、事件や事故、経済や政治の動向、社会生活上で起きた様々な問題が伝えられる。では、その報道を通じて何が伝えられるのか。もちろん、事故や事件があったという事実とその経緯であり、その日の国会の動きや政治家の言動であり、景気の動向に関するデータや専門家の見解である。

だが、それとともに、この何年かの間、ニュースを通じて私たち視聴者に伝えられてきたのは、個々のニュースが伝える「事実」のみならず、そのニュースが暗に示す「脅威」なのではないだろうか。そしてこれらのニュースを受容した際に私たち一人一人の視聴者に、茫漠とした「不安」の感情が生起していたのではないだろうか。

この八月二九日の報道に即して考えてみよう。トップニュースの問責決議案の可決は、「加速度的に政治はひどいことになっている」ことの一つの事例として語られることで、日本の政治の先行きに対する「不安」が示唆される。南海トラフ沿いに起きると想定される巨大地震は、予測される甚大な被害の脅威を伝え、否応なしに「不安」の感情を掻き立てるだろう。オスプレイの配備は、もし墜落したらいかなる被害が起きるか、配備が予定される沖縄の人々やそれ以外の基地周辺地域の人々にとっても、それを知った視聴者にとっても、大きな「不安」の原因となる。中国の日本大使館の公用車を襲って「国旗」を強奪した事件は、経済大国となった中国と日本との関係がますますこの事件を通じて悪化することを懸念する「不安」の材料となる。つまり、経済ニュースであれ、社会ニュースであれ、私たちの生活や将来の「不安」材料としてニュースが受容される、そうした状況が成立しつつあるということだ。

「不安」の社会心理とメディア

とはいえ、ここで、テレビニュースが「不安」を過剰に煽るような報道をしている、ありもしない脅威や危機を言い立てて「不安」をメディアが勝手に創り出している、と主張したいわけではない。そうしたケースもあるが、ここでの主題ではない。

また他方で、ニュースと「不安」とのかかわりという点で言えば、現実に、日本社会が歴史的な変化に直面し、しかも「危機的」な状況に置かれている、という〈現実〉から生まれる「不安」が問題だ、という意見が主張されるかもしれない。ニュース報道にかかわりなく、日本社会の〈現実〉が「不安」を生み出しているのだ、と。経済成長が目覚ましい中国や電子通信テクノロジーの分野で日本の産業を追い越すまでに成長した韓国との競争で、日本の経済は今後どうなるのか。長期にわたって政治不信が続く日本の政治状況の下で、雇用も貧困問題も福祉問題も解決できない、こうした中、今後私たちの暮らしはどうなるのか。さらに数十年以内に高い確率で巨大地震が発生することが予測される中、私たちは否応なしに将来起きるだろう巨大な自然災害の脅威への「不安」を抱くだろう。一九九七年に発生した高病原性鳥インフルエンザなど、世界規模で感染症が流行するとされるパンデミックの脅威もある。科学技術が進歩すればするほど、実際には過酷事故や深刻なシステムダウンの危機に直面する可能性が高まる。それはまさに私たちが「三・一一原発事故」で経験したことがらでもある。

さらに言えば、情報技術の進歩による計算速度やデータ解析の向上は、シミュレーションを通じた様々な未来予測を可能にし、未来の脅威を可視化して私たちに見せてくれる。言い換えれば、数え上げればきりがないほどの「不安」の材料がここかしこに遍在している。

こうした現代社会を取り巻く新たな経済的・政治的な課題や、自然災害への対応の必要性に直面する中で、「不安」がどうしても生まれてしまう。

現代社会に潜在する「不安」という社会心理の存在、それは否定できない。とりわけ、九・一一以降の世界、三・一一後の世界を想起するなら、私たちは深く、そして長期にわたる「不安」の社会心理的状況にある。「不安と現代社会」は、現代社会の特徴や現代人の社会意識や社会心理を読み解くための大きなテーマの一つなのだろう。

だが、そのことを認識しつつ、現実に「不安」の社会心理を醸成する客観的条件や文脈が存在するのだから、「不安」が生まれるのは当然のことだろう、と考えることはあまりに事態を単純化しているように思えるのだ。その自明性自体を問い直すことが必要ではないだろうか。政治的な問題であれ、経済的な問題であれ、私たちはニュースを通じてはじめてその問題の所在を認識する。体内のいたるところに張り巡らされた血管を通じて血液が循環するように、社会システム内部に流れる情報を通じて私たちは事態を認識し、そのことを通じて時には「不安」の感情を抱き、時には「不安」の感情が抑制されることもある。つまり、この情報の流れ、メディアが伝える情報の伝え方を捨象してしまったのでは、「不安」の感情が醸成されるメカニズムを捉えることはできないということだ。

メディアを通じて「脅威」はどのように顕在化され、そしてその顕在化の過程を通じて、いかなる事態が生まれるのか。「不安」の現代的な特徴とその社会的な機能、そうした問題を問い直してみよう。それはまた、今日のメディアが伝える情報の「伝え方」の論理やルール、さらにその社会的・政治的機能を捉え直して、コミュニケーション環境全体の変化を問うことにも繋がるだろう。これほどまでに「不安」が醸成される先に、何が生まれ、いかなる事態が成立しているのか。

3　「不安」という社会心理の現代的特質

未来から現在に向けられた不確実な脅威

「不安」はいかなる社会、いかなる時代でもつねに生まれ、存在する、そう指摘することもできる。疫病が猛威をふるい、いかなる有効な対応もとることができなかった時代、多くの人々は正体不明の疫病に対して言い知れぬ「不安」「恐れ」「恐怖」に苛まれただろう。戦禍の渦中に巻き込まれたときも、人は、これから自分一人ではどうにもできない状況に直面することを予期して大きな「不安」に襲われただろう。一見平和に平穏に暮らしているように見えるときにも、人は自身の行く末に、あるいは社会の未来に「不安」を感じながら生きる。あるいは、西欧社会においては長い間、自らの行いが神によっていかに見なされているのか、神の怒りにふれる行いをなしてしまったのではないかと疑い、神に対する「恐れ」「不安」の感情を掻き立てられた。過去においては、神に対する「恐れ」、これが人間の精神活動にとってもっとも大きな支柱をなすものであったはずである。こうした意味では、たしかに「不安」はつねに社会と共にあり、人もつねに何かしらの「不安」を抱えて生きていると言えなくもない。

しかし、ここで主題化したいのは、こうした「不安」ではない。というよりも、より正確に言えば、社会の行く末や自己の未来の不透明さ、あるいは危機的な状況や緊急事態の予測、といった未来の不確実性を「語り」「表象する」あるいは「位置づける」社会的な営みの変化、そしてその営みを通じた現代の「不安」の成立の現代的なメカニズムを考えてみたいのだ。

「不安」を「語り」あるいは「位置づける」社会的な営みの変化と述べたが、それを示す一つの象徴的な出来事を例示しておこう。二〇〇一年九月一一日にアメリカで発生した「九・一一同時多発テロ」の後に生じた、「脅威」と「不安」の社会的表出と制御のメカニズムである。

「九・一一同時多発テロ」はアメリカに住む多くの人々だけではない、世界中の人たちに恐怖と「不安」の心理を引き起こした。こうした中、「同時多発テロ」から半年余りが経過した二〇〇二年三月、当時のブッシュ政権は色別基準のテロ警戒システム（alert system）を導入した。緑色は「低い」、青色は「やや低い」、黄色は「高い」、オレンジ色は「かなり高い」、赤色は「深刻」、という色の種類によってテロ攻撃の危険度を表示するシステムである。アメリカでは、このシステムが導入されてから数ヵ月間ずっと黄色とオレンジ色がテレビや街頭のスクリーンに表示されるメディア環境が構築されたのである。

なぜこうした警戒システムが導入されたのか。B・マッスミの見るところ、それは人々の漠然とした不安を調整するために導入されたのだという。九・一一直後、人々は、今にも起きそうな再攻撃に対して動揺し、いかなる力に依っても制しきれない不安の中にあった。警報システムは、この「恐れ」「不安」をモジュレート＝調整するために編み出されたのである［Massumi 2005：32＝2014：280］。どういうことだろうか。

色の種類に応じて段階的に表示された警報は、テロの脅威に直面する具体的な位置や場所も、いかなる脅威かも、さらにテロの脅威が存在するという情報の出所さえも、示さない。警報システムはそれらのことがらを曖昧にしたままで表示された。つまり、あらたに事態を認識するという点ではほとんど価値のない内容を提示しているにすぎないと言える。しかし、それだからといって、この警報システムに実効性がない、意味がないというわけではけっしてない。「不

〔安〕をモジュレート＝調整するために、色をオレンジから赤に変えたり、その一方で人々が緊張しすぎないように青から緑に変えたり、身体の刺激反応をコントロールする上でこの色別警報システムは有効に機能するからである〔Massumi 2005：32＝2014：280〕。

言い換えよう。「知覚的な刺激は、確実な内容を伝えたりするよりもむしろ生身の身体の反応性を活性化することに使われていた」〔Massumi 2005：32＝2014：280〕のであり、テロ攻撃が起こるかもしれないという不確実な未来を現在に引き寄せながら、それは「九・一一」の直後に政府によって公約された「テロとの戦い」を可視化し、正当化するために機能していたのである。

実際にアメリカで活用されたこのテロ警報システムの実例から読み取るべきは、どのようなことがらだろうか。一つは、けっして見ることなどできないし、可能性としてしか語り出せない、つまりは潜在性の次元にある「脅威（threat）」が、高度な情報テクノロジーを介して、色や数値といった眼に見えるかたちで表示されていることだ。さらに、「脅威」が可視化し、顕在化するだけでなく、その可視化を通じた色の種類の微細な変化によって、多くの人々の情動をモジュレート＝調整し（affective modulation）、コントロール＝制御する対象として設定すること、このことを可能ならしめたということだろう。

警報とは、繰り返せば、主体の認識行為（subjects' cognition）に指し向けられているわけではない。それはあくまで、色の差異を通じた、身体の刺激反応に向けて発せられているのである。マッスミは、こうした観念やイデオロギーといった言語を介した認識の営みに対してではなく、単純な色の差異の変化を通じた情動の強度の調整、言い換えれば「不安」という情動の強度の高低にかかわる調整作用が、政府の主要な機能の一つとなっていることを強調する。どのタイミングで色を変化させるか、そのことが何より社会的コントロールにとって重要な課題となり、政府はますます時間やリズムに対して過敏にならざるをえないのだという。

「不安」という情動の強度の高低にかかわる調整作用を通じて、政府は、「テロとの戦い」に関する国民の合意を、観念やイデオロギーや論争や議論を媒介にすることなく調達するのだ。それは、たぶん合意と呼べるようなプロセスではなく、「脅威」を政治的掛け金とした「不安」と「不安の一時的解消」というリズミカルな連鎖と運動からなる政治過程であるだろう。

いずれにしても、先に、「不安」を「語り」「表象し」あるいは「位置づける」社会的な営みの変化、そしてその営みを通じて「不安」が再生産される在り方を考えてみたいと指摘した。その指摘から示唆したかったのは、以上のような事態である。

脅威のメディア的表象と「不安」の調整

こうした事例はたんにアメリカにのみ当てはまる特異なものなのだろうか。以下で一つの事例として取り上げたいのは、「三・一一東日本大震災と福島第一原発事故」後に日本で稼働したシステムである。もちろん、それは、アメリカのテロ警報システムとは、目的も、そして潜在的な「脅威」の種類もまったく異なっている。だが、しかし、アメリカのテロ警報システムと日本のシステムは、「脅威」を可視化し、「不安」に訴えかけ、「不安」を連続的に組織化していくという点で、ほぼ同じ機能を発揮したように思えてならないのである。

大震災と大津波を直接の原因とする福島第一原子力発電所の過酷事故によって、日本にあるすべての原子力発電所の稼働が停止した。そのために、二〇一一年夏の期間、電力需給が逼迫し、停電が発生する可能性が高いと喧伝された。そこで、電力会社や政府は、節電に取り組むように人々に求めた。多くの人々がまだ鮮明に記憶していることがらだろう。停電による様々な障害――テレビは、繰り返し、停電となれば、工場の生産停止や病院での手術や医療行為に問題が起こるなど多大な困難が発生し、国民生活に大きな支障が生ずることを伝えた――を防ぐために節電が不可欠とされたのである。

このとき、採用されたのが、数値で電力の需給見通しを表示するシステムであった。テレビニュース番組では、毎日、気象情報と並んで、「明日の電力消費の予測は八七％です」といった数値を提示した。「明日の降水確率は五〇％です」というといつもの天気予想と同じように、この数値が語られた。

停電になるかもしれないという「不安」は、停電するとされる一〇〇％の電力消費まで残り一三％という数値で表示されるのだ。しかも驚くべきことに、この数値は、東京都内の地下鉄の駅の電子掲示板でも、街頭に設置されたスクリーンでも、「現在の電力消費は九二％」といったかたちで表示された。私たちの生活世界を覆い尽くすかのように、いたるところでこの数値が表示されたのである。

停電するかもしれないという不確定性が呼び起こす「脅威」――脅威はあくまで未来において生起するかもしれない事態が不確定であることにおいて脅威でありうる――が可視化され、切迫した不気味さが現在に影をなげかけるとき、その影が「不安」となって現れ出るのである。

この数値は、アメリカのテロ警報システムで採用された色別の表示と同様に、人々に直接「〇〇〇をしてください！」「〇〇〇を警戒せよ！」「節電に協力しろ！」といった意味内容を伝えるものではない。それはたんに曖昧な数値――どの地区が停電する可能性が高いかも不明であり、一〇〇％という数値の根拠も不明である（ここでは、節電が必要か不必要かという議論の当否には触れないでおく）――であって、身体刺激の反応の次元に向けて発せられた、しかしそれだからこそ現在に効果を及ぼす情動的な力の原因となりうるものなのである。

こうした点から言えば、アメリカのテロ警報システムと電力需給予測システムは、異なるシステムであるとはいえ、「脅威」を数値によって可視化しつつ、その「脅威」の不確定さに起因する「不安」を維持し、調整する、そして何ごとかを推進していくという意味で、同一の機能を発揮していると位置づけることが可能ではないだろうか。

もう一度、繰り返し指摘しておくならば、今日における「不安」とは、近い将来に起きるかもしれない不確実な「脅威」を梃子にしながら、すなわち「現在における変化の未来の原因」を数値や色、さらに様々な映像によって表示しつつ、調整可能な対象として社会技術的に構成されているということだ。いかなる社会にも、いかなる時代にも、「不安」は存在すると述べることでは見えてこない、「不安」をめぐる現代の特異な状況がそこにある。だからこそ、「不安」をかたちづくる社会的メカニズムに眼を向ける必要がある。

ここで、マッスミの指摘にもう一度注目しておこう。それは、言語を通じた説得や討議を経ることなく、何ごとかが進められていくというプロセスにおいて、「テレビが再び情動の自然発生的な大衆的調達のための知覚の焦点」をなすようになっており、「実際に社会的に決定的な転換点において、集合的な情動の調整のための特権的な回路として復活する役割を取り戻している」[Massumi 2005：33＝2014：281]、という彼の指摘である。テロ警報システム、そして電力需要予測システムは、そのいずれにおいても、テレビを中心としたメディア群（街頭のいたるところに設置されたスクリーンまでも含んだ）を通じて、言説的な強制ではなく、情動や感情を捕捉し、次にそれを自発的ではない別のものへと変換することで、何ごとかを推し進めていく。その政治的過程にとって、テレビや様々なメディアが決定的な位置を占めているということだ。

「不安」をかたちづくる社会的メカニズムとメディアとのかかわりを詳細に見ておく必要があることが理解されよう。

4　世界を見る視点としての「不安」

社会的アイデンティティとしての不安

前項において述べた事態は、例外的な事態だと考えるべきなのだろうか。「九・一一同時多発テロ」という歴史的事件、さらにこれも歴史的な出来事として記録されるだろう「三・一一東日本大震災と福島第一原発事故」という、人々に強烈な「不安」の感情を喚起した特異な事故だからこそ生じた、例外的な事態だと考えてよいだろうか。

極度に「不安」が高まった緊急事態であったからこそ、こうしたシステムが機能しなければならなかったし、メディアを通じた「不安」の調整といったプロセスは、パニックや不測の事態を避けるために必要な措置であり、それはあくまで緊急事態という中での例外的な事項だ、と。確かにそう考えうる側面があることは確かだろう。

しかしながら、一九九〇年代以降、一般の市民にとって、日常生活の中においてさえも、「不安」が他のことがらよりもずっと関心を集め、しかもその背景にテレビを中心としたメディアの存在があることを指摘する研究者がいる。テレビニュースが――正確に言えば、ニュースの問題設定のフレームが――「不安製造マシーン（fear-machine）」となっているというのだ。そう指摘するのはアメリカの社会学者、D・L・アルセイドである。彼によれば、今日、「不安はマスメディアによって媒介されて生産される、『製造された反応』である」［Altheide 2002: 23］という。

アメリカ社会におけるメディア文化と人々の社会意識や社会心理に眼を振り向けてみたとき、「不安が、公的な言説と言語の中できわめて大きな役割を演じて、パースペクティブとしての不安が社会生活の中で拡大している」［Altheide 2002: 7］。これが、彼の基本的な認識である。具体的に言えば、一九八〇年代から九〇年代にかけて、新聞記事やテレビニュースにおいて犯罪や暴力にかかわるニュースの件数が大幅に増加し、とりわけ犯罪とドラッグが取りざたされ、これがもっとも深刻な問題として認識されることになる。こうした犯罪や暴力に関するニュースの増大という傾向と対応するかたちで、『ロサンゼルス・タイムス』の記事に占める「不安」という単語の頻出件数も、一九八五年に四五一九件であったものが一九九四年には七四一五件に増加し、同様にABCのニュースレポートでも一四二件から三八七件に増加している。「不安が、公的な言説と言語の中できわめて大きな役割を演じている」という彼の認識はこうしたデータに基づいている。

だが、彼の主張の主眼は、こうした犯罪や暴力に関するニュースの増加傾向に対応した「不安」という用語の使用頻度が増加しているという実証的な知見の提示にとどまらない。むしろ彼は、ニュースにおける犯罪や暴力といったトピックが「娯楽のフォーマット」の形式をとって過剰なまでに報じられることで、それに随伴して様々なかたちの「不安の言説（discourse of fear）」が生産され、一時的なトピック（話題）として不安が言及されるのではなく、不安それ自身が主題となる、という点を強調する。すなわち、人々は、犯罪に限らず、経済や教育や福祉といった様々な社会生活の全体を「不安」という視点から把握することになる。「パースペクティブとしての不安」とは以上のような事態を指している。言い換えれば、日常的な社会生活をいかに見なすのか、という基本的な視点の一部として「不安」が組み込まれ、不安と結合した社会的アイデンティティが顕在化しているというのである。

前述のように、不安は広範な社会生活の領域にわたって蓄積されており、不安が現代の環境にとって不可欠の要素となっていること、そしてその背景にはメディア、とりわけテレビによる不安の言説の構築が存在する。不安の言説は、拡張したエンタテイメント志向のメディアの論理、とりわけリスクや危機を語り不安を促進する問題設定のフレームの活用によって生み出されているのであり、そのこと自体が社会的装置としてのメディアの役割の変化を示しているというのである。

さて、このように不安の言説が世界を見る視点となる中で、何が帰結しているのか。人々は不安に脅えながら日々暮らすことになった、といった単純明快な帰結なのだろうか。アルセイドに見るところ、ことはそれほど単純ではない。

犯罪や暴力に関する報道は、当然のことながら、加害者と被害者あるいは犠牲者の両側面を伝えることになる。そしてそのニュースを見るオーディエンスの中には、同情や憐れみといった被害者への感情的な一体化と、加害者への道徳的・倫理的なバッシングの感情が渦巻くことになる。さらに、犯罪や暴力への不安が自身にもいつ訪れるかしれない、脅威としてニュースを受け止めるだろう。この過程は、犠牲者や被害者が実際に生まれたという事実が、すべての人間が実際にも潜在的にも被害者であるという見方を強化する、とアルセイドは指摘する。被害者と自己を一体化して、被害者なり犠牲者の位置に自らを立たせる、いわば自己の「被害者化」とでも言うべき事態である。

この自己の「被害者化」という事態は、子供に対する暴力や犯罪のケースで典型的に見られるだろう。自分の娘や息子が暴力の対象になるかもしれないといった脅威は、暴力の被害者や犠牲者の位置に自らを招き寄せる。「自分の子供もそうなってしまったら……」「自分の子供もそうなってしまうのでは……」という「被害者化」とでも言うべき認識枠組みや感情の在り方に導くことになる。だが、こうした事例に典型的に見られる「被害者化」は、このような問題にとどまらず、日常の世界のあらゆる面にまで拡大しているのではないだろうか。

経済成長の鈍化は国家の先行きの不安となり、日本と中国そして韓国をめぐる東アジアにおける領土問題は、豊かな生活に対する脅威そして日本国家の危機として位置づけられ、「私たちは享受すべき豊かな生活から疎外され、ナショナル・アイデンティティに基づく自尊心を傷つけられた被害者」となる。いじめやその他の学校で生じた様々な問題は「しっかりした教育を受ける権利を子供たちから奪うこと」として把握される。このように全域的に、自己を「被害者化」して位置づけることが進行しているのではないか。そうアルセイドは示唆するのである。

しかも、自己の「被害者化」は、前述のように、不安に脅えながら日々暮らすということに繋がるわけではなく、むしろ「不安」と戯れ、「被害者化」という事態そのものと自身が戯れる、というまったく異なる局面を内包しているというのだ。不安を口にし、不安のトピックを他者と共有し、それをコミュニケートすることが一つの話法となり、心理的満足の源泉の一つとなる。そしてこうした話法と情報が、デジタルネットワークを媒介にしながら様々な「ニュース」として、あらゆる時空間の中で、波及的に広がっているとするなら、それはすでに論述したように、不安が現代人の社会的アイデンティティの支柱の一つになっていることの証とでも言うべき事態だろう。

自己の「被害者化」がこの先どこに向かっていくのか、アルセイドは明言することを避けている。しかし、不安という感情や情動に照準したニュースの問題設定のフレームワークが、社会のコントロール、社会の制御、という問題と直結しているという点だけは看過してはならないだろう。アルセイドが指摘するように、「あらゆる歴史を通じて、不安の促進とそれに付随する『不安の解消』は社会的制御の主要な要素」［Altheide 2002: 17］であり続けたのであり、現代の公共政策や社会生活の基本構造にとっても、不安（の構築とその解決）の調整はひとつの政治的プロセスでもあるからである。

メディアを媒介にして構築された不安という感情的・情動的な働きがもつ社会的機能とメディアのニュース環境の変化を読み解いてみよう。

第Ⅰ部

遍在するニュース空間

第1章　断片化するニュース経験
――ウェブ／モバイル的なニュースの存在様式とその受容

土橋臣吾

1　デジタル情報環境におけるニュース経験

自宅や職場のパソコンでネットをしているときに様々な形で目にするオンラインのニュース。通勤・通学中にスマートフォンの小さな画面で読むニュース。少しの暇を埋めるために目を落としたツイッターのタイムラインに流れてくる誰かのおすすめのニュース……。すでに当たり前になっているこうしたニュース経験の形が示すように、ウェブやモバイルの浸透と共にニュースの受容形式は明らかに多様化した。ニュースと私たちの接点はもはやテレビ・新聞・ラジオ・雑誌のマス四媒体に限られるわけではない。ニュースを伝える大小各種のモニターは常に私たちの傍らにあり、ウェブに接続できさえすれば、私たちはいつでもどこでもニュースにアクセスできるのである。こうしたニュースのあり方を、たとえばニュースのユビキタス化などと呼ぶこともできるだろう。だが、それは具体的にいかなる事態であり、ニュースと私たちの関係はそこでいかに変化するのだろうか。

ごく単純なイメージの対比で考えてみよう。すなわち、朝晩定時に放送されるテレビのニュース番組、あるいは、朝晩やはりほぼ定時に宅配される新聞によるニュースとの対比である。伝統的かつ今日でも支配的なこうしたニュース経験は、「想像の共同体」などという言葉を持ち出すまでもなく、私たちをある分かりやすい空間的な広がりへ包摂していく。すなわち、毎日同じ時間帯に同じニュースが伝えられる空間、そしてその経験を個人を超えた共通体験として日々蓄積していく人々の住む空間である。すでに多くの議論があるように、こうしたメディアの時間性・空間性は、私たちのメディア経験のあり方を考える上で重要なポイントになる。たとえば、かつて藤竹暁はテレビによる「『とき』の共有」、ひいてはそれがもたらす「同時代性」の感覚について、次のように論じていた。

テレビ視聴が作りあげる同時性、さらには「同時代性」の特質は、メッセージよりもむしろ、前述したようなテレビの「ナウ」感覚に依存している。（中略）テレビ視聴の現代的特質は、テレビ・メッセージの受容が「とき」の共有によって、はじめて、視聴者にとって有意味なコミュニケーション事態となる点に求められる。「とき」の共有が作りあげる共有的テレビ視聴こそは、日常化時代におけるテレビ視聴の意味を解くカギである。［藤竹 1977：47］

もちろん藤竹はここでニュース番組のみを念頭に置いているわけではない。だが、毎日定時に届けられ、一日のルーチンに深く組み込まれているニュース番組の視聴が、ここで言われる「共有的テレビ視聴」のひとつであることは間違いないだろう。典型的なイメージを描くなら、たとえばテレビの全国ニュースは、その放送中に、文字通り全国規模での「『とき』の共有」を作り出し、私たちをナショナルな空間に包摂していく。そしてそれは同時に、その受容空間としての家庭における「『とき』の共有」も作り出すだろう。テレビニュースはかくして「国民」あるいは「家族」のリアリティを強化し、同時にそうしたリアリティの中に自らを流し込んでいくのである。テレビのニュースに固有の社会性があるとすれば、それはひとつにはこうした構造の中から立ち上がるものだろう。それを藤竹にならって、ニュースがもたらす「同時代性」の感覚と見ておくことも可能なはずだ。

これに対してデジタルな情報環境におけるニュースはどうだろうか。言うまでもなくそれはテレビのように分かりやすい共有感覚をもたらすことはない。好きなものを好きなときに読むネットのニュース。移動中に都度チェックするケータイのニュース。こうしたニュースの経験はマスメディア的な「『とき』の共有」を欠いた経験、すなわちそれぞれの個人がそれぞれに行うパーソナルな経験にしかならないし、そのランダムなニュース接触は「国民」や「家族」のような相対的に安定した構造に枠付けられているわけでもないからである。だとすれば、こうしたウェブ／モバイル的なニュースの社会性は、テレビや新聞のそれに比べてきわめて捉えにくいものになっていると言えるだろう。藤竹の言う、「『とき』の共有」から「同時代性」へという図式が成立しない以上、パソコンやケータイのモニターに現れては消えるニュースがいかなる時空間を媒介し、そこにどのような社会的広がりが生まれているかは必ずしも自明ではないのである。

だがそれでも、事実として私たちのニュース経験のますます多くが、そうしたデジタルな情報環境におけるものになりつつある以上、「ニュース空間の社会学」は、この断片的なニュース空間に目を向けねばならないだろう。どれだけ断片的になっているとしても、というよりむしろそうなっているからこそ、そこにはニュースと私たちの関係の変容が端的に現れるはずだからである。こうした問題意識から、以下本章では、試行的に行われたごく小規模な調査、具体的には、スマートフォンを自らの情報生活の中心に置く数名の若者のニュース接触を追尾した調査の結果を参照しつつ、デジタル情報環境におけるニュース経験の一端を記述してみたい。だがその前に、次節ではまず、そうしたデジタルなニュース経験を理解する文脈を準備するためにも、今日のメディア環境におけるニュースの存在様式の変容について若干の検討を加えておこう。

2　マイクロ・コンテンツ化するニュース

細切れのコンテンツとしてのニュース

「『とき』の共有」を欠いたランダムな接触によって急速に断片化していく私たちのニュース経験。これはオンライン上に置かれたコンテンツをユーザーが任意のタイミングで引き出すプルメディアの形式をとるウェブにおいてはほぼ不可避の事態であり、その意味で、とりあえず純粋にメディアの技術特性に由来するものだと言える。だが、そうしたウェブの技術特性は、ニュースのコンテンツとしてのあり方にも一定の影響を及ぼしていく。結論から言えば、そこでまず生じるのは、ニュースの「マイクロ・コンテンツ化」［田端 2012：96］、すなわち個々のニュースが細切れのコンテンツと化していく傾向だ。冒頭で素描したデジタルなニュース経験のあり方を想起すれば分かるように、ウェブのニュースはそもそもそれをひとまとまりの経験として枠付ける「番組」や「紙面」といった形式を欠いている。そして私たちがそれにランダムにアクセスするとき、ニュースは個々の記事や動画がそれぞれ独立に消費される細切れのコンテンツ＝マイクロ・コンテンツにならざるを得ないのである。

では、それは具体的に何を帰結するだろうか。各種のウェブメディアの企画制作を手がけてきた田端信太郎が指摘するように、まず考えられるのは、こうしたマイクロ・コンテンツ化の趨勢の中で、「コンテンツはその作り手側が想定した文脈などは無視して、好き勝手に、ユーザーから『つまみ食い』されるものへと変化」する、といったシナリオだろう［田端 2012：157–158］。これは、たとえるなら、アナログレコードによる音楽聴取からＣＤあるいはデジタルオーディオプレーヤーによる音楽聴取への変化に似ている。すなわち一度針を落としたら、少なくとも盤の片面（というひとまとまり）の最後まで聞くよりほかない装置から、リモコンやクリックホイールで自分の聞きたい曲やサビだけをつまみ食いできる装置への変化だ。実際、何となく見ていたポータルサイトにあったニュースの中から面白そうなものだけをクリックする、たまたま検索に引っかかった記事をランダムに見るといった私たちの普段の行動がそうであるように、ウェブのニュースはすでに、まさに「おいしいところ」を「つまみ食い」する形で消費される何かになりつつある。

もちろん、厳密に言えば、こうした「つまみ食い」的なニュース接触がウェブ以前に存在しなかったわけではない。テレビは容易にザッピングされるし、新聞もその紙面のすべてが読まれるわけではないからだ。だがそれでも、テレビや新聞においては、そうした「つまみ食い」が人々のメディア経験の典型として想定されていたわけではない。ひとまとまりとしての「番組」や「紙面」という形式は、人々のメディア経験の、ある理想を示す規範としても機能するからである。だがウェブの世界では事態が逆転する。そこでは、送り手の側にとってもこうしたコンテンツの「つまみ食い」がむしろあらかじめ前提とされていくのである。実際、今日のウェブメディアの多くには、記事の編集の仕方から技術的な仕組みに至るまで、ユーザーの「つまみ食い」を促進する契機が様々な形で埋め込まれている。つまりはマイクロ・コンテンツの流通と享受への最適化である。そしてそれはすでにニュースというコンテンツの具体的な形にも作用し始めている。

マイクロ・コンテンツへの最適化

幾つか事例を見ておこう。まずごく単純なところでは、ウェブのニュースにおける記事タイトルの付け方の特殊な進化を指摘できる。先にも引いた田端が強調するように、ウェブのニュースにおいては、ユーザーの注目を引くために、検索されやすい語句やソーシャルメディア上で拡散しやすいキャッチーなフレーズを見出しに組み込むための様々な工夫がなされる〔田端 2012: 158-159〕。「番組」や「紙面」というひとまとまりでの流通を期待できないウェブの世界では、見出しひとつでユーザーの「つまみ食い」を誘発せねばならないからである。もちろん、それが過剰になされたときには、いわゆる「釣り見出し」[1]として忌み嫌われることにもなる。だが、たとえばウェブのニュースメディアを代表するYahoo!ニュースの伊藤儀雄が、「『釣り』が報道分野にまで行われるようになったことで、利用者が『エンタメとして楽しんでいる』のか、『報道として受け止める』のかの境目があいまいになってきている」〔伊藤儀雄 2012〕と語るように、ニュースのマイクロ・コンテンツ化はニュースと私たちの関係をきわめて具体的なレベルで変えつつある。

こうした傾向はモバイル環境ではさらに加速するだろう。というのも、たとえば電車での移動中など、コンテンツ以前にそもそもその受容の時空間自体が断片化している状況で使われることの多いモバイルメディアにおいては、人々のつまみ食い的関心に、より効率的に応えることが求められるからである。実際、こうした要請はすでに幾つかのスマートフォン用ニュースアプリの機能に具現化しており、たとえば、二〇一三年にＬＩＮＥ株式会社がリリースしたニュースアプリ「ＬＩＮＥニュース」には、分かりやすさに特化したニュースの要約機能が用意されている。ニュースの本文を読まずともニュースをぱっと見で理解できるように、記事全文を表示する前に数個の短文でその概要を表示する機能である。図1-1の例で言えば、「解禁後初のネット選挙　出馬予定者『準備間に合わぬ』」というニュースの概要が、まずはタイトル直下にある複数の短文で素早く理解できるように示され、さらに読みたい人は、その短文の下にあるリンクをたどって各ニュースサイトの記事本文も参照できる、というわけだ。同様の狙いのアプリは他にも幾つかあり(2)、こうしたアプリの存在は、モバイル環境での私たちのニュース経験がどのようなものになりつつあるかを如実に示している。

さらに言えば、こうした記事の形そのものに関わる変化とは異なるものの、ウェブのニュース流通の主戦場が新聞社や通信社のサイトではなくなってきたことも重要な変化と言えるだろう。たとえば、冒頭でも示したように、他サイトで発信されたニュースがソーシャルメディア上で「拡散」されユーザーに届くという流れはほぼ完全に定着しており、人々が思い思いにリツイートした記事が文字通りランダムに流れてくるそうした場は、個々のニュースが細切れのマイクロ・コンテンツとして浮遊する今日のウェブの風景を象徴している。また、二〇〇九年に実施した調査の結果によれば、ネットユーザーの圧倒的多数が利用するニュースサイトは、新聞社のサイトなどよりもむしろポータルサイトに併設された「Yahoo!ニュース」であり(3)、そこではポータルサイト利用のついでになされるニュースの「つまみ食い」がごく自然に生じているはずである。つまり、ソーシャルメディアであれポータルサイトであれ、今日のウェブにおけるニュース接触の多くはそれを主目的としないサイトでの付随行動と化しているのであり、ウェブのニュースはそうした断片的な情報欲求、断片的な利用行動に応える形で編成されざるを得ないのである。

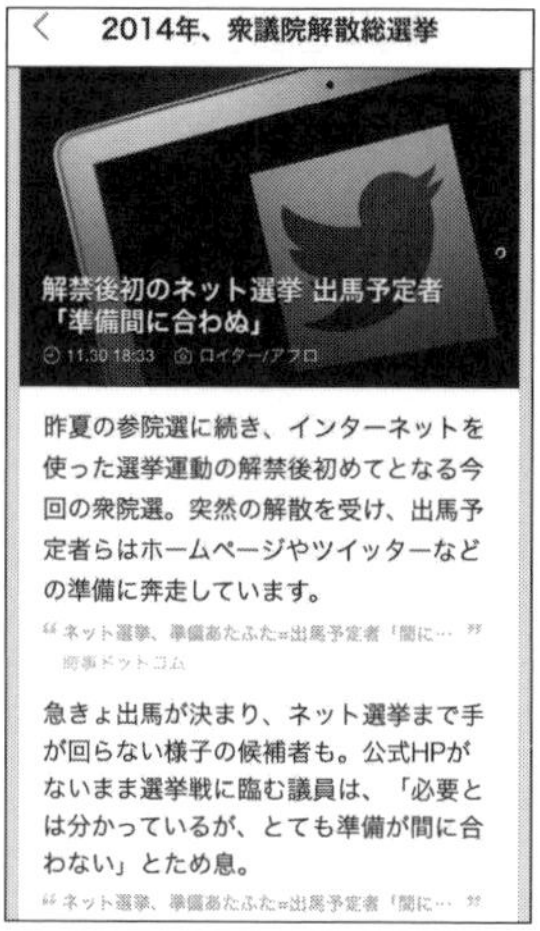

図１−１　ニュースの要約表示

もちろん、ウェブの変化はきわめて速いので、こうしたウェブのニュースをめぐる幾つかの動向が今後どのように展開していくかは分からない。だが、モバイルを中心に端末がさらにフレキシブル化し、ユーザーの利用行動もますますフレキシブル化していく今日の状況を見る限り、ニュースのマイクロ・コンテンツ化の流れは今後も続く可能性が高いと見てよいだろう。だとすればそこでは、たとえばC・R・サンスティーンがかねてより警鐘を鳴らしてきたウェブのエコーチェンバー化の問題、すなわち、ウェブが自分と同じ意見のみを共鳴増幅させる共鳴室（echo chamber）になってしまうといった問題がさらに先鋭化する可能性もある［Sunstein 2001＝2003：80-84］。マイクロ・コンテンツの流通に最適化されればされるほど、ウェブ上では自分好みのニュースだけを「つまみ食い」することがさらに容易になり、自分と同じ意見、自分に都合の良い情報だけを選択的に摂取することが、より高度に可能になるからである。そして、おそらくこれは起こりうる問題のひとつに過ぎず、今日のウェブにおけるコンテンツの存在様式の変容は、ニュースというものの存在意義に対して、他にも多くの問題を投げかけていくかもしれない。

とはいえ、これまでに見てきたのはあくまでニュースの生産と流通の状況であり、ニュースの消費者としてのユーザーが、こうした状況をどう受容するかはまた別の問題として残されている。もちろん、送り手の側は常に受け手の動向を観察しつつ様々な手を打っているのだから、先に見た事例にも消費者側の状況は強く反映されているだろう。だが、ニュースというコンテンツのウェブにおける展開はまだ過渡期にあり、その最終形態が見えているわけではない。だとすれば、冒頭で提示した本章の問い、すなわち、ウェブを中心としたデジタルな情報環境の中で私たちとニュースの関係がどのように変化しつつあるのか、そしてそこからどのような課題を抽出できるのかという問いに答えていくためには、当然ながら、ユーザー側のふるまいを見ておかねばならない。以下では、節を改めて、この点について試行的に行われた調査の結果を参照しつつ考えてみよう。

3　デジタルネイティブのニュース経験

ニュース経験を追尾する

あらかじめ断っておくと、今回実施した調査はきわめて小規模なものであり、またそれは今日のネットユーザーあるいはニュース・オーディエンスの平均的な姿を捉えたものではまったくない。この点、簡単に確認しておこう。デジタルなニュース経験の具体的なあり方を質的な方法で捉えようとした今回の調査ではあるが、そこで調査対象として設定したのは、全体から見ればかなり情報リテラシーの高い層に属する若者だった。具体的には、いわゆるデジタルネイティブの世代に属し、なおかつ、調査時点ですでにスマートフォンを利用していることを条件に選出した大学生である（調査期間は二〇一一年一一月一七〜二四日／インフォマントは調査実施時点で大学二〜四年生／性別は男女三人ずつの計六人）。したがって、以下で確認できるのは、あくまで一般よりもウェブやモバイルにかなり親和性の高い若年層のニュース受容の一端に過ぎず、そこに代表性はほとんどない。

こうした調査設計にしたのにはもちろん理由がある。一言でいえばそれは、私たちとニュースの関係の今日的な変化をその先端において捉え、そこで生じうる事態を凝縮的に見たかったからということになるだろう。その意味で、今回の調査は、アカデミックな分野というより、むしろプロダクトデザインなどの分野で行われることの多い「極端なユーザーの観察」(4)という手法に近かったと言える［Brown 2009＝2010］。すなわち、新たな発想のヒントを摑むために、ある出来事をめぐる変化が端的に現れる「極端なユーザー」にあえて注目する手法である。実際、以下で詳しく見るように、今回のインフォマントは、スマートフォンとソーシャルメディアをすでに当然のごとくニュース接触の主要な場としているなど、ポスト・マスメディアのニュース経験のあり方を如実に体現しており、調査の目的に確かに合致したインフォマントだったと言える。

具体的な調査方法についてもあらかじめ触れておこう。今回主眼を置いたのは、ランダムで断片的なものになっていると予想される彼らのニュース経験を、まずはそのままの形で記録することだった。そのために今回の調査では、彼らがニュースに接触する度に、「どのような状況で、どのメディアで、どのようなニュースに触れたか」を簡単な感想を含めて報告してもらった。報告は原則としてリアルタイムで行ってもらい、そのためのツールとしてはツイッターのダイレクトメール機能を使った。ただし、一度の接触機会で複数のニュースに触れた場合には（ニュースサイトでまとめ読みした場合、ニュース番組を終わりまで視聴した場合など）、すべてのニュースを列挙し逐一感想を求めるのは現実的ではないため、その接触機会全体への簡単なコメントをもらうことにした。これによって、調査者の手元には調査期間として設定された五日間×六人分（実際には、ニュース接触がまったくなかった日がのべ六日あるので、計二四日分）のニュース接触のログが残ることになる。以下では、このニュース接触ログと事後に行われたインタビューの記録も参照しつつ、彼らのニュース経験のあり方を詳しく見ていくことにしたい。

接触チャネルと接触パターン

まずは、今回のインフォマントの日常的なニュース受容のパターンを具体的にイメージするために、実際に得られたニュース接触の記録を概観しておこう。紙幅の都合ですべての記録を掲載することはできないので、性別・学年・曜日（平日か休日か）などすべての点で対照的な事例を一日分ずつサンプルとして示しておきたい。表1-1は大学二年生・女性（Sさん）の平日の記録、表1-2は大学四年生・男性（Fさん）の休日の記録である。

このサンプルから顕著な特徴としてまず言えるのは、ニュース接触チャネルの多様性だろう。つまり、今回のインフォマントの特性から予想されたことではあるが、そこではたんにウェブでニュースを見るというだけでなく、ソーシャルメディア経由のニュース接触がやはり多く（表1-1-②③、表1-2-③④）、ツイッターやGoogle＋が彼らのニュース接触経路としてきわめて重要な場となっていることを確認できる。さらに、RSSリーダー[5]（Google Reader／表1-2-①）やニュースアプリ（B!KUMAガールズ／表1-1-④）など、情報収集のための専用ツールが使われる場合もあり、一口にウェブのニュースコンテンツといっても、実際にはその接触チャネルは多様に広がっている。またさらに、他のインフォマントも含めて、テレビや新聞でのニュース接触も消えたわけではなく（表1-1-①、表1-2-②）、かなりウェブに偏った層である今回のインフォマントにおいても、マスメディアからのニュース接触がまったくなかったのは、六名中一名のみだった。

さらに読み取れることとして、彼らのニュース接触がやはり相当にランダムなものになっていることを指摘できる。正確に言うとそれは完全な無秩序というわけではなく、たとえば表1-1からは、「登校前のテレビ＋移動中のスマートフォン」といったかなり明確なパターンができあがっていることが見て取れるし、表1-2からも、「休日の時間をパソ

表1-1　大学2年生女性Sさんの平日のニュース接触ログ

	インフォマントの報告内容	時間	接触チャネル	状況
①	朝ごはんなう。いつもこの時間だとみてるZIP〔日本テレビの情報番組「ZIP!」〕がつまんないコーナーだから，いつもみないけどめざまし〔フジテレビの情報番組「めざましテレビ」〕みてる。アニソン特集。世界では日本のアニソンキテるwwアツいwwやばい遅刻する！ TV視聴時間5分以下（笑）	2011/11/17 7:44	テレビ	自宅
②	通学中電車の中。ケータイでTL〔TL＝ツイッターのTimelineのこと〕見てたら，わかりやすくまとめられたTPPのyoutubeのリンク貼ってあったから見た。いままでTPP日本不利って言われてたのは知ってたけど，ニュースだともうTPPって何ぞって解説無かったから，やっと理解できたー。日本不利なのになんで総理は参加すんの。	2011/11/17 8:28	ソーシャルメディア（Twitter/携帯）	移動（電車）
③	飲み会の帰りの電車の中。TL見てたら大橋のぞみちゃんの引退に関する2chまとめスレ。子役ねえ。愛菜ちゃんて演技じゃなくて，作られたような完璧なあの状態がデフォなんだろうけど，なんかね。どっかで自分とぶち当たるんだろうなあ。どんな大人になるんだろうかね。	2011/11/17 22:15	ソーシャルメディア（Twitter/携帯）	移動（電車）
④	乗り換え電車待ち。寒い。ブクマガール〔株式会社はてなの女性向けニュースアプリ「B!KUMAガールズ」のこと〕で記事あさってたら，ブラピがあと3年で俳優業引退するらしい。めんどいから本文読んでないけど。まじかーブラピかーブラピ…なんの映画でてたっけ？（笑）寒い寒い。電車来た!!!	2011/11/17 22:29	モバイルアプリ	移動（電車）

コンの前で過ごしつつ時折ネットのニュースを見る」といったおそらくは習慣的なパターンがあることが推察される。だが、それはあくまで個人的なものであり、テレビによる「『とき』の共有」のような社会的に共有されたパターンとは性質が異なる。個人の選択で多様な使い方ができるウェブにおいては、ニュース接触のパターンも個人化していくのである。さらに言えば、サンプルの中でニュースを見ることを明確に意図してそうしているのは、表1-2-①のみであり、他の多くは、移動中の隙間の時間になされるニュース接触、ツイッター利用に付随して生じるニュース接触など、かなり偶発的なものになっている。

とりあえず二つのサンプルか

表1－2　大学4年生男性Fさんの休日のニュース接触ログ

	インフォマントの報告内容	時間	接触チャネル	状況
①	Google リーダーでここ数日のニュースを確認。Google Music が結構話題に。Android Market で購入した楽曲は Google+上で友人との共有が無料でできるのに驚く。日本でも早くやって欲しいけどあんまり現実的じゃないのかなあと，ややあきらめ感。	2011/11/19 12:24	RSS (Google Reader/PC)	自宅
②	自宅で食事しながら新聞。東証と大証の経営統合やブータン国王など。東証はオリンパス関連で海外投資家離れが起こっていたところ。どうなるか。ブータン国王，先代は非常にイケメンだった。「公務に慣れてない感」満載の王妃には萌える。	2011/11/19 14:52	新聞	自宅
③	自宅にて Google+で流れてきた記事を読む。PC で。12歳で iPhone アプリの会社を立ち上げた男の子のプレゼンに関するもの。プレゼンがうますぎる。	2011/11/19 15:33	ソーシャルメディア (Google+/PC)	自宅
④	自宅にて Twitter 経由。PC。中国の百度が北アフリカやアジアなどの発展途上国に進出中とのこと。世界規模での Google 対 Baidu がみられる日がもうすぐきそう。	2011/11/19 16:59	ソーシャルメディア (Twitter/PC)	自宅
⑤	バイト休憩中にスマホで2ちゃんニュー速を巡回。日中韓 FTA の話。TPP もそうだけど利害関係が複雑すぎて賛成も反対もできない。	2011/11/19 21:02	モバイルウェブ	バイト先

らこのように確認される彼らのニュース接触のイメージを、データ全体の傾向としても確認しておこう。今回、インフォマントから送られたニュース接触の報告は全部で八七件あり、ニュース接触がまったくなかったのべ六日を除く二四日分で計算すると、一日一人あたり平均約三・六回のニュース接触機会があったことになる。以下、表1-3はそれをニュースの接触チャネル別に集計したもの、表1-4はニュース接触が行われた時間と場所を見たものである。

まず、表1-3を確認すると、テレビでのニュース接触が二〇件と相当の部分を占めているものの、ソーシャルメディア経由のニュース接触がそれ以上にあり（モバイル経由一〇件＋パソコン経由一八件の計二八件）、ツイッターなどに流れてきたリンクを辿ってニュースを見るという動線が最大の経路になっていることがやはり目を引く。彼らにとってもっともよくあるニュース接触の形は、すでに付随行動としてなされるそれ

表1－3　ニュース接触のチャネル

マスメディア		モバイル経由		パソコン経由		その他	
テレビ	20件	ソーシャルメディア	10件	ソーシャルメディア	18件	トレインチャンネル	2件
新聞	4件	モバイルサイト	15件	PCサイト	9件		
ラジオ	1件	RSSリーダー	3件	RSSリーダー	5件		
マスメディア計	25件	モバイル計	28件	パソコン計	32件	その他計	2件
28.7％		32.2％		36.8％		2.3％	

表1－4　ニュース接触の時間と場所

時間	6～9時	9～12時	12～15時	15～18時	18～21時	21～24時	0～3時	3～6時
	8件	22件	27件	10件	3件	10件	6件	1件

場所	自宅	移動中	学校	バイト先他
	56件	23件	4件	4件

（この場合であればソーシャルメディア利用の付随行動）になっているのである。また、より大枠で見ても、マスメディアでのニュース接触が全体の二八・七％なのに対し、モバイル経由とパソコン経由を合わせたネットでのニュース接触は六九・〇％であり、彼らのニュース接触はやはりデジタルメディアへその中心を移している。つまり、その接触機会を単位にして言えば、彼らのニュース経験の七割はすでにマイクロ・コンテンツ化したウェブの世界におけるものであり、そうである限りにおいて、前節で見た「つまみ食い」的なニュース経験は彼らの中でも相当の部分を占めていることになる。

さらに、ニュースへ接触する時間を見ると、九時～一五時という昼間の時間帯が多く、新聞の朝夕刊や朝晩のニュース番組が形成する時間的パターンとはやはり相当にずれている。もちろん、これについては今回のインフォマントが〝9 to 5〟の定職を持たない学生であることの影響が大きい。だが、それを差し引いても、まずはウェブを通じていつでもどこでもニュースにアクセス可能であること、さらには日に何度もチェックするソーシャルメディアからニュースへ流れるケースが多いこと、この二つが、朝晩の特定の時間というより、昼間の活動中の時間がそのままニュースに触れる時間にもなるようなパターンを作り出している可能性が高い。また、ニュース接触の場所については、「自宅」がもっとも多いのは当然としても[6]、それ以外のほとんどが「移動中」であることに注目しておくべきだろう。電車やバスの中で暇つぶしにケータイをいじる姿が日常の風景になって久しいが、ニュースもまたそうした断片的なメディア利用の中に組み込まれているのである。

以上のように確認することで、私たちは冒頭で示唆した「ニュース経験の断片化」が具体的にどのような事態として進展しているかについて、ある程度のイメージを摑んだことになる。彼らの日常の中には、きわめて多様なニュース接触チャネルがあり、彼らはそれらを通じて、時間的にも空間的にもフレキシブルにニュースにアクセスしていく。その結果、彼らのニュース経験は、一日の流れの中で明確に縁取られた経験というより、ソーシャルメディア利用の付随行動としてなされるそれが象徴するように、むしろ相当程度、断片的で焦点の定まらない経験として日常生活の各所に分散していくことになる。「ニュース経験の断片化」とは、ひとまずそのような事態であり、それは以下で見るように、彼らのニュース経験の質にも一定の影響を及ぼしていくと考えられる。

断片化したニュース経験の帰結

では、その影響とは具体的にどのようなものか。まず言えるのは、ニュース接触の自由度が高まることによって、ニュース選択の基準として「個人の関心」が突出してくる傾向である。実際、あらゆるニュースがマイクロ・コンテンツ化した状態で用意されており、それをいつ見ても良いというところまで選択の自由が広がっている以上、その選択を枠付ける論理として、「個人の関心」以外のものはなかなか考えにくい。ゆえに今回の六人においても、たとえば一般紙的ニュースにはほとんど目を向けず、もっぱら業界紙的ニュースのみをチェックし続ける人など（大学四年生・男性・Hさん：一六件の報告の内、一二件がＩＴ系・ウェブ業界系のニュース）、接触するニュースの範囲がかなり限定されるケースも出てくる。もちろん、これは各人の個性による部分が大きく、幾つかの事例をもって一般化できる類のものではない。だが、たとえば以下のような事例を見るなら、前節で確認したマイクロ・コンテンツ化とその「つまみ食い」に最適化した今日のウェブや各種のツールのあり方が、こうした傾向を強化する局面が実際にあることを確認できる。

ひとり喫煙所なう。好きなキーワードで検索できるニュースアプリまじ便利。ジャズ関連のニュースだけど、マイルス没後二〇周年てことで伝記映画撮るらしい。誰が演じるのかな。ギル・エヴァンスとかパーカーが出て来るのかな。久々に観たい映画だ。（大学三年生・男性、傍点は引用者）

容易に指摘できるように、好きなニュースのみを選択して見るというこうしたふるまいは、先にも参照したサンスティーンの言う「デーリーミー」（日刊わたし）的な状況にきわめて近い［Sunstein 2001＝2003：27］。また、それがたとえば政治的なアジェンダをめぐる文脈などで亢進すれば、先に見たウェブのエコーチェンバー化、それによる集団分極化という懸念も十分現実的な問題になりうるだろう。短い期間で実施した今回の調査ではそこまでの事態を見ることはなかったが、こうした事例は、それが今後のウェブのニュースを考える上でやはり外すことのできない論点であることをあらためて実感させる。

実際、やや別の位相においてではあるが、今回の調査でも、「個人の関心」によるニュースの「つまみ食い」が何かしらネガティブに作用する局面、そしてそれを他ならぬユーザー自身が感じ取っている局面も散見された。たとえば以下のような事例を見よう。

帰宅して、たまたま日経新聞が手に入ったので、流し読みした。ミャンマーとか、オウムの話題があって、あぁそんなこともあったなあと。ネットからの情報が主になるから、最初の物しか触れてなくて、その後を全然知らなかった。（大学四年生・女性、傍点は引用者）

ここで感じ取られているのは、要するに、「つまみ食い」的に見ることになるウェブのニュースにおける継続性のなさだろう。普段ほとんど無意識に享受しているように、テレビや新聞のニュースを習慣的に見ていれば、私たちはあるひとつの出来事や事件をその展開に沿ってごく自然に追っていくことができる。これに対して、マイクロ・コンテンツとしてのウェブのニュースは、その場の一瞬の関心を満たすために消費されるがゆえに、そうした継続性はしばしば失われていく。「つまみ食い」は一度限りかもしれないというわけだ。それゆえ、このインフォマントが気付いているように、社会的にかなり重要とされるニュースであっても、「その後」の展開を知らずにいるということが起こりうるのである。

そしてこれはたんなる個人の問題に還元できない次元の問題をも含んでいる。というのも、こうした事例は、マスメディアのニュースが保持してきたある種の物語性、そしてそれが果たしてきた社会的機能が、ウェブのニュースにおいて失われることを示唆するからである。つまり、かつてR・シルバーストーンが強調したように、テレビニュースにはたとえば不安の創造とその解消という物語性があり、それは「周期的な現象」としてのテレビの存在様式に依拠している[Silverstone 1994＝2000：71-72]。「周期的な現象」としてのテレビ視聴は、したがって、そのようにして社会的に共有された物語へ参加することでもあり、それがニュースにある種の社会的儀礼としての意味を与えるのである。だが、当然ながら「その後を全然知らなかった」と語るこのインフォマントは、そうしたニュースの物語性・儀礼性からすでに離脱している。ウェブにおけるニュースの受容形式の変容は、かくして、ニュースの社会的機能そのものを変えていくかもしれないのである。

このように、「個人の関心」が突出するウェブのニュース接触においては、選ばれるトピックという意味でも、その継続性という意味でも、私たちのニュース経験はますます他と切り離された個人的なものになっていく可能性が高い。だが、ウェブ／モバイル的な情報環境の作用がそれだけかといえば、そうとも言い切れないだろう。それは、たんに放送メディア的なニュース経験の共同性からの離脱を促すだけでなく、新たな共同性を形づくるとも考えられるからである。今回の調査で観察された範囲で言えば、いわゆる「まとめサイト」など、他のユーザーのコメントと共にニュースに触れることのできる場は、きわめて素朴なものではあれ、そのひとつの形と言えるかもしれない。

まとめサイトは、そうやってみると、トップにニュースの内容が書いてあって、一件、二件って、まとまった状態でその下にコメントがいっぱいあるわけじゃないですか。それがさっきも言った非公式リツイートじゃないですけど、その前につくコメントがいっぱいあるみたいな感じで、そういうのは見てて楽しいかな。一番上だけ〔ニュース本文だけ〕見ててもなんかつまんないけど、みんなが分かりやすく、くだけたノリで書いていると、あーこういうことなんだって分かるんで、結構なんか……。（大学二年生・女性、事後インタビューでの発言）

周知のように、ウェブ上に数多くあるニュースの「まとめサイト」は、必ずしも質の高い議論がなされる場ではない。それはむしろ、ニュースをネタに「繋がりの社会性」［北田 2005：206］がひたすら空転する場とさえ言える。その意味でそれは最悪の場合、同質性の高い意見だけが無責任に連鎖する文字通りのエコーチェンバーにもなりうる。だが、本章で確認してきたニュースのマイクロ・コンテンツ化、そしてその「つまみ食い」によるニュース経験の断片化・個人化という状況を踏まえるなら、こうした「まとめサイト」のような場への欲求も、違う形で理解できるのではないだろうか。つまりそれは、たんなる馴れ合いの場として欲求されているだけでなく、断片化したニュース経験に、ひとまず何かしらのまとまりの感覚を与える場として欲求されている可能性もあるというわけだ。だとすれば、こうした場への欲求のあり方を参照することで、マイクロ・コンテンツ化とは異なる方向性でのニュース経験の再デザインの契機を摑むことも可能かもしれない。

4　移動的経験としてのニュース

さて、以上本章では、ウェブにおけるニュースのマイクロ・コンテンツ化の動向を確認した上で、実際のユーザーがそうしたニュースにどのように接し、結果、彼らのニュース経験がいかに変容しているのかを検討してきた。これを踏まえて、最終節となる本節では、そうしたニュース経験の断片化がより大きな社会的文脈にどう位置づけられるかについて、若干のことを述べておきたい。結論から言えば、本章で見てきたニュース経験の断片化は、それ単独で生じた事象というより、むしろより大きな社会変容の一部だと考えられ、それを理解することで今後のニュース研究は新たな視点を獲得できるように思われる。たとえば、ここ数年、その移動論を軸に新たな社会理論を模索しているJ・アーリの以下のような議論を参照してみよう。アーリがここで述べているのは、「ひどく短期的、断片的な時間」［Urry 2000＝2006：223］のあり方が迫り出してくる傾向についてだが、それはほとんどそのまま本章で見てきたニュース経験の断片化をめぐる議論として読むことができる。

瞬間的時間は、個々人の時間−空間のたどり方が非同期化されることを意味してもいる。人びとの時間の多様性は著しい増大を続け、それは四六時中とはいかないまでも、より長い期間にわたって広がっている。大量消費のパタンが、より多様化、分断化したパタンにとって代わられたことにより、人びとの活動の集合的な組織化、構造化がさらに弱くなっている。時間−空間の非同期化を示す指標は数多くある。［Urry 2000＝2006：226−227］

アーリがここで注目しているのは、要するに、社会のあらゆる所で生じる非同期的な経験の拡大である。そして、一読して了解可能なように、本章で見てきたニュース経験の断片化も、まさにその一部として捉えることができる。実際、この引用部分の直後でアーリは、瞬間的時間の拡大の例として、「間食い《グレイジング》の拡大（決まった時間に家族ととるのではなく任意の時間にひとりでとる食事）」、「団体旅行の衰退と自由旅行の台頭」、「フレックス・タイム制」、「ビデオによるタイムシフト視聴」などをあげているが、そこに「マイクロ・コンテンツのつまみ食い」を連ねても何ら違和感はないだろう。それらはいずれも、私たちの日常を枠付けていた二〇世紀的な時間――マスメディアが中心的な役割を果たす、大量生産・消費を前提とした産業社会的な時間――の構造から外れていくふるまいであり、同じ社会変容の違った局面での現れと見ることができるのである。

重要なのは、アーリがこうした経験の非同期化を、従来の時空間構造からの逸脱として捉えるのではなく、むしろ今日の社会がこうした時空間構造を持つ何かに再編されつつあるという認識の下で、それを前提とした新たな社会理論を模索している点である。それを端的に表すのが、彼の著作タイトルにもなった、「社会を越える社会学」なるフレーズだろう。彼がそのように言うとき、そこには、新たな社会学は一定の境界に枠付けられた領域的な社会にではなく、それを越える移動にこそ社会的なものを見出すべきだという主張が込められている。すなわち、「社会としての社会的なもの」から「移動としての社会的なもの」への視座転換である［Urry 2000＝2006：2］。アーリが非同期的な経験の拡大に注目するのもそれゆえであり、人・モノ・情報の移動の自由度がますます高まりつつある社会において、私たちの経験の多くは、「皆がひとつところで時間的に共有する経験」から「各人が各所で瞬間的時間を生きる経験」へ変わらざるを得ないのである。

そして、これまで見てきた通り、ウェブ／モバイル的な情報環境は、そうした瞬間的時間を一挙に増幅させていくテクノロジーに他ならない。その中では、二〇世紀的なマスメディアを代表するコンテンツであったニュースもまた大きく変わらざるを得ないし、逆に言えば、マスメディアを代表するコンテンツであっただけに、おそらくその変容は他よりも先鋭に現れてくる。だとすれば、ニュースという領域は、メディア研究のたんなる一領域としてだけでなく、アーリの移動論が捉えようとする「移動としての社会的なもの」がきわめて明瞭に現れる場として重要なのだ、と言うこともできるだろう。ハイパーリンクというバーチャルな移動の中でウェブのニュースをつまみ食いするときの私たちの経験。都市空間を文字通り移動しつつスマートフォンの画面に一瞥をくれるときの私たちの経験(7)。こうした経験はおそらく、移動論とメディア論の交点で把握されるべき事象なのである。そして、ウェブ／モバイル的な日常を生きる私たちは、それこそがニュース研究のアップデートに最適な場であることをすでに知っているのではないだろうか。

注

（１）記事の内容と乖離したセンセーショナルなタイトルのこと。タイトルで読者を「釣る」ことから、このように呼ばれる。

（2）たとえばイギリスの一六歳の少年が開発したアプリ「Summly」は、独自のアルゴリズムでウェブ上のニュースを自動的に数百語に要約するものであり、多くの投資家の支援を受けて、一二ヵ国語に対応するまでに発展している。また二〇一三年三月には米ヤフーが三〇〇〇万ドルでこの事業を買収したというニュースが流れている。

（3）「ニュース分析研究会」（代表：伊藤守）が二〇〇九年に行った質問紙調査によれば、「ニュースサイトの中で普段よく利用するサイト」を選択肢の中から二つ選ぶ質問項目において、「Yahoo!ニュース」が八一・六％と他を引き離して圧倒的なトップだった。以下、二位が「新聞社系のサイト（アサヒ・コムなど）」の一四・八％、三位が「Google ニュース」の一四・二％であり、その他（「Goo ニュース」、「ライブドアニュース」、「SNSのニュース（mixi ニュースなど）」、「ich などのケータイ情報サイト」、「通信社系のサイト（共同通信社、時事通信社のサイトなど）」、「外国の放送機関あるいは新聞社のサイト」、「掲示板（2ちゃんねるニュース速報など）」）はすべて一〇％以下の利用に留まっていた［土橋 2010］。

（4）この手法は「デザイン思考（Design Thinking）」と呼ばれる開発手法の中でよく用いられるものであり、それを主導するアメリカのデザインファームＩＤＥＯのＴ・ブラウンは「極端なユーザー」へ照準することの意味を「しかし、釣鐘曲線の中央に注目するだけでは、既知の事実を再確認するにすぎず、奇抜で意外な事実を発見できることは少ない。奇抜で意外な洞察を得るには、一四〇〇体のバービー人形を所有しているコレクターや、プロの自動車泥棒など、釣鐘曲線の末端に位置する人々に注目する必要がある。そこにこそ、異なる生き方、異なる考え方、異なる消費習慣を持つ『極端な利用者』が潜んでいるからだ」と説明している［Brown 2009＝2010：60］。

（5）ユーザーが自分で事前に登録したサイトを自動で巡回し、そのサイトの更新情報を RSS/ATOM と呼ばれる形式で受け取り、一覧化するソフトウェアのこと。これを利用することで、各種ニュースサイト、ブログ、その他の新しく更新された記事を、それぞれのサイトを自分で訪問することなく読むことができる。

（6）この「自宅」の多さには、今回の調査が、「土曜日・日曜日を含む連続した五日間」という期間設定、すなわち一週間すべて調査した場合よりも、休日の割合が多い期間設定で実施されたことも影響していると思われる。

（7）ニュースというコンテンツに焦点を当てたものではないが、モバイルメディア的な都市経験のあり方については、土橋［2013］でひとつのケーススタディを示している。

第2章　遍在する、ニュースと〈個人〉
――情報の「受け手／送り手」と「公共性」

小林義寛

1　物語消費論からの示唆――情報の送受信可能な世界

一九八〇年代末、大塚英志［2001］は、ボードリヤールのシミュラークル概念に示唆を得ながら、物語消費論を展開した。物語消費とは、わたしたちの消費の有り様が、「ビックリマンシール」などの例にみられるように、個々の商品の消費を通じて、その背後にある「大きな物語」（世界観や設定など）を消費している様態である。大塚によれば、その消費の有り様がさらに展開すると、コミックマーケットや同人誌の世界にみられるように、可能性の世界として、「生産者」不在の世界が訪れる、という。すなわち、純粋な「生産者」は存在せず、誰もが消費しながら生産をおこなう世界が可能性として開かれる。

とはいえ、この可能性の世界は、八〇年代末から九〇年代ではなく、世紀の変わり目を通してICT（情報コミュニケーション技術）の大きな進展の結果、誰もが情報を送受信できるような状況になって現実的になった。いいかえれば、現実的におこなうかどうかは別として、純粋な「生産者」だけでなくとも、多くの者が情報の「生産者」になる可能性をもつようになった。

誰もが情報を送受信可能になることは、結果として、既存の情報送信者あるいはコンテンツ制作者としての「プロフェッション」がもつ、ある種の特権性が脅かされる可能性でもある。そのことは、「公共性」に寄与するとされる「ニュース」においてもいえよう。

そこで、この章では、そのような状況が西欧近代的な「個人」あるいは「公共性」を再考し、再編することになり得ることを、事例を通じて考察していく。以下では、第2節で「受け手」に焦点をあて、多様な情報が流通するなかでなにを「ニュース」とするかをめぐって、第3節では第2節における「受け手」が単純な「受け手」ではなく既存の「ニュース」に対する「送り手」となって情報を送信することを通して、「ニュース」あるいはその「生産」、およびそこにおける「公共性」を再考する。そうして、第4節では、そのように誰もが「生産者」になることが他方で既存の情報送信者と相補性をもった時、それが「公共性」の名の下にわたしたちの情動を動員していくことを考える。

2　遍在する「ニュース」

注意・関心のエコノミー（economy of attention）

ちょっとした街角の交差点で見上げてみよう。たとえばそこが渋谷だったら、三つの「ヴィジョン」が映像を表示している。あるいは、電車に乗ればドアの上に、ＪＲ東日本でいえば「トレインチャンネル」がひたすら無音の映像を、それこそ流し続けている。その車内では、その映像を見続けている人もいれば、スマートフォンも含めたケータイ、モバイルのゲーム機器、タブレット端末やミニノートなどのモバイルツールに目を落とし、メール、動画サイトを含めたウェブ、ゲーム、ワンセグなどをみている人もいる。わたしたちの日常は、広い意味で多くの情報に取り巻かれている。

それらの多くは、プロモーション・ビデオ（ＰＶ）だったり、ＣＭだったり、パブリシティやＰＲだったりするのだが、なかには一般的な意味での、いわゆる「ニュース」であることもある。もっとも、ここには「なにがニュースなのか」という問題があるが、夕方から夜にかけての、一般的に「ニュース番組」の時間とされるテレビ番組における、古くは「貴・りえ騒動」の会見や、最近でいえば、一時的ブームで早晩消えそうな芸人の怪我やアイドル・グループからの一員の「卒業」が民放各局だけでなくNHKでも取り上げられていたり、グルメ情報や「おばあちゃんの知恵袋」のような家事の工夫などが報じられている状態を考えると、PVやCMのような映像も、あながち「ニュース」でないとはいいきれない。たとえば、街角で見上げたヴィジョンに展開するPVの映像は、「in store now」という文字列とともにアップで映し出されたアーティストの新譜情報を知らなかった若者にとっては、一種の重要な「ニュース」となるだろう。トレインチャンネルでの運行情報や天気概況も、目的地へ向かっている者にとっては重要な情報だし、その内容によっては「ニュース」でもある。他方、一般に「ニュース」を伝達する機関と思われるテレビ、ラジオや新聞における、些事にわたる二世タレントの離婚騒動や数合わせにしかみえないような「政局」という事態、「選挙屋」さんたちの予想合戦などは、注意・関心のない者にとっては雑音に等しい情報でもある。(1)その意味では、ここでは「ニュース」を、注意・関心のエコノミー(2)による「有用性」あるいは「意味関連性（relevant）」のある情報、という程度に緩やかに定義しておこう。なお、ここでいう注意・関心のエコノミーとは、情報の量が多いのに情報利用主体の注意・関心が欠乏している、あるいはその逆というように、情報量の多少と情報利用主体の注意・関心の多少との関係をあらわす言葉である。

さて、近年のICTの進展は、情報へのアクセスを非常に簡便化した。その結果、わたしたちの日常生活はたくさんの情報に取り巻かれ、送受信を含め、いつでも、どこでも、あらゆる場面で、多様な情報に接している。そうして、前述したように、わたしたちがアクセス可能な情報群のなかには、その都度の注意・関心のエコノミーから「ニュース」となる情報もみられる。いってみれば、「ニュース」自体も、あらゆる時空に遍在しているのだ。

しかし、注意・関心のエコノミーとはいえ、それは常に首尾一貫しているわけではない。その都度、日常生活の場面や状況、あるいはコミュニケーションの様態、その他さまざまなことによって、変化し、うつろっていく。たとえば、政治コミュニケーションのような授業で昨夜のニュースについて問われ、普段は大して関心もないのだが参議院の選挙制度改革案と答える。その休み時間に、友人と「昨夜のニュース、みた?」から始まり、「西島秀俊のドラマ……ハードボイルドだよね」と、選挙制度の話題になど一言も触れなかったりする。この場合、「授業」という状況であるが、それがサブカルチャー論やポピュラーカルチャー論のような授業だったら、休み時間でもそのままドラマネタで押し通したかもしれないし、そうでないかもしれない。日常生活におけるわたしたちの注意・関心など、そのようなものだ。友人との会話場面でも、流れによって、または、コンビニでの支払いをきっかけに、「消費税、上がっちゃったね」などと会話が進行したりする。その結果、現状の「政治」や政党の小競り合いとかを批判したり、「安倍さいてぇ〜、ムカつくよね」と話したりもする。それでも、アンケートやインタビューでは、無関心だったり、「しらな〜い」とか「別に」とか、「なにそれ」だったり、(二〇一四年なのに)「総理大臣……ほら、閣下とかいわれてた人!」と、もう何年も前に辞任した人物の名を挙げたりするのだ。

わたしたちの日常生活は、そのように、常に首尾一貫しているわけではないし、いつでも「政治」、「社会」や「経済」などのような、一般的に「公」領域にあるとされているようなことを考え続けているわけではない。「公共性」などを常に意識しているわけではなく、その意味では「近代的市民」とはいえないような有り様で生きている。

そういったことから、「ニュース」は常にあらゆる場面に遍在している。そうして、意識して、可能であれば手近なICTを介して、いついかなる時にでもそれらにアクセスできる。いや、むしろ、それらを「ニュース」とするかしないかは、情報伝達の送信者の意識や価値判断を無視すれば、受け取る側の注意・関心のエコノミーによる。しかも、繰り返しになるが、その時々の注意・関心のエコノミーであり、しかもそれは、場合によっては、相互作用秩序が成立する過程においてのみ成立する注意・関心のエコノミーだったりする。その意味では、ニュース経験は土橋(本書第1章)が指摘するように断片化している(とくに、30ページ「断片化したニュース経験の帰結」参照)。

遍在する、個人と公共性

松田素二[2009]は、人類学上の事例や議論に基づきながら、「日常人類学」にとって主要な場でもある日常生活における、「個人」の概念を再検討している。それは、西欧近代に特有な「個人」の概念をもって、あらゆる民族あるいは日々の日常生活に暮らす人びとについて語ることに対する違和感であり、問題提起でもある。いいかえれば、特殊西欧近代的な市民としての「個人」の相対化ともいえる。すなわち、「近代的」とはいえないような、うごめく人びとをも含めた視点からの、「個人」概念の問い直しである。

先にも記したように（あるいは注（1）で示したように）、わたしたちは、日々の生活において、いつでも「社会」について考えているわけではない。一貫性を欠き、なんとなく、その都度その都度で過ごしていたりする。それゆえ、街角を歩くことが、あるいはウィンドウ・ショッピングをしていることがそのまま即「抵抗」を意図したり、意味しているわけではない。時間と空間を私的に占有するという意味であれば「抵抗」であり「戦術」でもあろうが、わたしたちの日常生活では、一般的には、そのような意図も目的もなく、ただ歩いている。単純に掠《かす》めとり、流用している（appropriate）のではなく、ただ何気なく過ごしている、その有り様が時には、意識せずとも、ある種の「抵抗」や「戦術」であったりする。

そのような抵抗の線がわたしたちの生きている時間や空間には縦横に交差している。R・ロサルド［Rosaldo 1989（1993）＝1998］にならえば、対象として固定されて展示された美術館や博物館ではなく、雑踏のように遊動していたり、ごちゃ混ぜになっていたりする、バザールやガレージのような時間と空間において、人は時にすぐれて「個人」になることがある。その意味では、「個人」は遍在しているし、ある時点、ある空間に視点をあてれば、「個人」は普遍的にみられ得るともいえる。

たとえば、一般的な例として、漁民と工業廃水排出企業との関係を考えてみよう。長年の排水により「死の海」と化した海域で沿岸漁業を営んでいた漁民たちは、漁業被害のみならず、その海域での水産資源摂取により身体上にも多大なる影響を受けていた。そのため、その被害をめぐって、漁民と企業との間には度重なる交渉と衝突が起きていた。その過程において、企業側は、排水と被害との間の因果関係は認めないが、何度かの補償金を支払ってきた。その一つには「漁業権譲渡」との引き替えでの契約もあった。それにもかかわらず、漁民たちの沿岸漁業は続き、さらなる被害の拡大につながった。

さて、この場合、非常に単純に考えれば、漁民は法的行為者（すなわち「個人」）として漁業権譲渡契約を結んでいる。交渉と衝突に際して、諸種の運動団体の介入の影響もあろうが、漁民たちの行動はすぐれて「個人」的な側面をもつ。その行為の一環としての契約である。その意味では、その後の彼らの漁業行為は権利なき行為ともいえよう。

しかし、漁民たちの行為や運動が首尾一貫して「個人」であるわけではなく、運動の過程において時に「個人」として立ち現れているが、それを彼らが意図的に選択しているかどうかはその都度において千差万別であろう。それは、日常生活において遊歩道を歩いているようなものであり、P・ブルデューやM・ド・セルトーのいうような「戦術」[Bourdieu 1980＝1988, 1990; de Certeau 1980＝1987]、すなわち、ブラウン運動のような不規則な運動過程のなかで時に戦術として「個人」が立ち現れている、といえる。それゆえ、たとえ法的行為者（「個人」）としての契約をおこなった後であったとしても、漁民たちのその後の漁業行為は、漁民たちの論理のなかではなんら矛盾しない。一貫して、ただ普通に、日常の生活をおくっているに過ぎない。

若干視点を変えてみてみよう。漁民たちの生活の基盤をなしている海（ここでは法的問題としての「入会」、「入浜」などに関してはおいておく）は、誰のものでもなく、かつ、誰のものでもある。いうなれば、共有地（共有財）、公共地（公共財）のような、すなわち「コモンズ」である。漁民たちは、ここを舞台に長く生活を営んできた。その「コモンズ」としての海を、私利的行為において毀損したのは工業廃水の排出企業である。漁民たちの抗議活動は、この「コモンズ」を賭け金としている。公共的な財への一私人（企業）の毀損行為に関する抗議でもある。そもそも「コモンズ」に排他的、独占的な権利はなじまないとすれば、漁業権自体が無意味ともいえる。それゆえ、それを譲渡しようと、彼らの漁業活動には支障はない。ここでは、公共性としての海と独占的な利用権の設定された海とが、彼らが時に「個人」として立ち現れたように、戦術的に使い分けられている。

日常生活における「個人」と「ニュース」

簡単にまとめておこう。わたしたちの日常生活は、常に首尾一貫して「個人」であるわけではなく、「公共性」を意識しているわけでもない。「個人」や「公共性」はアプリオリに存在するものではなく、その都度、立ち現れてくるものである。その意味では、「個人」や「公共性」は、あらゆる時間と空間に遍在している。

また、とりわけ昨今のICTにより、わたしたちの日常生活はさまざまな情報に取り巻かれており、可能性としてはあらゆる情報にアクセスできる。そして、それらの情報は、わたしたちの注意・関心のエコノミーにより、ある時間、ある空間で「ニュース」となる。すなわち、「ニュース」もあらゆる時間と空間に遍在している。

わたしたちは、日常生活において、状況に応じて、ある情報を「ニュース」としたり、「個人」として「公共性」を問うたりしている。それは、いわゆる「ニュース生産者」としての送信者とは異なった視点をもっていることもあれば、それを補強したり反発したりすることもある。その際、単なる「受け手」ではなく「送信者」になることもある。その有り様の若干を、以下でみていこう。

3　秋葉原無差別殺傷事件

事件一年後の秋葉原をめぐる報道批判

二〇〇八年六月八日、東京の秋葉原で無差別殺傷事件が起きた。ちょうど昼食時に、犯人は歩行者天国にトラックで突入し、五名をはね、通行人ら一二名にナイフで切りつけた。トラックによる死者三名、負傷者二名、ナイフによって四名が死亡、八名が負傷した。犯人は駆けつけた警察官によって現行犯逮捕されたが、事件の様相は、すぐにテレビで速報が流れ、ワイドショーも含め、随時報じられた。番組によっては、現場の監視カメラ映像も流された。その時テレビをみていた人間にとって衝撃的な事件であった。

この事件から一年後、「マスコミ」が再び秋葉原に集まった。当日朝から、テレビでは事件を振り返りながら、一年後の秋葉原の様子を中継した。マスメディアとりわけニュースメディアとしては、事件の悲惨さ、「特異さ」などを含めて、その重要性からのフォローだったのかもしれない。

とはいえ、事件から一年経た後の秋葉原事件へのメディア表象に対して、事件時のマスメディアでの反応とは異なった、ちょっとした「議論」が湧き上がる。それは、報道機関の取材姿勢に関わる批判であり、そのためもあってか、当のマスメディアでは決して顕在化することはなく、ネットにアクセスし、それらのブログなりスレッドなりを巡回しない限り、おそらく検索の結果偶然にしか出会うことのない反応だ。筆者自身は後者であった。

おびただしい数の批判が記者やレポーターの行為を写真で示しながらなされているが、そのうちからひとつだけブログを例示しよう(3)（／は改行を示す）。

一年前のテレ朝は「献花スポット」全体をいじって撮影してたけど、この日のいろんなマスコミは、ソフマップ本館前の献花の中から、メッセージカード付きの花を探して、まわりの花を手でおさえて撮影したり、下のほうから別のカード付きの花を掘り出したりしてた（どこのＴＶ・媒体なのかは未確認）。

（中略）

〔上記に対するコメント〕

5299：／夕方六時／ＴＶでは局の雇ったコスプレ劇団員の献花シーンが！

5300：／真性のクズだな／マスゴミとしてですらなく人としてやっちゃいけないことだろ／墓荒らしと同じ、死んで詫びろ

5301：／こんなことするマスゴミに一年前事件現場で写メール撮ってた連中を非難する資格なんてねえよ

（中略）

5306：／遺された人の気持ち踏み躙る行為だとわかった上でやってるのか？／ジャーナリスト（笑）なら何しても許されると思ってんのか？／理解できない

（中略）

5321：／なんでこいつらが加藤に殺されなかったのかな／なんで俺のダチなんだろうか／こいつらカスゴミが死ねばよかったのに

（中略）
5386：／今日秋葉のソフマップ前いったらマスゴミ達がいたからちゃんと黙禱できなかったよ…
（後略）

慰霊の花に対して、取材陣が手を加えている。ここに例示したコメントはすべてそれに対しての怒りの反応であり、マスコミの取材のあり方に対する疑問の提示というよりも、「死者への冒瀆」、「マスゴミ」等という語を使用しながらの、かなり強い批判である。

わたしたちはテレビをみながら、現場に添えられている花や、手を合わせて黙禱している人びとの姿をとらえるカメラ、それについて語っているレポーターの言葉になにも疑問をもたずに共感を覚えたりしている。しかし、ふと思えば、カメラ前に「適切」ともいえるカメラアングルで、現場レポートに都合よく調和的な映像が偶然にも撮れる、という確率はかなり低いであろう。それにもかかわらず、一年後の秋葉原の現場映像は、あたかも「自然」にわたしたちの前に提示されていた。筆者も、彼ら彼女らのブログやスレッドをみるまでは、なんの違和感もなく、疑問をもつこともなかった。

おそらく、「ジャーナリスト」あるいはカメラマンやレポーターら取材クルーにとっては、ごく当たり前のことだったのかもしれない。カメラ写りがよいように、テレビ映えするように、視聴者にみえやすくするように、などの判断だったのだろう。そして、それは至極自明な行為でもある。しかし、取材クルーたちの行為は、それが彼ら彼女らの自然的態度であるからこそ、批判の対象になる。取材クルーにとっては疑うことのない習慣的な行為であるのだが、それが誰にも同じ価値観で共有されているわけではない。いってみれば、この時の取材クルーはA・シュッツが分析したドン・キホーテのようなものだ(4)。

取材クルーの行為には犠牲者への悼みもなにも感じられない。その日現場に居合わせた人びとのなかには、遺族もいただろう。場合によっては、花を供えた当人もいたかもしれない。その面前での行為ゆえ、非常識という批判は免れ得ぬように思われる。ゆえに、先のブログやスレッドにみられる批判となった。

取材クルーの行為をみたとき、レポーターやキャスターの犠牲者への悔やみや哀悼の言は、空々しく非礼で、表面的な言葉でしかないようにさえ、感じられるだろう。

とはいえ、この鈍感で、悼みの感じられない行為なのだが、取材クルーにとってみれば、真摯に職務を遂行し、そのルーティンワークに「プロフェッション」として専念していた、ともいえる。それは、なんの疑問を挟むこともなく、身体に刻み込まれ、自然で当たり前の行為なのだろう。職務遂行に専念すればするほど、その行為は「プロ」としての論理のなかで貫徹される。しかし、昨今の情報環境においては、その専有にある種の危機が訪れてもいる。というより、先の批判が顕在化し得ること自体、現実的にはその危機の顕れともいえる。その専有の破れについてみておこう。

事件当日の「野次馬」への批判

二〇〇八年六月八日は日曜日であった。筆者は、「アッコにおまかせ！」（TBS）をみていたように記憶する。そして、突然の報から以後、あちらこちらへとチャンネルを変え、時に友人とメールのやりとりをしながら、テレビをみていた。夜にネットをみると、事件自体や事件後の現場映像があちらこちらにあがっていた。それらには、テレビからのものもあれば、自らのケータイで撮影したものもあったが、そもそもテレビの映像自体に現場に居合わせた者のケータイから提供されたものもあったので、筆者が閲覧した両タイプの映像とも、元はケータイからのものだったのかもしれない。

さて、ケータイでの撮影に関して、事件後すぐに非難の反応が出現するが、週刊誌各誌で取り上げられてからは、ネット上でも大きく盛り上がった。いくつかのブログは事件直後から冷静に著者が遭遇した事件の経緯を写真入りで報告し、それらへのコメントには、その場にいた人びとの行為を「情けない、悲しい」といったような言葉で批判している。ニュースサイト「J-CAST ニュース」では、「秋葉原事件の被害者撮影　モラル論議が巻き起こる」(5) と題して、ケータイで撮影していた「野次馬」に対する週刊誌各誌での批判をまとめ、それへの反応も掲載している。そこからは、

「私は不謹慎なのでしょうか?」という問いかけや、撮影した者の困惑した様相がかいまみられるし、ケータイによる撮影に意義を感じていることをみいだすこともできる。

また、2ちゃんねるのようなスレッドとしては、たとえば「【秋葉原事件】『なんなんだよお前ら…』ヤジ馬、殺された人達をケータイ撮影しまくり。サイトに掲載し『高揚感』…モラル論議に★9」[6] 等をみると、撮影者に対する「道徳的」ともいえる非難が数多く寄せられている。しかし、そこにも「何でジャーナリストはよくて／一般人はだめなんだ？　意味がわからない」や、撮影者を非難するマスコミに対して「マスコミが嫌がるなよWWWW《ママ》／オマエらいつも撮りまくってるだろおかまいなしにWWWW《ママ》」などとともに、撮影者を擁護する「アキバで写してた連中も、ほとんどは『悲惨な事件現場の状況』を写してん／だと思うぞ。そして実際にマスコミが駆け付ける前の状況が記録されただろ。／俺は撮ってた連中を否定できないな」のような見解もみられる。たしかに、圧倒的に非難する声は大きいのだが、擁護する意見や困惑している様子を考えると、ことはそれほど単純ではないように思われる。たとえば、Cinemapost.netでは元編集者が映画批評のなかで「『戦場のフォトグラファー　ジェームズ・ナクトウェイの世界』フォトジャーナリズムと野次馬の写メは何が違うのか」と挑発的に題して、次のような問いかけをおこなう。

特に秋葉原連続殺傷事件を期にして（中略）その事件の被害者・加害者をフォーカスするカメラマンを見るにつけ、野次馬が携帯でパシャパシャと写メを撮るのとどう違うのか？　専業カメラマンと野次馬はどこが違ってどこら辺に境目があるのか、まったく分からなくなってしまった。[7]

たしかに、報道カメラマンと野次馬とでは、どこが違うのだろうか。たとえば、あの現場に「ジャーナリスト」なり取材クルーなりが偶然にも居合わせたとしたら、彼ら彼女らは取材をしなかっただろうか。むしろ積極的にカメラを回すなり、シャッターを切るなりしたのではないだろうか。現状を伝えるべく、居合わせた者として事件の状況を伝えるべく行動しただろう。それが彼ら彼女らの使命でもあるし、職業でもある。そして、それは、一部での批判は免れないとしても、「決死のレポート」、「スクープ映像」などとして、評価されるのだろう。場合によっては、自らの危険を顧みずのレポートとして絶賛さえされたのかもしれない。そうして、おそらく、それに対する一部の批判でさえ、先の献花を漁る「マスゴミ」批判のように、実際にはネットなどでなされるだけで表に出ることさえないのではないだろうか。

けれども、仮にその現場に居合わせたとして、彼ら彼女らは、職業上の使命としてだけ、そして、その職業倫理に則ってだけで行動している、といえるのだろうか。そこに好奇心や興味本位が決してない、とはいいきれまい。突然に生じた非日常的な出来事に際して、彼ら彼女らは、どのような精神構造で、どのように振る舞うのだろう。その時、「ニュースになる」という彼ら彼女らの価値観には、日常の自明性のなかのフレームでは理解できない、特異な現象への興味関心があるためではないのだろうか。そうであれば、なにゆえ「野次馬」が好奇心や興味本位などとして批判されなければならないのだろうか。

また、「野次馬」がただの傍観者であったことが問題視されるのだが、はたして「ジャーナリスト」なら傍観者にはならずに行動するといえるのだろうか。それに関しては、はなはだ疑問である。たとえば、一九八五年の豊田商事会長刺殺事件(8)を思い起こしてみよう。突然の出来事に対して、ただの傍観者でしかなかった「ジャーナリスト」。というより、むしろただうろたえ、呆然として、おそらくはその職業上の使命も、そして職業倫理どころか一般的な倫理さえも忘れ果てたかのようにたたずむ姿を思い起こせば、容易に想像できる。もっとも、そうした過去の反省も踏まえながら、なんらかの行動をとるような「ジャーナリスト」もいるだろうが。

ところで、ここで「野次馬」と一括りにしてまとめ上げてしまっているが、彼ら彼女ら自身も一枚岩であるわけではない。出来事に遭遇し、ただたたずむしかなかった人、呆然とする人、うろたえる人、その他さまざまな人間がいただろう。騒ぎを聞きつけて集まってきた人たちも千差万別だ。そういった人たちのなかからある者は傷ついた人のもとに駆け寄るなどの行動をしたのだろうし、ある者は、ジャーナリストではないがその出来事に際し、記録に残す、あるいは状況を伝えるべく行動した者もいたのだろう。当然のように、ただうろたえ、たたずむことしかできなかった者もいただろう。なにもしなかったのではなく、なにもできなかった、それは非難されるべき行為とはいえない。

おそらく、問題はケータイで撮影したという行為なのだろうが、先で引用したブログのように、衝撃的な事件をただ伝えようとしただけなのかもしれない。

遍在するニュース発信

わたしたちは、ウェアラブルなツールを介して、単にあらゆる情報にアクセス可能なだけではなく、わたしたち自身が情報を発信できるような情報環境にある。この情報環境にあって、しかもこれらとのインターフェースが身体化されていればされているほど、状況の衝撃が身体化された行為を誘発するだろう。たとえ、情報ツールがそれほど身体化されていないとしても、非日常的な出来事に際して、日常のパターン化された行為様式が発動されたりする。日常ではあまりみられないことに対して思わず日常的な反応をしてしまったり、みられないからこそ――たとえば季節はずれの桜にカメラを向けてしまうように、カメラを向けてしまったりしたのではないだろうか。

たしかに、ただ面白半分にケータイを使用していた者もいただろう。けれども、それらすべてを十把一絡げに「野次馬」として批判することには違和感がある。さらにいえば、そのような行為にさえ、戦術的な意味をみいだすことは可能である。自らの所持しているツールを、状況に際して使用する。それは、なにも意味がないような行為や「不謹慎」にもみえる行為かもしれないが、それだからこそ、ある種の戦術的な意味があるともいえる。

どちらにしても、それらの映像がブログやSNSなどを通じてネット上に流通する。そうして、状況の衝撃は多くのネット・ユーザーたちを介して流通していく。「ジャーナリスト」でない者の手によって「ニュース」が流通する。その場に居合わせた者たちが自ら所有しているツールを介して、情報を流用している（appropriate）のだ。かつては「ジャーナリスト」の職業的な特権とでもいえたような行為が、職業上の使命も職業倫理もないかもしれないが、日常生活の延長線上の過程のなかで、その都度その都度、時どきに応じた、一貫性のない行為において、展開されている。それこそ、日常生活の戦術といえるだろう。この場合、ある意味では、「ジャーナリスト」の専有状態がそれによって破られたに過ぎない。しかし、それが公的な場において、疑義の対象となる。横断性をもった私的なブリコラージュの行為の流出は、公的な情報発信の専有者には脅威でもあり得よう。だが、わたしたちは日常的にそれらの情報ツールを手にし、いつでも使用可能な状態におかれているのだ。ある種の「使命感に燃えて」カメラを構えた時、彼ら彼女らは、事件に際して「個人」として「公共性」に寄与していた、ともいえよう。

現在のＩＣＴの状況においては、「ニュース」発信自体も遍在化している。そして、その時、なにを「ニュース」とするか自体も、おそらくその当事者の注意・関心のエコノミーに依拠している。送り手も受け手も、その都度その都度の注意・関心のエコノミーにより、情報、状況、事態のなかから、あるものを「ニュース」とし、そうして、それを広大な情報の海のなかで共有している（その意味では、第１章で土橋が指摘する、「繋がりの社会性」からエコーチェンバーに至る危険性の側面もあるが）。それらは、ある者からみれば単なる興味本位に過ぎないものであっても、他の者からすれば「公共的なニュース」になることもある。それではいったい「公共性」とはなんだろうか。おそらく、これ自体を問い直す必要があるだろう。ここではそれは今後の課題とし、一般的に「公共的」であることが大きな圧力となっていく事例を以下でみておこう。

4　電力危機を煽る圧力

二〇一一年の熱中症

三・一一以後のメディアをめぐって、震災報道や原発報道などを中心に、これまでも多くの研究や報告がなされているし、現在も継続して研究されているが、この節では、若干視点を変えて、震災に関連する「ニュース」について考えてみよう。

二〇一一年初夏、大学の大講堂で筆者の授業中、教室中段あたりの学生の身体がゆらぁと揺れたかと思うと、ゆっくりと崩れ落ちていった。初めはなんだかわからなかったが、駆け寄り、その学生の様子をみ、近くの友人たちに確認をする。どうも熱中症らしい。救急車を呼ぶなどの対処のために授業はそのまま終わりとなったが、その後、事務当局と相談し、大講堂の室温管理を考慮してもらうようにした。というのも、キャパシティを超えた人数の学生を収容した教室であるにもかかわらず、節電対策のために冷房が二八度に設定されており、講堂内では学生も筆者も汗だくで授業をしていたからである。学生が倒れたこともあり、翌週以後、室温管理は例外的になされるようになった。

また、筆者は重度の認知症の母の介護をしながら生活している。母は、自律的な体温管理はできない。室温や体温が上昇していても、汗をかきながらサマーセーターなどを羽織ってしまう。そのため、室温や服装を管理していないと体調に大きく影響を与える。

二〇一一年の夏は猛暑であった。当時、若干認知症気味ではあるものの日常生活には概ね支障のない父はまだ健在であった。筆者が日中に不在である場合、ヘルパーのいる時間以外は父に母の面倒を任せていたので、その間の室温管理も主に父がおこなっていた。

この年、電力不安から節電があちらこちらで叫ばれていた。テレビでは、始終といっていいほど「適正な室温」として二八度が当然のことであるかのように伝えられていた。父は、テレビや新聞の「ニュース」で伝えられるその情報を当然と信じ、冷房を消して窓を開けたりして、節電に努めていた。結果、母は軽い熱中症になった。

いったい、この「適温」の根拠はどこにあるのだろうか。日常的な活動において、二八度はかなり過酷な温度のように思われるのだが、ある時期からこれが当たり前であるかのように流通している。しかも、節電のスローガンは控えめな室温設定を推奨する。二八度を適温とし控えめな室温設定といえば、下限が二八度で、可能であればそれより上の室温設定が推奨されているように感じられるだろう。しかし、現実的にはそれは身体にとってかなり危険なことといえる。

熱中症危険域——言及されないWBGT（湿球黒球温度）

熱中症指標と呼ばれるWBGTという指標がある。それは、国立環境研究所によれば、以下のように説明される[9]。すなわち、人の熱ストレスは単に温度だけでなく、輻射熱、風、湿度などが総合的に関連していることから考案されたもので、人体の熱収支に影響の大きい湿度、輻射熱、気温の三つを取り入れた、ISOの国際規格（ISO 7243：1989）にもなっている指標である。厚生労働省は、職場環境における熱中症予防として、二〇〇五年に「熱中症の予防対策におけるＷＢＧＴの活用について」[10]で、その活用を提言している。また、厚生労働省が「職場における熱中症の予防について」[11]で、国立環境研究所が「暑さ指数（ＷＢＧＴ）とは」[12]で参照しているのは、日本生気象学会が二〇〇七年に策定した「日常生活における熱中症予防指針」Ver.1[13]である（二〇一三年にVer.3に更新されている）。

日本生気象学会の指針では図表を示しながら解説している。表2-1と表2-2はその一部である。単純に気温とＷＢＧＴとを重ね合わせることはできないが、そこにはおおよその指標が示されている。注記も参照すれば、ＷＢＧＴでは二八度が警戒（二五〜二八℃）であり、一般的に「適温」とされる二八度は実は熱中症が「中等度以上の生活活動で起こる危険性」があるとされる気温であることがわかる。さらに、同指針における湿度との関係の表を参照すれば、日本の夏季における状況での一般的な「適温」は警戒を要する気温であり、また、「生活活動強度の目安」の表から、二五度未満の「強い生活活動で起こる危険性」以外の活動には注意が必要であることがうかがえる。おそらくある程度の日常活動にはリスクがともなうだろう。とくに高齢者や児童などの弱者には危険性が増すことが推測できる。

たしかに、単純にＷＢＧＴと気温を一体化するわけにはいかないが、一般的な「適温」には大きな疑問が残る。とりわけ、推奨される二八度の根拠はこの警戒（二五〜二八℃）で、二八度は「未満」であるにもかかわらず、「以下」として流通し、あらゆるメディアでそれが推奨されているのが現実だろう。「設定温度は二八度にしましょう」という時、しかも「節電で控えめに」であれば、二八度以上に設定することが勧められている、と普通は感じられる。その際、このＷＢＧＴについてはほとんど言及されることはない。

ヤシマ作戦——電力危機へのネットの呼びかけ

ヤシマ作戦とは、もともとテレビアニメ「新世紀エヴァンゲリオン」（一九九五〜一九九六年、GAINAX制作、テレビ東京系放映）の第六話において実施された作戦名である。この作戦は、第五使徒ラミエル殲滅のため、日本全国から電力を集めた。このことが震災後の深刻な電力不足に対する節電の徹底の必要性と類比され、アニメファンを中心に「ヤシマ

表2－1　日常生活における熱中症予防指針

温度基準 （WBGT）	注意すべき 生活活動の目安	注意事項
危険 （31℃以上）	すべての生活活動でおこる危険性	高齢者においては安静状態でも発生する危険性が大きい。外出はなるべく避け，涼しい室内に移動する。
厳重警戒 （28～31℃）		外出時は炎天下を避け，室内では室温の上昇に注意する。
警戒 （25～28℃）	中等度以上の生活活動でおこる危険性	運動や激しい作業をする際は定期的に充分に休息を取り入れる。
注意 （25℃未満）	強い生活活動でおこる危険性	一般に危険性は少ないが激しい運動や重労働時には発生する危険性がある。

（ここでのWBGTはその日の最高気温時の気温と湿度から推定されるものである）
（28～31℃は28℃以上31℃未満の意味）
出所：日本生気象学会「日常生活における熱中症予防指針」Ver. 1

表2－2　WBGTと気温，湿度との関係

相対湿度（%）

気温（℃）	20	25	30	35	40	45	50	55	60	65	70	75	80	85	90	95	100
40	29	30	31	32	33	34	35	35	36	37	38	39	40	41	42	43	44
39	28	29	30	31	32	33	34	35	35	36	37	38	39	40	41	42	43
38	28	28	29	30	31	32	33	34	35	35	36	37	38	39	40	41	42
37	27	28	29	29	30	31	32	33	35	35	35	36	37	38	39	40	41
36	26	27	28	29	29	30	31	32	33	34	34	35	36	37	38	39	39
35	25	26	27	28	29	29	30	31	32	33	33	34	35	36	37	38	38
34	25	25	26	27	28	29	29	30	31	32	33	33	34	35	36	37	37
33	24	25	25	26	27	28	28	29	30	31	32	32	33	34	35	35	36
32	23	24	25	25	26	27	28	28	29	30	31	31	32	33	34	34	35
31	22	23	24	24	25	26	27	27	28	29	30	30	31	32	33	33	34
30	21	22	23	24	24	25	26	27	27	28	29	29	30	31	32	32	33
29	21	21	22	23	24	24	25	26	26	27	28	29	29	30	31	31	32
28	20	21	21	22	23	23	24	25	25	26	27	28	28	29	30	30	31
27	19	20	21	21	22	23	23	24	25	25	26	27	27	28	29	29	30
26	18	19	20	20	21	22	22	23	24	24	25	26	26	27	28	28	29
25	18	18	19	20	20	21	22	22	23	23	24	25	25	26	27	27	28
24	17	18	18	19	19	20	21	21	22	22	23	24	24	25	26	26	27
23	16	17	17	18	19	19	20	20	21	22	22	23	23	24	25	25	26
22	15	16	17	17	18	18	19	19	20	21	21	22	22	23	24	24	25
21	15	15	16	16	17	17	18	19	19	20	20	21	21	22	23	23	24

WBGT値
危険31℃以上
厳重警戒28～31℃
警戒25～28℃
注意25℃未満

出所：日本生気象学会「日常生活における熱中症予防指針」Ver. 1

作戦」と呼称して、ツイッター、ブログ、mixi、ニコニコ動画他の動画サイトなどで呼びかける運動が広まり、拡散していった[14]。その結果、「エヴァ」になぞらえられた節電メーターその他のツールや諸種の動画も作成・投稿され、大きな運動となって展開していった。また、「ヤシマ作戦」の「ヤシマ」だけでなく、お笑い芸人であるダチョウ倶楽部のギャグ（「ウエシマ作戦」）など他の、同種の多くの関連する運動へも広がりをみせた。

震災後、ネットやSNSなどに対しては、東京湾岸炎上のような流言などに対しての批判も多くみられたが[15]、それらの活用が評価される面もあった。「ヤシマ作戦」は積極的に評価された運動の一つといってよいだろう。実際に、その運動の早い段階からテレビでも言及され、評価されていた。初期の各局の様子を追えば、以下の通りである[16]。

日本テレビは、三月一四日の「ズームイン!! SUPER」で七時四九分からの東京電力の第一次計画停電の混乱に関するニュースのなかで「ヤシマ作戦」を取り上げ、節電の必要性を訴えた。フジテレビは、三月一七日に「とくダネ！」の「一四〇字に込めた思い…ツイッターに『心の灯』」（九時二一～二九分）において、ツイッターから自主的に始まった運動として紹介し、三月二六日の「新・週刊フジテレビ批評」の「〈1 Week TOPIC〉『東日本大震災』メディアはどう伝えているのか」（五時一三～二三分）でヤシマ作戦の映像とともに紹介し、五月一六日の「スーパーニュース」においては秋葉原からの復興支援として評価していた。テレビ朝日は、三月二四日に「やじうまテレビ！～マルごと生活情報局～」で「〈朝刊マルっとチェック〉『ヤシマ作戦』を大展開・ネットで節電呼びかけ」（五時二四～二五分）として運動を紹介し、東京電力広報部のコメントも含め評価している。NHKでは、三月二九日の「クローズアップ現代」において、東京で節電の動きを加速させたのはソーシャルメディアであるとして運動を積極的に評価していた。

秋葉原の事件に対する記者たちの対応への批判、あるいは二〇一一年一〇月三一日にテレビ東京が放映した「銀魂」（サンライズ制作）の配信停止に対する反応[17]、こういったものとは大きく異なっている。たしかに、電力危機という事態は重大なのかもしれない。だが、結果としては、国民による節電の効果もあったかもしれないが、深刻な電力不足には至らず、「ヤシマ作戦」の効果自体も現実的には曖昧となった。

動員される注意・関心のエコノミー

震災後、テレビや諸種メディアを通じてさまざまな節電キャンペーンがおこなわれ、ネットでは「ヤシマ作戦」の拡大と拡散が起こり、そしてそれをまた既存のメディアが取り上げ、さらに広がりを増していく。そこに、効果が不確定な計画停電、福島の原発の状況、原発政策の動向などもからみ、わたしたちは大きく混乱した。ただ、電源喪失の恐怖だけがわたしたちを覆って、無駄な電力を減らす努力を強いられているような、あるいは電力使用に後ろめたさを感じるような状況だけが広がっていった。それも、「公共性」のためにはやむなし、なのだろう。

「ヤシマ作戦」の草の根の運動に共鳴したのは、それぞれが「公共性」に奉仕すべく「個人」としておこなった活動であったからだ。だが、その「個人」が奉仕すべき「公共性」に関する情報そのものをそれぞれの「個人」がもっているわけではない。多くは、既存のメディアのもたらす情報に依拠し、それを基に判断していた。注意・関心のエコノミーは、この場合、テレビや新聞により流されていた検証されていない情報により動員されていたのではないだろうか。こうした時、メディアの社会的責任とはなんなのだろうか。また、秋葉原の事件の一年後の取材風景や「銀魂」放映中止への既存メディアの沈黙と対比すれば、積極的な「節電」への注意喚起は、既存メディアが人びとに対してなにを問題にするかをも提起していることになる。これもメディアの社会的責任に関わる問題だろう。しかし、秋葉原の際の遍在する「ニュース」発信と対比した場合、この「節電」という事態は既存メディアとネットとの間に相補性があったように思われる。おそらくそれは、日本の電力をめぐる諸条件が大きく影響していたのだろう。

ところで、猛暑により現実的には熱中症患者が増大したが、その報道の時にだけ「無理のないように」と呼びかけられた。それは「ヤシマ作戦」などのネット上の運動でも同様だった。動画の最後に「無理のないように」とか「できる範囲で」というような表現がなされたりした。だが、二八度という「適温」が疑問に付されることはほとんどなかった。かつての、夢のように語られた「サイベリア」（アメリカ西海岸を中心にした、アンダーグラウンドなコンピュータ・カルチャー）などの幻想からすれば、ネット社会は多くの場合、「総動員体制」とも呼べるような状況に対しては批判的な言説が流通する。けれども、「ヤシマ作戦」にはそのようなものがみられたのだろうか。

そう考えた時、ここに立ち現れた「個人」とは、日常生活のなかでなんとかやっている人びとが時として「個人」となるような戦術とは異なった姿のように思われる。その意味では、そこで賭けられている「公共性」も若干位相が異なっているのだろう。すなわち、人の「個人性」や「公共性」は日常生活において、多様な様相をもって立ち現れている。そして、その都度の「個人」の選択自体が、ある意味ではその都度の戦術なのかもしれない。「ヤシマ作戦」の場合には、その結果として、既存メディアとネットとの間に相補的ともいえる「公共性」が立ち現れたのだろう。

漁民たちのとる戦術、秋葉原事件の際の「ジャーナリスト」の対応をみた際にとった戦術、「ヤシマ作戦」に共鳴した戦術、そのそれぞれが別個なわけではなく、常に共存し、オーバーラップしながら、どこかの相が「個人」として顔をのぞかせる。そのようなイメージで捉えるべきなのだろうか。だが、その場合、「二八度」と「節電」の大合唱に抗し得なかった人びとと、声を上げられなかった人びとの声はどこで聞き届けられるのだろうか。ネットにさえ聞こえない声は聞き届けられることはない。声なき声はどこで発せられ、彼らや彼女らの「個人性」はどこに立ち現れ、その「公共性」とはなんなのだろうか。それでも、遍在する「ニュース」の可能性は、そういった声を聞き届ける可能性を秘めている。これは、第1章の土橋論文がアーリに示唆を得ながら「移動としての社会的なるもの」の視座転換を構想するのと、関わりながらも若干視点の異なった可能性でもある。そして、それは単純に「ネトウヨ」で語られるだけではみえてこない、可能性でもある。

付記　この章における議論は、現在も継続している震災報道をめぐる以下の研究の一環である。大井眞二を研究代表者として、小川浩一、山本賢二、福田充、佐幸信介、宮脇健に筆者を加えた共同研究であり、日本大学学術研究助成「メディア秩序の変革期におけるジャーナリズムのパラダイム転換に関する研究」および公益財団法人新聞通信調査会による助成「『社会的危機』としての東日本大震災――ニュースメディアの『社会的危機の概念化』に関する実証的研究」における資料、また、その共同研究に協力していただけた株式会社ＪＣＣに依拠している。とくにＪＣＣの地上波六局二四時間録画システムがなかったら、震災およびその後のテレビ報道の記録は散逸していたし、ＪＣＣのデータベースおよび検索システムがなければ、諸種の検討は困難であったものと思われる。これらの助成、ＪＣＣの協力に対し、ここに記して感謝の意に代えたい。

注

（1）一般的な「ニュース」番組に関して、「ニュース番組」と「ワイドショー」との違いが判然としない、あるいは「興味本位」であるとして、「インフォテインメント」や「ワイドショー化」などの批判がある。しかし、それらの批判の正当性の根拠には疑問が残る。たとえ「ポピュリズム」といわれようが、これまで「政治」の主体に登場してこなかったような存在が大きな役割を担ったことを過小に評価していないだろうか。そこに、ある種のエリート主義や男性中心的な視点を感じさえする。いいかえれば、これまでの「消費者運動」などとは異なり、組織化されていない、一意的でも特定目的でもない、その意味では「市民運動」とは言い難い人びとに対する視点の欠如、すなわち近代的な「市民」を前提にした位置からの議論、および、男性が凝視することを前提にした「ニュース視聴者」像、それに対して片手間にテレビをみている、「一貫した主義主張」のない女性、などを前提にした議論に思われる。

これらの、近代的な意味での「市民」とはいえないような、うごめく人びとの動きではあるが、その最中において、「正統的」な運動家でない者、政治関係者でない者、著名人でない者のなかで、あえて「市民」を主張する場合がある。おそらくそこには戦術的な意味があり、単純に近代的な「市民」を前提にした議論では陥穽に陥る。このような「市民」概念は、サバルタン研究におけるある種の主張、すなわち戦術的なサバルタン性と相同している部分が多々あるように思われるし、戦術的な本質主義とも捉えられよう。これらの議論に関しては、松田素二［2009］や小田亮（ブログ http://d.hatena.ne.jp/araiken/20091007/1347631508、二〇一四年年八月一一日取得）などを参照。

（2）注意・関心のエコノミーについては井出嘉憲［1998：3-57］を参照。ただし、井出は、Ｋ・Ｗ・ドイッチュの議論［Deutsch 1971＝1976：124-174］に依拠して、情報公開との関連で使用しているが、ここでは、井出に示唆を得たとはいえ、かなり逸脱して使用している。その際、Ｒ・Ａ・ランハム［Lanham 2007］の議論も参照して使用している。

ドイッチュの議論では、政治コミュニケーションの観点から情報が豊富・過多における、情報の受け手に焦点をあてるが、井出の議論は情報の過少状態も想定している。ランハムは、情報経済・社会において、重要性を増す注意・関心に注目して議論をすすめる。

なお、注意・関心のエコノミーの概念自体は、近年のマーケティングや広告でいうところの、人びとの注目に焦点をあてた考え方であるアテンション・エコノミクスとは、関連性はあるが、異なる概念である。

（3）http://yutori2ch.blog67.fc2.com/blog-entry-394.html（二〇一四年四月二五日取得）　引用にあたっては、本文以外、ハンドルネームなどは省略。

（4）シュッツはドン・キホーテの問題を、ウィリアム・ジェームズのユニバースの考え方に依拠しながら、リアリティの相違として議論している［Schutz 1964＝1980：70-106］。この場合、取材クルーは、ドン・キホーテのように、一般の人びととは異なったサブ・ユニバースのリアリティを保持している、といえる。

（5）http://www.j-cast.com/2008/06/12021731.html（二〇一四年四月二五日取得）

（6）http://mamono.2ch.net/test/read.cgi/newsplus/1213365404/（二〇一四年四月二五日取得）

（7）http://cinemapost.net/archives/2650（二〇一四年四月二五日取得）

（8）一九八五年、悪徳商法による豊田商事の永野一男会長が自宅マンション前に集まったマスコミ取材班の眼前で刺殺された事件。

（9）http://www.nies.go.jp/wbgt/note.html（二〇一四年四月二五日取得）

（10）http://www.mhlw.go.jp/bunya/roudoukijun/anzeneisei05/（二〇一四年四月二五日取得）

（11）http://www.mhlw.go.jp/bunya/roudoukijun/anzeneisei33/dl/03.pdf（二〇一四年四月二五日取得）

（12）http://www.wbgt.env.go.jp/wbgt.php（二〇一四年四月二五日取得）

（13）http://www.med.shimane-u.ac.jp/assoc-jpnbiomet/pdf/shishinVer1.pdf（二〇一四年四月二五日取得）

（14）ツイッターとブログによる「ヤシマ作戦」の拡散に関して、喜連川優らのプロジェクトを参照すると、その可視化した様子も含めてわかりやすい。たとえば、「サイバーフィジカルサービスと明日へのＩＴ」https://www.jstage.jst.go.jp/article/seisankenkyu/63/5/63_5_609/_pdf（二〇一四年四月二五日取得）や「ビッグデータとビジュアリゼーション」http://www.cybernet.co.jp/avs/documents/pdf/seminar_event/conf/18/key2.pdf（二〇一四年四月二五日取得）を参照。

（15）三・一一をめぐる報道について、たとえば、新聞とネットとの比較に関しては田中幹人・標葉隆馬・丸山紀一朗［2012］、テレビの原発報道とネットに関しては伊藤守［2012］などを参照。

（16）ＪＣＣの録画システムから、検索システムで「ヤシマ作戦」をキーワードに二〇一一年三〜五月の間を検索した。「節電」やキーワードの組み合わせなども試みたが、録画データ件数が相当数にのぼったため、文字通りの「ヤシマ作戦」だけに限定した。そのため、ネットにおける節電の呼びかけなどは件数としては含まない。また、「ヤシマ作戦」に直接言及していないが、それに関連した内容も含まれていない。

(17) テレビ東京は、一〇月三一日に放送した番組だが、一一月一五、一八日に子会社のCSチャンネル「AT-X」での再放送を中止した。ある国会議員を彷彿させるキャラクターが問題であるようで、事務所から抗議なり問い合わせなりが来たことが原因らしいが、その真偽は公式には明らかにされていない。このことをめぐって、ネットではアニメファンを中心に話題になっていたが、テレビを含め既存の「報道機関」はまったくこの話題に触れなかった(『毎日新聞』だけが放映中止の事実を一度小さく報じた)。「くだらないギャグアニメ」であるが、ここには政治権力とメディアとの関係をめぐる重要な問題がはらまれている。議員事務所の問い合わせが事実であるなら(筆者が制作会社および局関係者、プロモート関係者(情報提供者の不利益を考慮すると名を明かせないが)など複数から得た情報では事実である)メディアへの政治の不当な介入でもある事態だが、当のメディアが黙して語らないのはなぜだろうか。とるに足らないものが語られなくなることを通して、わたしたちの自由は次第に失われていくのではないだろうか。

第3章　個人ニュースサイトの活動にみるニュース空間の遍在性
——狭義のニュース論を超えて

平井智尚

1　ウェブにおける個人によるニュース生産——ニュースサイトの歴史と類型

ニュースサイトとは何か

ウェブには人々の関心を集める出来事や事件に関する話題があふれている。それらはマスメディアで報道される公共的な出来事や事件に限らない。ＩＴ関連のハードウェアやソフトウェアの情報、アニメ、ゲーム、漫画といったポピュラーコンテンツの話題、はては匿名の一個人の身辺事情まで幅広い。ただし、話題や出来事は遍在しており、各々への接触は容易ではない。にもかかわらず、われわれはウェブで注目を集める出来事や事件を知っている。それには「ニュースサイト」の寄与が大きい。

ニュースサイトとは文字通りニュースを掲載しているウェブサイトである。「無数の話題、出来事、事件の中から、いくつかを選択・編集し、それらの生産物を定期的に掲載しているウェブサイト」と定義してもよいだろう(1)。そのうち最も有名なサイトは月に数千万人が利用するポータルサイト「Yahoo! JAPAN」である(2)。同サイトのトップページには常にニュースが掲載されており、ニュースサイトの機能も有している。また新聞社やテレビ局が運営するウェブサイトもニュースサイトに該当する。だが、ニュースサイトはＩＴ関連企業やマスメディア組織が運営するサイトに限られない。個人がニュースを生産し、運営するサイト、いわゆる「個人ニュースサイト」も多数存在する。(3)

個人ニュースサイトは運営者が個人であり活動規模は大手のサイトに及ばない。ウェブ文化に精通していない者にとって個人ニュースサイトはなじみがないだろう。運営者が個人であることから軽視されるかもしれない。「低俗」や「偏向」とカテゴライズされるニュースも少なくない。だが、一定の歴史があり、数多くの閲覧者を集めてきた個人ニュースサイトは、ウェブが普及した社会におけるニュース空間の一端を理解するうえで示唆を与えてくれるだろう。本章では、既存のニュース論でほとんど扱われてこなかった個人ニュースサイトを対象に調査・分析を試みる。

日本における個人ニュースサイトの歴史と類型

個人ニュースサイトには一定の歴史がある。ばるぼら［2005］の整理によると、日本の個人ニュースサイトの元祖は、一九九五年にアップル社のマッキントッシュ関連の話題を掲載していたサイトに求められるという。一九九五年は日本の「インターネット元年」とも呼ばれる。つまり、個人ニュースサイトは日本のインターネットの歴史と起源を共にしているのである。ただし、その認知度は高くなかった。その理由は単純にインターネット（ウェブ）利用者が少なかったためであるが、加えて、一九九〇年代後半の個人ニュースサイトで扱われていたニュースがエロ（猥褻）、グロ（グロテスク）、ナンセンス（低俗）な画像や映像、ソフトウェアや音楽の不正コピー、クラッキングツールやコンピュータウイルスの情報など、当時「アングラ」とも呼ばれた特定の趣味や嗜好に関する話題に偏っていたという理由も大きい。

だが二〇〇〇年前後になると、インターネット利用の一般化が進み、アングラ情報サイトとしての個人ニュースサイトは減少していく。代わりに、サイトの運営者が収集した情報をカテゴリーごとに分類して、見出し形式のニュースを掲載するサイトが台頭する（以下、「見出し・分類サイト」とする）。(4)見出し・分類サイトでは、ゲーム、アニメ、パソコン、ウェブ関連のポピュラーな話題を中心に、新聞やテレビで報道される時事的な出来事や事件まで幅広い話題がニュースとして掲載される。(5)この他、運営者が自ら取材して得た情報をニュースとして掲載するサイトも登場した。(6)

日本のインターネット利用者数は二〇〇〇年代前半に人口の半数を超えた。そして、ウェブログ（ブログ）のような新たなツールやサービスも普及し、ウェブ環境の発展は加速した。こうした変化に伴い、アングラ情報を扱うニュースサイトはほとんど姿を消した。見出し・分類サイトの存在感も薄れていった。他方、ブログの普及とともに「多くの影響力のある読者に読まれているブロガー」である「アルファブロガー」［FPN他 2005］などが脚光を浴びるようになった。ある匿名のブログには「個人ニュースサイトは既に終わったジャンル」という記事も掲載されている(7)。

しかし個人がニュースを生産する活動が消えたわけではない。IT関連の最新情報を掲載するニュースサイトは依然として存在する(8)。ポピュラーコンテンツの話題を扱う見出し・分類サイトも、規模は縮小したものの活動を続けている。また、電子掲示板2ちゃんねるのスレッドの書き込みを編集し、掲載するニュースサイト、いわゆる「2ちゃんねるまとめサイト」も登場し、人気を博している(9)。2ちゃんねるまとめサイトは、ブログランキングやRSSランキングで複数が上位に掲載され、ユニークユーザ数（UU）やページビュー数（PV）もミドルメディアに引けをとらない(10)。また、炎上事件のような、マスメディアや大手ポータルサイトでも報道される「インターネットの出来事・事件」の多くは、大抵2ちゃんねるまとめサイトが先んじて取り上げている。

このように個人ニュースサイトは、インターネット利用の一般化、ならびにウェブ環境の発展と並行しながら活動形態やジャンルを多様化させてきた。その一方で、個人が、ウェブ空間を含む社会で発生する話題、出来事、事件から取捨選択を行い、ニュースを生産する活動は継続的に行われてきたのである。

個人ニュースサイトは、数がある程度限られるマスメディアと異なり、無数に存在する。本節では歴史を振り返りながら大まかな整理を行ったが、サイトの活動形態やニュースの内容に至るまで個人ニュースサイトは多種多様である。つまるところ「一体誰がこれ〔個人ニュースサイト〕を一言で表せるだろう？」［ばるぼら 2005：245］ということになるが、この「一言で表せない」という特徴はウェブの普及した社会のニュース空間の特徴を表すものでもある。それをニュース空間の遍在化と言い換えてもよいだろう。それでは遍在化したニュース空間では実際どのようにニュースが生産されているのだろうか。以下の節では実際に調査・分析を行い、個人ニュースサイトの活動について理解を進めていく。

２　個人ニュースサイトのニュース生産――東京都青少年健全育成条例改正を事例として

本節では二〇一〇年一二月の東京都青少年健全育成条例改正をめぐる動向を事例として選択し、分析を行っていく。

東京都青少年健全育成条例（正式名称「東京都青少年の健全な育成に関する条例」）とは、一八歳未満の青少年の健全な育成を目的とした環境整備を狙いに一九六四年に東京都が制定した条例である。同条例のうち二〇一〇年に改正が検討されたのは第七条の一「図書類等の販売等及び興行の自主規制」であり、二〇一〇年二月に都議会に提出された条例改正案で一八歳未満に見える表現対象による性行為を規制する内容が第七条の一第二号に新設された。本条項については、表現の自由の侵害を招くという批判が起こり、同年三月の都議会で条例改正案は継続審議となり、六月には否決・廃案となった。しかし、東京都は一二月議会での採決を目指して、文言の修正を行い、一二月一五日に条例改正案は成立した。この一連の過程では漫画家、出版業界、法律家、一般市民など様々な利害関係者によって改正案への異議が唱えられた。また、以下で見るように全国紙でも報道されている。各種の批判を含めて問題が方々で取りざたされる中、ウェブを通じて現れた批判にも注目が集まった。

「今回も改正反対の議論や条例案についての情報は主として、新聞や雑誌ではなく、インターネットを通じて広がった」（『朝日新聞』二〇一〇年七月一六日付夕刊）[11]。「東京都青少年健全育成条例の改正案では、『非実在青少年』という言葉が注目を集め、ネットで反対運動が広まった」（『産経新聞』二〇一〇年一一月一八日付東京版朝刊）[12]。実際に「東京都青少年健全育成条例改正」のキーワード検索を行うと、検索結果には、東京都による解説と同ページに、条例の問題点を説明するサイトや異議を唱えるサイトが複数表示される。その一つ「東京都青少年健全育成条例改正問題のまとめサイト」には関連ニュースの紹介や条例の解説だけでなく、反対運動の方法についても掲載されていた。また、多くの閲覧者を集めるオンライン百科事典 Wikipedia にも条例改正問題について詳細な記述が行われており、反対運動の推移についても多くのスペースを割いて説明が行われている[13]。そして個人ニュースサイトも問題に関心を払い、とりわけ条例改正案の成立前後には活発なニュース生産を行っていた。

以下では「見出し・分類サイト」と「2ちゃんねるまとめサイト」の中からそれぞれ五つのサイトを選択し(14)、条例改正問題に言及しているニュースについて新聞記事（全国紙五紙）と比較しながら、ニュースバリューの違い、ニュースソースの多様性、ニュースの拡散過程を明らかにしていく。

記事の掲載傾向に見るニュースバリューの違い

まずは条例改正問題に関連するニュースの掲載傾向を調査し、新聞各紙と個人ニュースサイトそれぞれにおけるニュースの選択や価値づけの基準、いわゆる「ニュースバリュー」の把握を試みる。

二〇一〇年一二月に掲載された記事数の推移を調べると、新聞各紙と個人ニュースサイトの間で大きな差はなかった。最初に記事掲載数が増えるのは一五日に都議会で条例改正案が成立するまでの期間であり、いずれも条例改正案の可決・成立に関連する記事を掲載している。他には、「東京国際アニメフェア」（二〇一一年三月開催予定）に出版社が参加取りやめを表明した話題（一二月八日、一〇日）も、それぞれの媒体が掲載している。次に記事掲載数が増えるのは、東京国際アニメフェアに参加を予定していたコンテンツ関連八社が独自イベントの開催を発表した一二月二八日と翌二九日である。ここでも新聞各紙と個人ニュースサイトのいずれもが関連記事を掲載している。

このように記事掲載数の推移だけに着目するとそれぞれに違いは確認されない。だが、扱い方の面では差が見られた。例えば、コンテンツ関連八社による独自イベント開催の情報は新聞も個人ニュースサイトも取り上げていたが、新聞紙面（二九日付）では社会面の記事の一つであり、扱いも決して大きくない。他方、個人ニュースサイトを見ると、見出し・分類サイトの「カトゆー家断絶」や「変人窟」では、様々な関連情報をまとめて掲載することで扱いを大きくしている。2ちゃんねるまとめサイトでは、記事内容（書き込み）のフォントの色や大きさを変更して事の重大性を強調するような編集が行われている。こうした編集方法は他のサイトにも共通して見られ、個人ニュースサイトが問題に高い関心を払っていた様子がうかがえる。

表３－１　青少年健全育成条例とウィキリークスの記事本数（2010年11～12月）

新聞	読売新聞	朝日新聞	毎日新聞	日本経済新聞	産経新聞
青少年健全育成条例	15	14	23	14	14
ウィキリークス	93	91	104	75	79
見出し・分類	カトゆー家断絶	ゴルゴ31	かーずSP	楽画喜堂	変人窟
青少年健全育成条例	310	18	19	24	43
ウィキリークス	52	0	0	2	6
2ちゃんねるまとめ	アルファルファモザイク	痛いニュース	ニュー速クオリティ	ニュー速VIPブログ	VIPPERな俺
青少年健全育成条例	33	11	9	11	4
ウィキリークス	5	0	5	0	0

個人ニュースサイトにおける条例改正問題のニュースバリューの高さは、同時期の他の出来事と比べるとより明白となる。二〇一〇年一一～一二月に注目を集めた出来事の一つであるウィキリークス[15]関連の報道と比較したところ、新聞ではウィキリークス関連の記事が五紙平均で八八本であるのに対し、青少年健全育成条例改正に関する記事は同一六本であった（表3－1）。ウィキリークス関連の出来事が世界の外交を揺るがす問題であり、条例改正が日本国内の一行政区画の問題に過ぎないと考えるならば当然の扱いともいえる。むしろ、その割には条例改正問題が多く報道されたとも解釈できる。

他方、個人ニュースサイトの方は、調査対象とした見出し・分類サイトでは、条例改正問題に関する記事の掲載数がウィキリークスを圧倒的に上回っていた。それは2ちゃんねるまとめサイトも同様であった（表3－1）。個人ニュースサイトでは、マスメディアとは反対にウィキリークス関連の話題よりも条例改正問題の方がニュースバリューは高かったと言える。

一連の調査・分析を通じて、個人ニュースサイトとマスメディアの間でニュースバリューの違いが確認された。この結果は少数の事例分析で得られたもので一般化はできない。双方のニュースバリューが類似する場合も想定される。ただ、マスメディア組織以外の活動もニュースの関心度や重要度を決定する過程に関与し、時にマスメディアと異なるニュースバリューが認められるという点は、遍在化したニュース空間の問題を考える際に念頭に置いておく必要がある。

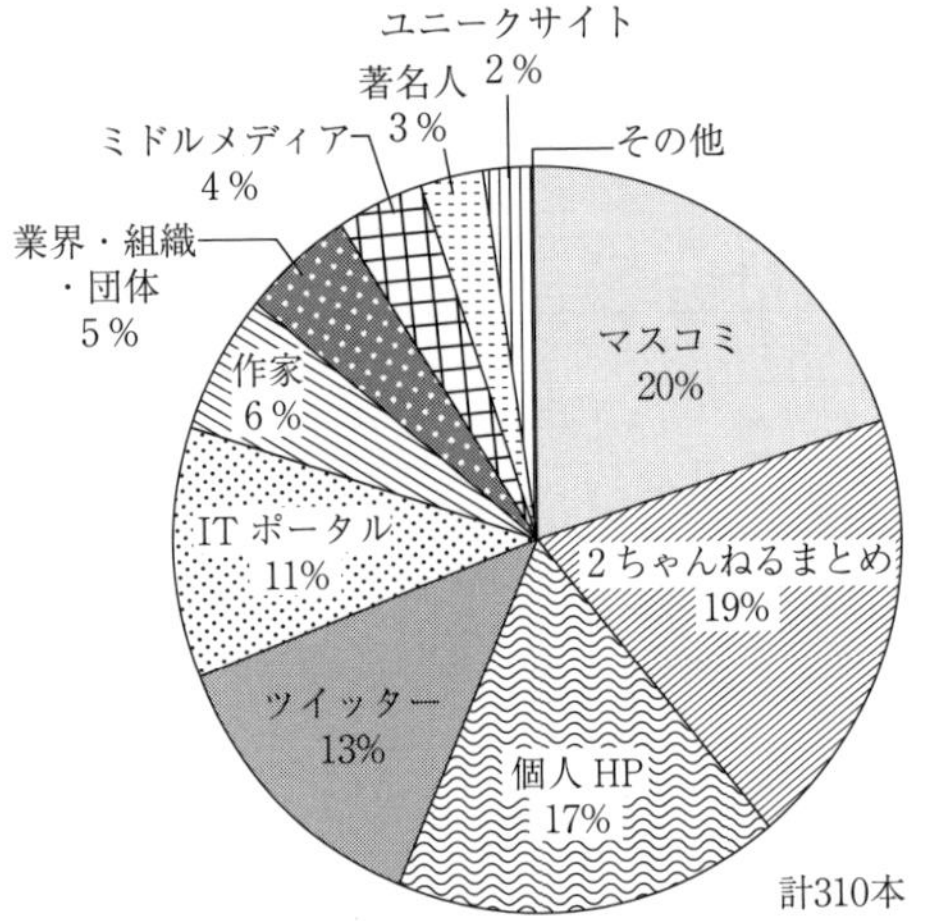

図3-1　見出し・分類サイト「カトゆー家断絶」のニュースソース（2010年11～12月）

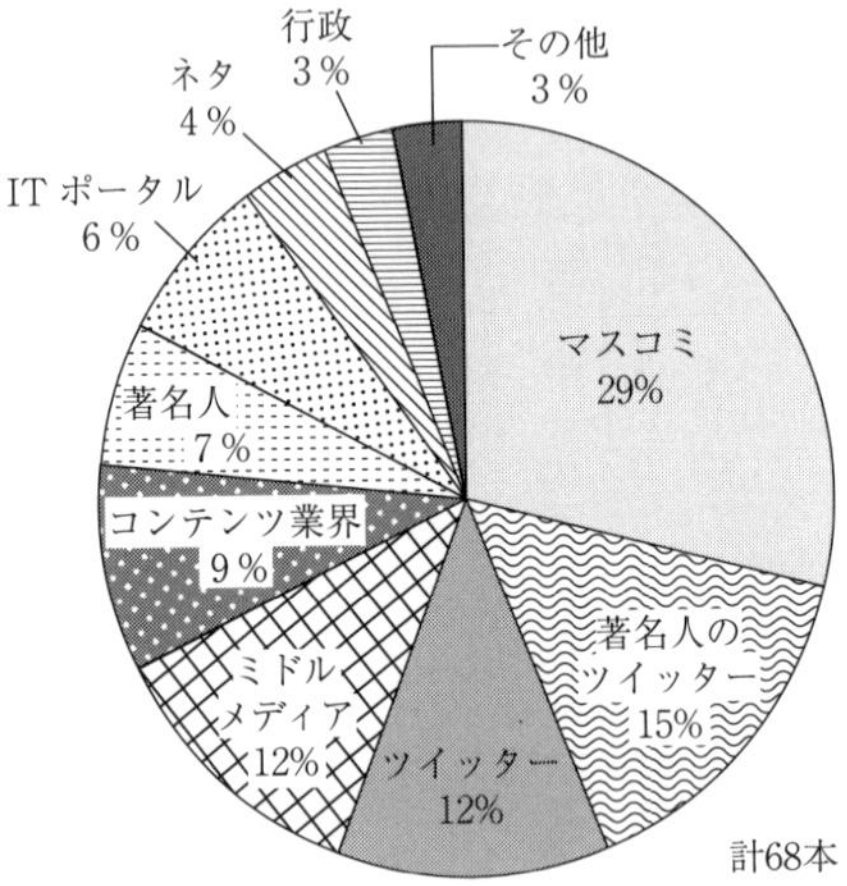

図3-2　2ちゃんねるまとめサイト（5サイト）のニュースソース（2010年11～12月）

ニュースソースの多様性

個人ニュースサイトはすでに述べたように、様々なウェブサイトから情報を収集し、ニュースとして掲載している。

ここでは、その情報源、すなわち「ニュースソース」について、条例改正問題に関するニュースを例に分析する。

見出し・分類サイトの一つ「カトゆー家断絶」に掲載されたニュースの情報源をたどると、二〇一〇年一一～一二月に掲載された関連ニュース三一〇本のうち、最も参照されたのはマスメディア組織のウェブサイトであった（図3-1）。ただし、全体の割合としては二〇％にとどまる。2ちゃんねるまとめサイトの割合はマスメディアと僅差であり、その次に個人のホームページ(16)が続く。また、二〇〇九年頃から利用者が増えたツイッター（同まとめサイトTogetterを含む）も一定の割合を占めている。次に、2ちゃんねるまとめサイトに転載されたスレッドの情報源を見ると、見出し・分類サイトと同様にマスメディア組織のウェブサイトが最も多くの割合を占めている（図3-2）[17]。ただし、総体的に見ると決して高くない。むしろ、ニュースソースの多様性が目につく。

さて、双方で一定の割合を占めていたツイッターを情報源としたニュースに関して、次のような興味深い事例がある。二〇一〇年一一～一二月の条例改正問題に関する初発報道を確認すると、新聞は一一月一六日の『読売新聞』朝刊の記事「漫画条例修正、再提出へ　都『非実在青少年』の文言削除」であった。だが、見出し・分類サイトの「カトゆー家断絶」と「ゴルゴ31」は、一一月二日にツイッターのまとめサイトTogetterの情報をもとにニュースを掲載していた[18]。マスメディアで報道されるような出来事について、オンラインサービスの情報を参照し、マスメディアに先行してニュースを掲載していた点は注目に値する[19]。

転載を通じたニュースの拡散

ニュースソースとの関連でもう一つ着目したいのは、ニュースの転載を通じて情報が拡散していく過程である。個人ニュースサイト活動の特徴の一つに外部サイト情報の参照（ハイパーリンク）や転載があげられる。複数の個人ニュースサイトが関連ニュースを掲載することで、それぞれの間で直接的、あるいは間接的な結びつきが生まれる結果、広大なニュース空間の成立へと至る場合がある。

二〇一〇年一二月八日、角川書店の井上伸一郎代表取締役社長は、条例改正をめぐる東京都の動向に異議を唱える形で、二〇一一年三月に開催予定だった、都知事が実行委員長を務める「東京国際アニメフェア」への参加取りやめを宣言した。コンテンツ産業の大手である角川書店の社長による宣言は影響力も大きく、ウェブでは賞賛・支持を表明する書き込みが相次ぎ、読売、朝日、毎日の新聞各紙にも一二月九日付で記事が掲載されている。だが、イベントへの参加取りやめ情報が最初に掲載されたのはツイッターであったことを見過ごしてはならない。同月の日本におけるツイッターアカウント登録数は一〇〇〇万を超えていたが、当該情報（ツイート）を知ることができたのは、角川書店社長のアカウントのフォロワー（情報掲載時のフォロワー数は四四八一であった）か、リツイート等で情報に接触した者に限られていた。

このように最初の発表時点では接触可能性が高いとは言えない情報であるが、複数の個人ニュースサイトが記事を掲載することで情報は拡散していった。2ちゃんねるのニュース速報板に八日の一七時四分に立てられたスレッドを編集して、三つのサイトが2ちゃんねるのまとめサイトでは、記事を掲載している。いずれも角川書店社長の投稿から約一時間〜二時間半の間に掲載されており、速報の機能を果たしている。また、見出し・分類サイトでは、調査対象としたすべてのサイトで、一二月八〜九日の間にマスメディアのニュースサイトやＩＴポータルサイト、ならびに2ちゃんねるまとめサイトなど幅広い情報源を参照して記事を掲載している。

角川書店による東京国際アニメフェアへの参加取りやめの情報については、すべての個人ニュースサイトが大本の情報源であるツイッターの投稿を参照していたわけではない。しかし、多数の個人ニュースサイトが関連情報を掲載することで、参加取りやめの話題はウェブで拡散・増幅していった。この事例に限らず、条例改正問題への言及がウェブで活発に展開された、あるいはそのように見えたのは、個人ニュースサイトによる参照・転載の実践が一役買ったといえるだろう。

3　新聞社説の論調と個人ニュースサイトの語りの違い

前節の分析を通じて、個人ニュースサイトでは条例改正問題への関心は高く、自らが運営するサイトにニュースを掲載する際には様々な情報源を参照していることが明らかとなった。さらに複数のサイトが関連ニュースを掲載することで、条例改正問題の情報がウェブで拡散・増幅する様子がうかがえた。本節ではニュースの内容に着目し、個人ニュースサイトでどのような点が争点となり、どのような議論があったのか、新聞社説と2ちゃんねるまとめサイトの記事内容の比較を通じて明らかにしていく[20]。

新聞社説の論調

これまでの分析と同様に、まずは条例改正問題をめぐる新聞各紙の論調を確認する。

新聞各紙の社説論調を概観すると、『読売新聞』と『産経新聞』が条例改正に賛成の立場を、『朝日新聞』と『毎日新聞』が反対の立場をとっている。賛成側は、「青少年の健全育成の観点に立てば、規制強化は当然だろう」（『読売新聞』二〇一〇年一二月一五日付）、「改正は青少年保護を目的とし、少女強姦《ごうかん》など社会規範に著しく反した漫画を『子供に見せない』という内容である。当然の改正であり、『表現の自由』を妨げるものではない」（『産経新聞』二〇一〇年一二月一六日付）と主張する。反対側は、「〔性表現を含む図書に関する〕ルール作りと運用を、行政にゆだねることの是非は、切り離して考えなければならない。基本的人権の中でも最も重要な一つとされる『表現の自由』とかかわる規制だ」（『朝日新聞』二〇一〇年一二月三日付）、「規制強化によって漫画家などの表現が全般的に抑制がちになり、日本の漫画やアニメの人気が落ちるようなことになっては困る」（『毎日新聞』二〇一〇年一二月一〇日付）と主張する。このように賛成と反対で分かれているが、後者は無条件に反対しているわけではない。過激な性描写を含む漫画に対して懸念を示し、行政による規制でなく、出版業界による取り組みの強化を提言している。

2ちゃんねるまとめサイトの記事内容から読み解く争点・意見

次に、個人ニュースサイトの記事内容に目を向けてみる。

まず、角川書店社長による東京国際アニメフェアへの参加見合わせの表明（一二月八日）に関して、五つの2ちゃんねるまとめサイトの記事内容をコーディングし、定量化した[21]。結果を見ると、不参加を表明した角川書店への支持や、規制を推進する都知事に対する批判の割合が高いことがわかる（図3-3）。

次いで、一二月一五日の条例改正案成立に関して、四つのサイトの関連記事をコーディングし、定量化した（図3-4）。ここで目につくのは「反対派や愛好者への批判」の割合の高さである。先の事例とは出来事もコードも異なるので単純な比較はできないが、数字だけを見ると、「個人ニュースサイトは条例改正に反対の傾向を示していた」という

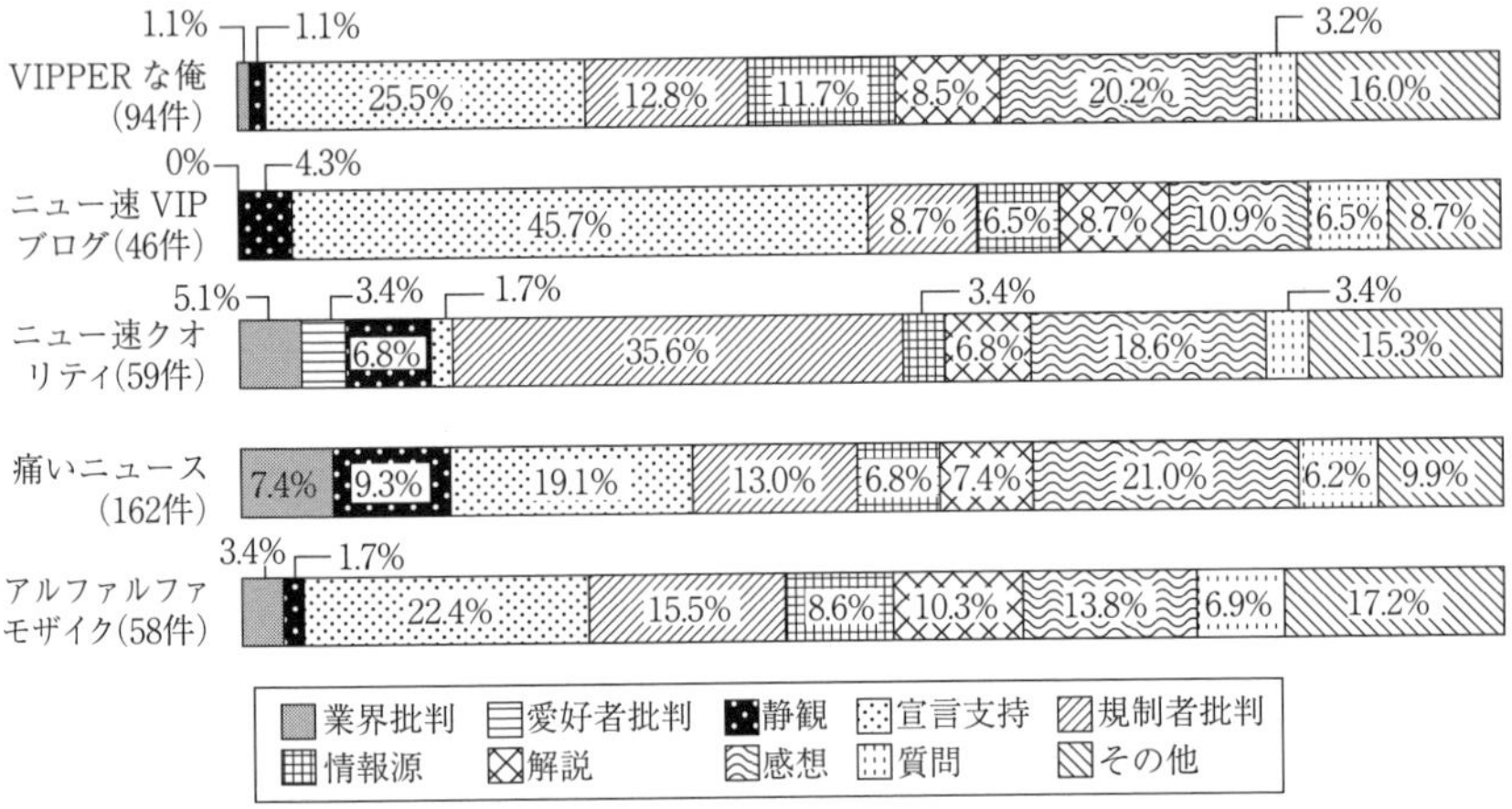

図3－3　角川書店社長による東京国際アニメフェアへの不参加表明に関する記事内容

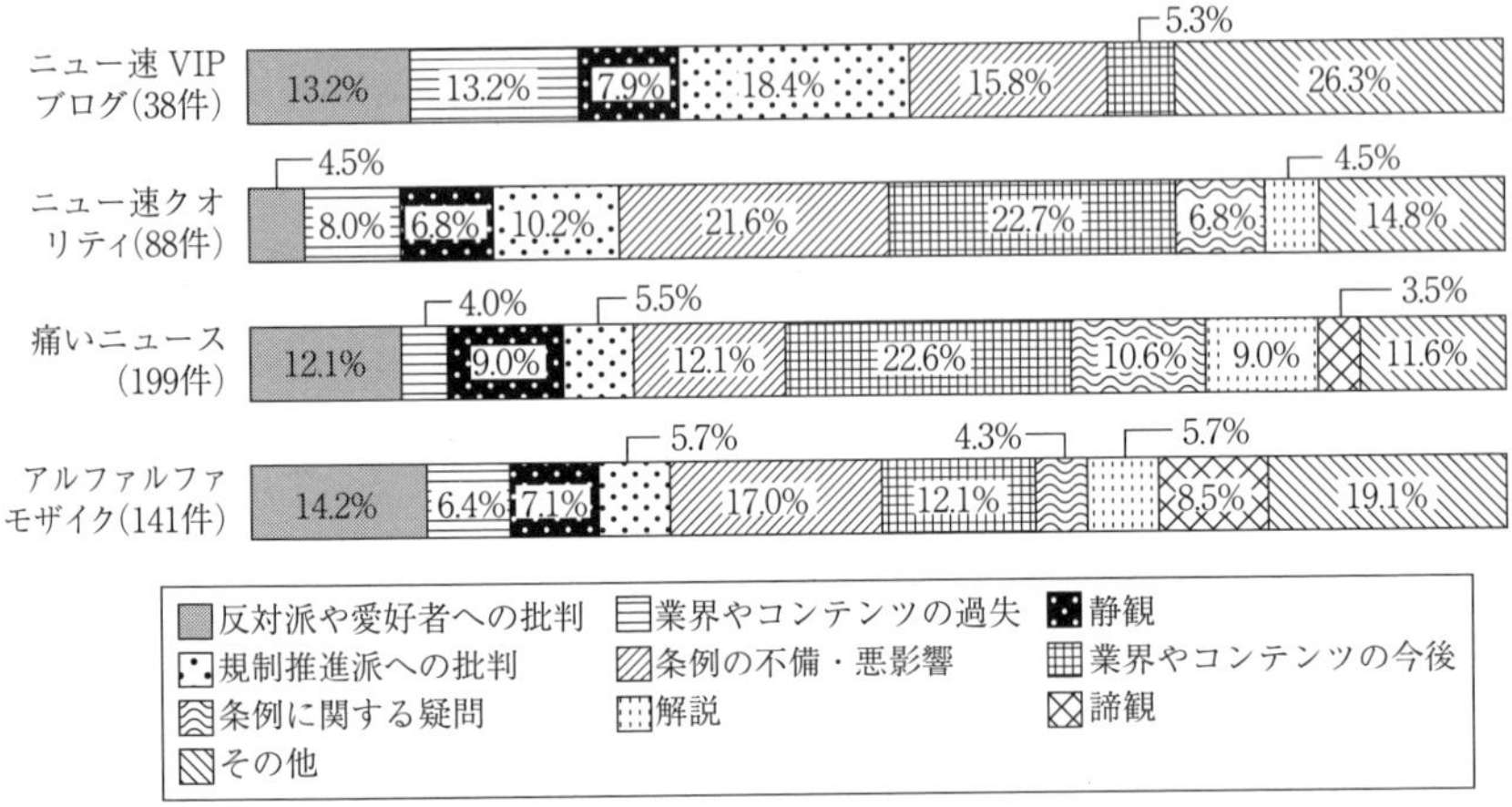

図3－4　条例改正案成立に関する記事に関する記事内容

指摘の妥当性は薄れる。ただし、「反対派や愛好者への批判」は条例改正をめぐる争点・意見とはあまり関係はない。なぜならば、「キモオタざまあ」（気持ち悪いオタクども、ざまあみろ）といった、愛好者を嘲笑・侮蔑する書き込みは、2ちゃんねる圏の儀礼のようなものだからである。

「反対派や愛好者への批判」に一定の留保を付し、「諦観」「条例に関する疑問」「解説」といった争点や意見にかかわりが薄い項目を除くと、条例の改正に何かしらの違和感を示すカテゴリーが大勢を占めていることがわかる。[22] ただし、いずれも条例改正への批判や反対意見のみを掲載しているわけではない。この点は注目すべきである。

2ちゃんねるまとめサイトに限らず、個人ニュースサイトのニュース生産は、客観報道を標榜するマスメディア組織の活動とは異なり、運営者の恣意的な選択・編集は問題にならない。それゆえ、批判・反対意見のみを掲載することも可能であった（逆も然りである）。しかし、「業界やコンテンツの過失」や「静観」も含まれており、極端な偏りは見られない。むしろ、条例改正に留保つきで反対を表明する新聞の論調に近いともいえる。

各々のカテゴリーに関連する記述にもその傾向は表れている（表3-2）。「業界やコンテンツの過失」に見られる、性表現を含むコンテンツに関する漫画家や出版社の不備の指摘は、「（出版社は）多様な意見を聞き、自らをより厳しく律する努力を続けてもらいたい」（『朝日新聞』二〇一〇年一二月三日付社説）、「出版業界などが自主規制を行っているが、十分なのかという疑問もあるだろう」（『毎日新聞』二〇一〇年一二月一〇日付社説）といった指摘とも通じている。「条例の不備・悪影響」も同様で、同カテゴリーに含まれている「表現の自由に抵触する」「行政による検閲を招く」「漫画家の表現が抑制される」といった意見は、『朝日新聞』や『毎日新聞』が掲げる反対の根拠と重複している。

また、カテゴリーとしては共通しているが、新聞では見られない争点や意見も示されていた。例えば、「条例の不備・悪影響」における、「東京都から他の地方公共団体への波及」や「インターネット規制への足がかり」といった指摘は新聞には見られなかった。「業界やコンテンツの今後」については、新聞と同様にコンテンツ産業への悪影響が指摘される一方で、同人誌即売会の「コミックマーケット」や雑誌名・作品名など具体的な対象に言及しながら、漫画やアニメの将来を予測したり、懸念を示したりする意見が、2ちゃんねるまとめサイトでは見受けられた。

表3－2　各カテゴリーの概要と書き込み内容（一部抜粋）

カテゴリー	概要	内容の抜粋
反対派や愛好者への批判	愛好者を罵倒・嫌悪	キモオタ脂肪（ア） キモオタどもには子供いないからね。本当に気持ち悪い奴らだな（V）
	「萌え漫画」に対する嫌悪	うざい萌えの時代が終わって，あしたのジョーや銀河鉄道999のような骨太な漫画が読める時代がくるんだ（ニ）
業界やコンテンツの過失	ゾーニングやレイティングが不十分	前のときにゾーニングきっちりして自主規制してればよかったのになぁ（ア） きちんとレーティングを区分して，販売を管理すれば問題ない。業界はこれに関して大いに反省すべき（V）
	漫画家や出版社の自主規制が不十分	機会は与えてもらってたのにアホだよなあ。出版社が自主規制する気がないって判断したら法的に規制されるのなんか目に見えてたのにな（ア） 規制には反対だけど，作り手の自主規制は絶対に必要。これだけ猶予与えられたのに自主規制してこなかった出版社が悪い（痛）
	出版社の利益優先主義が問題	金儲け第一のアホ出版社を持ち上げるだけ持ち上げて規制されたら発狂とか本当にイラっとくるわ自業自得すぎる（ア） マジ文句言うなら暴走して変態漫画量産してた出版社に言え。自業自得だ（V）
	漫画の内容自体が問題	RED の一部漫画含めこういうのはある程度規制されて仕方ないとは思う（ニ）
静　　観	自分には無関係	俺も反対だけど正直東京じゃないし，エロ漫画も読まないから何も困らない（ア）
	ゾーニングやレイティングで対応可能	Hな本はHなコーナーに置きますよってことでしょ。騒ぎすぎ（ア）
	対象となる性表現は限定的	性描写をするなとか，それを扱った図書を売るな，とかじゃないだろ成人図書の範囲を拡大するだけだろ。じゃあいいじゃん（V）
	青少年には無意味	肝心の青少年はネットで無修正エロ動画やらエロ漫画の zip 落としたりしてるんだから大した意味はないわな（ア）
規制推進派への批判	石原都知事への批判	青少年が石原が言うところの健全な人間になる可能性はゼロ（痛） 老害がやっちまったな（V）
	政治的意図・利権	天下り先が新設されてウマウマってか。マジで

		役人どもはろくなことしないな（ア） 選挙に行かない若者層より，選挙に行ってくれるPTA層の意見を聞いただけだな（痛）
	感　情　論	何が青少年育成だ。子供をダシにして自分らが「嫌い」だから規制するだけだろ（痛） 推進派は全て感情論（二）
	皮　　　肉	これが都民の民意（痛） まー規制派は自分の好きなものに回ってくるまで気づかない（二） で、未成年にはどんな悪影響があるのかって話はどうなったのよ（V）
条例の不備・悪影響	表現の自由に抵触	表現の自由脂肪（ア） 成人が読める読めないじゃなくて表現の自由が失われることが問題なんだろ（V）
	拡大解釈・恣意的運用の可能性	警察・政治・日本社会に対して反抗的な漫画を18禁棚に移動。これらが検閲機関で容易に決める事ができる法案（ア） 恣意的な運用余裕という事が最大の問題という事を認識してる奴が何人いるのやら（痛）
	漫画家や出版社による自主規制	条文から拡大解釈されうるあらゆる表現を自主規制する可能性は高い（ア） 一般コーナーから成人コーナーに移動した時点で売上下がるのわかってるから,そんなの描く前に出版側が自主規制求めるにきまってる（痛）
	東京都から地方への波及	東京の影響力は高い。すでに神奈川が規制に向かっている（ア） 東京の次は大阪，そして全国へ波及。この流れは不可避（痛）
	インターネット規制への足がかり	当然次はネット規制だろ？（痛）
	他のコンテンツや媒体を規制する方が重要	未成年に携帯電話を持たせるのを禁止した方が効果的なんじゃねえの（ア） 18歳未満で着エロみたいなDVDとかでてるのも規制しろよ（V）
業界やコンテンツの今後	媒体やコンテンツの将来	週刊少年ジャンプがHな本コーナーに置かれます（ア） 今後はハム太郎みたいな当たり障りのない動物漫画しか出てこなくなるのか（痛）
	コンテンツ業界の将来	出版社の本社移転くるか？（痛） 雑誌の統合，再編成が始まるな（痛） 結局アマゾン最強で小売死亡（ニ）

注：（ア）アルファルファモザイク　（痛）痛いニュース　（ニ）ニュー速クオリティ　（V）ニュー速VIPブログ

その他、新聞では見られないカテゴリーとして「静観」があげられる。条例改正は表現の自由やコンテンツ制作に悪影響を及ぼす可能性があり蔑ろにはできない。だが、こうした見解はあくまでも規範的な問題に過ぎないともいえる。条例改正問題を認知はしているが騒ぎ立てるほどではないというのは、ある意味では率直な意見であろう。また「青少年は性表現を含むコンテンツをインターネット経由で閲覧しているため条例は無意味である」といった意見は、皮肉ながら本質をついている。他に、都知事への批判や政治的意図を指摘する「規制推進派への批判」も特有の意見であった。

4　個人ニュースサイトに関する説明の先へ——いくつかの試論

本章ではウェブに多数存在し、一定の歴史と閲覧者を有する個人ニュースサイトを対象に、二〇一〇年一二月の東京都青少年健全育成条例改正に関するニュースの調査・分析を行った。その結果を見るとマスメディア組織によるニュース生産、報道形式、論調との違いが目に付き、それぞれに示唆的な発見があった。もちろんそれらは一事例の調査・分析の結果で得られた知見に過ぎず、一般化の域には至らない。むしろ、ポピュラーで、ネタ的な話題や出来事を好む個人ニュースサイトの活動において、社会問題と接続された稀な事例と位置づけるのが適切かもしれない。

こうした限界や課題は抱えているが、個人ニュースサイトの調査・分析で得られた知見は、ウェブが普及した社会におけるニュースの役割や意味を考える際に様々な論点を提供してくれる。そこで最後にいくつかの問題について試論を展開する。

遍在するニュース空間と集合行為

最初の論点としてニュース生産の過程を取り上げる。本章では「見出し・分類サイト」と「2ちゃんねるまとめサイト」の代表的なサイトを調査・分析対象としたが、実際には、個人ニュースサイトは無数に存在し、それぞれでニュースが日々生産されている。この特徴はマスメディア組織によるニュース生産の過程と大きく異なる。

ニュース生産は、マスメディア組織の場合、新聞社やテレビ局など限られた場所で行われるが、個人ニュースサイトの場合、一部のサイトに限られているわけではない。確かに多くの閲覧者を集めるサイトは存在するが、それらが常にニュース生産の中心となるわけではない。話題、出来事、事件の序列設定も特定の個人ニュースサイトが担うことはない。複数のサイトで取り上げられ、ニュースが拡散していくことで、話題、出来事、事件の傑出性や重要性は決まってくる。本章の事例もこれに当てはまる。

こうした比較を行うと、個人ニュースサイトとマスメディア組織のニュース生産における差異が明確となる。しかし双方の差異ばかりを強調するのは適切ではない。個人ニュースサイトの活動は時にマスメディア報道と結びつき広大なニュース空間を成立させる。例えば、東日本大震災の際には地震被害や原発事故関連の話題を個人ニュースサイトも掲載していた〔平井 2013〕。すなわち「重大事件」〔McQuail 2005＝2010：414〕に該当するような出来事に際しては、個人ニュースサイトとマスメディア組織の間に差異はない。むしろ、個人ニュースサイトはマスメディア組織によるニュース生産や伝達を補完する役割を果たす。

個人ニュースサイトでは、ある時には個人の身の回りで起きた出来事や、ポピュラー、もしくはネタ的な話題がニュースとして生産される。しかし別の時には、マスメディア組織が報道する出来事や事件、そして争点と接近したニュースが生産される。そこに規則性を見出すこともできそうである。だが、それらもまた移ろいやすい。ネタとして扱われていた話題は「ベタ」となり見向きもされなくなる。

基本的に個人ニュースサイトは「現在を生きる遊牧民」〔Melucci 1989＝1997〕のように遍在する空間を渡り歩きながら「瞬間的」〔Urry 2000＝2006〕にニュースを生産し、瞬く間に次の話題、出来事、事件へと移動していく。こうした移ろいやすさを規範的な観点から批判するのは容易であろう。解説や評論といった報道機能は発揮されない。また、「サイバーカスケード」[23]〔Sunstein 2001＝2003〕による弊害を招くかもしれない。しかし一方で、蔑《ないがし》ろにされるような出来事を可視化したり、予期せぬネットワーク化により広大なニュース空間を成立させたりする。こうした特徴は現代社会における「集合行為」と通じている〔Melucci 1989＝1997：Melucci 1996〕[24]。例えば「ブラック企業」「非モテ（非リア）」「コミュ障」といった、若年層が抱える潜在的な問題がウェブ空間で可視化したのは、複数の個人ニュースサイトが関連する話題を取り上げ、予期せぬネットワークが形成された結果であるとも考えられる[25]。そこには現代の集合行為との共通性を認めることができよう。

ポピュラーニュースとしての機能

個人ニュースサイトのニュース内容には、ニュースバリュー、ニュースソース、争点・意見などの面でマスメディア組織のそれとは異なる特徴が認められた。それは「オンライン〔ウェブ〕は利用可能な空間を急激に増加させた。従来の印刷媒体には現れなかったニュースが掲載される可能性が切り開かれた」[Fenton 2010: 7] ことによる。社会理論の概念に敷衍すると、ニュース生産や伝達の資源、いわゆる象徴資源を集中的に所有するマスメディア組織が独占してきたニュース空間の民主化を示している、と言い換えることもできる。しかし、こうした側面のみを強調するわけにもいかない。なぜならば、これまで指摘されてきた様々な問題が別の形で現れてくるからである。

第一に、既存のニュース論やジャーナリズム論で提起されてきたソフトニュース、娯楽化、センセーショナリズム、客観性、倫理といった問題が浮上する。例えば、二〇〇五年頃からウェブ上で発生し、二〇一一年にはツイッターの投稿をめぐって多発した炎上事件は、2ちゃんねるまとめサイトに記事が掲載されることで情報が拡大した。炎上事件のニュースは、一面においてオンラインサービスに誹謗中傷や道徳的逸脱を示唆する投稿を行うことへの警鐘として機能する。だがそうしたニュースの中には個人攻撃やプライバシー侵害も目に付く。それはたびたび指摘されてきたマスメディア報道の問題点と重複している。

第二に、経済的利害の問題があげられる。個人ニュースサイトは個人が非営利で運営しているように思われる。それは市民メディアの実現、あるいは公共圏の萌芽として把握しうる。確かに、初期の個人ニュースサイトは営利性が希薄であった。だが、ウェブが普及し、空間の商業化が進行するにつれて、個人ニュースサイトには様々な広告が掲載されるようになった。実際、2ちゃんねるまとめサイトのページには数多くのアフィリエイト（成功報酬型広告）が掲載されている。さらには、二〇一二年一月の「ステマ騒動」[26]が物語るように、記事の掲載を通じて特定の企業、商品、コンテンツの宣伝を行っていたのではないかという疑惑も浮上している。

第三に、閲覧者のニュース接触にも目を向けねばならない。ニュース生産の空間が民主化され、様々なニュースが流通しても、それが必ずしも閲覧者のニュース接触に反映するわけではない。「デイリー・ミー（日刊『自分』新聞）」［Negroponte 1995＝2001］とも言われるように、閲覧者は自身の関心や趣味に基づいてニュースへの接触を繰り返すかもしれない。こうした現象は、従来のニュース接触の形態、すなわち、多数の社会成員が新聞やテレビを通じて同期的にニュースを受容する過程とは異なる。結果として、社会成員の間でニュースを通じた情報共有が図られなくなり、ひいては（国民）アイデンティティや共同体の維持・発展［Carey 1989；Anderson 1991＝1997 他］にも影響を及ぼすこととなる。

以上のような論点は重要である。だが、ある種の前提に基づいた議論であることを看過してはならない。それは、ニュースの「『ソフト化』『タブロイド化』『娯楽化』といった概念で表現された変化を、無前提に、ネガティブな現象として捉え」、「政治や経済を中心とした『ハード・ニュース』中心の選択や従来型の報道スタイル、場合によっては新聞に代表される活字メディアを、無意識の内に高い価値をもつものとして捉える」［伊藤編 2006：7-8］という見方である。この図式を踏襲すれば、個人ニュースサイトは「ソフト化」「タブロイド化」「娯楽化」の典型ということになる。

だが、まとめサイトの閲覧やモバイルアプリ利用を通じた「デイリー・ミー」が日常化し、新聞記事に代表される「価値の高い」ニュース接触が減少する中で、個人ニュースサイトの活動を「価値が低い」と判断し、放逐するのは有益だろうか。むしろ、「ポピュラーニュース」の一種として理解し、その機能に着目すべきと考える。

ポピュラーニュースが人びとの関心を引きつけ、好奇心を刺激することを目的にしてもまったく問題はないだろう。好奇心で見たニュースがその人のおかれた社会状況にとって意味のあるものであれば、視聴者はもっと詳しい情報を得るために他のかたちのニュースを見ればよいのである。［Fiske 1989＝1998：299］

J・フィスクの指摘は（幾分その節もうかがえるが）人々に迎合するニュースを推奨するものではない。本旨は、ポピュラーニュースがもたらすニュース（レパートリー）の多様化であり、「責任ある」ニュースとポピュラーニュースの共存にある。マスメディア組織によるニュース生産については社会的責任（論）を従来通り追求していくべきであろう。ただし、その基準を個人がウェブで生産するニュースに持ち込む必要はない。個人ニュースサイトの情報はポピュラーニュースであり、人々のおしゃべりや出来事・問題への関心を喚起するものである。それが場合によってハードニュースへの接触や社会参加につながるかもしれない。こうした共存関係に焦点を当てる方が、紋切り型の規範論やウェブ批判を繰り返すよりも、よほど有益ではないだろうか。

狭義のニュース論を超えて——社会問題の構築主義アプローチ

本章では事例分析を織り込みながら個人ニュースサイトの理解を図ってきた。しかし、ニュースの分析は、ニュースの仕組みについての理解を深めるだけでなく、ニュース以外の要素、すなわち社会や文化の考察にも応用される［大石・岩田・藤田 2000］。個人ニュースサイトにおけるニュース生産の過程を説明するだけであれば、平井［2010］のように特定の事例を対象としなくても事足りる。しかし、本章では東京都青少年健全育成条例改正をめぐる動向を事例として選択した。それは狭義のニュース論の先を見据えてのことである。

条例改正問題には先行事例ならびに関連する先行研究がある。それは一九九〇年代に社会問題化した有害コミック問題であり、その問題を対象とした研究である［中河 1999］。中河伸俊の議論を受けて、二〇〇九年一一月から二〇一〇年六月までの東京都青少年健全育成条例改正をめぐる動向を対象にした研究も行われている［赤川 2012］。これらはいずれも社会問題の構築主義アプローチを採用した研究である。そのアプローチを本章に取り入れることで、社会問題の考察に展開できるのではないだろうか。

まず、第3節で整理した個人ニュースサイトの争点や意見の傾向には、社会問題の構築過程における「対抗レトリック」が認められる。対抗レトリックとは「問題な状態」を説明する「クレイム」に対する反論であり、それは「共感的レトリック」と「非共感的レトリック」に分類される〔中河 1999；Kitsuse and Spector 1977＝1990〕。例えば、「条例の不備・悪影響」に含まれる意見は、共感的レトリックのうち「戦術の批判」に該当する。また、「青少年は性表現を含むコンテンツをインターネット経由で閲覧しているため条例は無意味である」という意見は、非共感的レトリックの「パタン解体」に、「規制推進派への批判」に見られた意見は非共感的レトリックの「非誠実の対抗レトリック」に当てはまる。

次いで、社会問題の構築過程の一段階に個人ニュースサイトの活動を加えることができる。赤川学は条例改正問題を事例とした考察において、社会問題の構築過程の一段階として「ウェブ上での大衆の反応」をあげている〔赤川 2012：99〕。ここに個人ニュースサイトの活動という事例を含めることも可能であるし、あるいは「メディア報道（第二次クレイム）」に組み入れることも可能であろう。

以上示したのは社会問題の構築過程を分析する作業への応用可能性であるが、加えて（というよりはむしろ）クレイム申し立て内容の妥当性や真偽を問わない、という社会問題の構築主義アプローチの態度を積極的に摂取したい。クレイム申し立て活動で用いられる「レトリックのイディオム」や「対抗レトリック」として扱うならば、個人ニュースサイトのニュース内容がネタ的であることや低俗であることは問われない。むしろ、レトリックの豊饒さを指し示す。また、既報の参照・転載というニュース生産の手法や瞬間的・流動的なニュース生産の過程は、社会問題の構築過程における「クレイム申し立て活動」「メディア報道（第二次クレイム）」「大衆の反応」といった段階に位置づけることができる。これは社会問題の構築過程におけるアクター間の相互作用や展開を解明するうえで無視できない。そしてこうした姿勢をとった場合、個人ニュースサイトの活動を規範的な観点から診断する必要はなくなる。翻って、現代の社会問題を考察する手段として重要な調査・分析対象となる。

最後にあげた複数の論点に関する議論は月並みではあるが今後の課題とする。ただ、個人ニュースサイトの活動が、ニュース空間の遍在化した現代においてニュース論や社会論を展開する際の重要な手がかりとなることは示せた。この変哲のない指摘がこれまで見られなかったことは研究上の手抜かりであるが、他方、考察の余地も広く残されている。

とりわけ個人ニュースサイトに掲載されたニュースに日常的に接している人たちによる研究実践に期待したい。

注

（1）大石・岩田・藤田［2000］および大石［2004］で説明されているニュース生産の過程を参照して定義を行った。
（2）各ウェブサイトのURLは検索サービスで確認可能なため、一部を除き割愛する。
（3）「個人ニュースサイト」は、狭義には、サイトの運営者が収集した情報をカテゴリーごとに分類して、見出し形式のニュースを掲載するサイト（＝見出し・分類サイト）を指す。ただし本章では、個人によって生産されたニュースが掲載されているサイトの総称として「個人ニュースサイト」という用語を用いる。平井［2010］では、ニュース生産の特徴を調査し、個人ニュースサイトの類型化を行っている。本章では直接扱っていないがM・ドゥーズによるニュースサイトの類型化の作業も参考となる［Deuze 2003］。
（4）見出し・分類サイトは数多く存在するが、筆者の先行研究やランキング情報を参考にすると、「カトゆー家断絶」「ゴルゴ31」「かーずSP」「楽画喜堂」「変人窟」などが代表的な見出し・分類サイトとしてあげられる。このうち「カトゆー家断絶」は二〇一三年七月一五日にニュース更新を停止している。
（5）以前筆者が行った調査では、アニメ、ゲーム、漫画といったポピュラーコンテンツ関連のニュースが大半を占めていた［平井 2010］。同様の方法で、前記五つのサイトの中で最大手とされる「カトゆー家断絶」を改めて調査したところ、二〇一〇年一二月一日に掲載された五〇五本のニュースのうち、アニメ関連一三〇本（二五・七％）、ゲーム関連二二七本（四五・〇％）、コミック等の書籍関連四三本（八・五％）とポピュラーコンテンツの情報が大半を占めていた。
（6）他とは一線を画す独自のニュースが掲載されていることから、筆者は「ユニークサイト」と定義した［平井 2010］。代表的なサイトとして「GIGAZINE」「アキバ Blog（秋葉原ブログ）」「X51.ORG」などがある。GIGAZINEについては、同サイト編集長の山崎恵人によると、アクセス解析ソフトの計測では一ヵ月に約二〇〇〇万人、Google Analyticsの計測では一ヵ月に約五三二万人の読者がいるという［山崎 2010：6］。
（7）はてな匿名ダイアリー（二〇〇九年二月九日）http://anond.hatelabo.jp/20090209235643（二〇一四年八月一一日取得）
（8）情報通信技術関連のハードウェアやソフトウェアの情報を扱うサイトは、「見出し・分類サイト」のような狭義の個人ニュースサイトとは一線を画す。ただ、個人ニュースサイトの原点がパソコン関連の情報を扱うサイトであったという歴史をふまえて、個人ニュースサイトの流れに含めておく。

（9）2ちゃんねるまとめサイトの一つである「痛いニュース(ノ∀`)」は、二〇一一年四月に月間ページビュー数（PV）が一億を突破したという発表があった（「ライブドアプレスリリース」二〇一一年四月八日）。この規模を形容するのは難しいが、例えば、読売新聞社が運営する人気情報サイト「大手小町」のPVが約一億五〇〇〇万とされる（『読売新聞』二〇一一年三月九日朝刊）。代表的なサイトとして、ブログやRSSのランキング、ならびに2ちゃんねるまとめサイトのまとめサイト（「まとめサイト速報＋」や「オワタあんてな」等）の並び順などから、「痛いニュース(ノ∀`)」「【2ch】ニュー速クオリティ」「アルファルファモザイク」「【2ch】ニュー速VIPブログ(`・ω・´)」「VIPPERな俺」などがあげられる。記事の情報源は2ちゃんねるのニュース系列の板（ニュース速報、ニュース速報＋、ニュー速VIP等）が中心で、ジャンルは時事問題、ウェブで発生した出来事や事件、ネタ、芸能、アニメなどが多い。

（10）ユニークユーザー数やページビュー数は、「SimilarWeb」などのサービスで確認できる。ただし、レンタルブログなどはまとめて解析される場合もあるため、数値は参考程度の指標である。なお本章では、マスメディアや大手ポータルサイトと個人ニュースサイトの中間に位置するニュースサイトを「ミドルメディア」とする。代表的なサイトとして「J-CAST」があげられる。ミドルメディアを最初に定義したとされる藤代裕之は、ソーシャルブックマーク、ソーシャルニュース、まとめサイトなどを「ミドルメディア」としており［藤代裕之「『ミドルメディア』と『メディアインフレ』」二〇〇六年一二月三日「ガ島通信」http://d.hatena.ne.jp/gatonews/20061203/1165162065］、このとらえ方に依拠すると個人ニュースサイトもミドルメディアに含まれる。また、J-CASTの代表取締役会長は同サイトをミドルメディアとするのには異論があると述べている［蜷川 2010］。それゆえ本章における定義はあくまでも操作的なものである。

（11）「性描写規制の都条例改正案　行政の価値観介入に異議」（宮台真司・首都大学東京教授）

（12）「【Web】ネット流行語大賞2010　今年の世相分かる？　来月発表」

（13）Wikipediaは百科事典であり、批判や反対運動に直接関係しているわけではないが、情報の整理・提供の面で重要な役割を果たしたといえる。

（14）見出し・分類サイトは、筆者の先行研究やランキング情報を参考に「カトゆー家断絶」「ゴルゴ31」「かーずSP」「楽画喜堂」「変人窟」を選択した。2ちゃんねるまとめサイトは注（9）に記載のサイトを選択した。ただし、サイトの選択は調査を実施した二〇一一年二月時点の指標に基づくものであり、二〇一四年五月現在、同様の選択が妥当であるとは言えない。

（15）民間の告発サイトである「ウィキリークス」は、二〇一〇年七月に米軍の機密文書の流出が発覚したことにより世界的に注目を集めるようになった。調査期間内では、二〇一〇年一一月二八日に米国の外交文書約二五万件の一部が公表され、世界の外交を揺るがす事態へと発展した。なお本節でウィキリークス問題を比較対象とするのは、関心を集めた出来事であるというのが最大の理由であるが、ウェブのニュースを分析するうえで、ウェブとはまったく無関係の事例を選ぶよりも適切であろう、と考えたからである。

(16) その他の見出し・分類サイトでも、マスメディア組織以外をニュースソースとする割合が高かった。なお、ニュースソースの分類コードは筆者が設定したものであり、コードの違いによる誤差は生じうる。ただし、ニュースソースが特定のカテゴリーに偏っていないことは確かである。

(17) 同サイト群のニュースソースは厳密にはすべて「2ちゃんねる」である。だが、まとめサイトの記事冒頭には大本の情報が転載されていることも多く、確認する意味はあるだろう。

(18) 「【非実在青少年】東京都がマンガ規制の要望書をあちこちに配布中 【マッチポンプ】」http://togetter.com/li/63663（二〇一四年八月一一日取得）

(19) 新聞が条例改正問題を看過していたわけではない。二〇一〇年九月には各紙（『産経新聞』を除く）が同月の都議会で改正案の再提出が見送られ、一二月の都議会で提案される見込みであると報道していた。

(20) 2ちゃんねるまとめサイトの記事内容は2ちゃんねるの「文化」が色濃く反映され、ウェブ全体の見解を代表するわけではない。ただ、2ちゃんねる的な見解が日本のウェブで一定の存在感を示していることも確かである。また、まとめサイトの記事が他の個人ニュースサイトで紹介されることも多い。争点や意見の一側面であると留意のうえで着目するのは決して無意味ではない。

(21) コーディングに際しては、佐藤郁哉［2008］の定性的コーディングの手続きを参照した。まず、まとめサイトに掲載された掲示板の書き込みのオープン・コーディングを行い、その後に少数の概念カテゴリーにまとめた（焦点的コーディング）。作業は筆者が一人で行ったが、より信頼度を高めるためには複数人による作業が求められる。ただし、ネタやアイロニーを伴う2ちゃんねるの言説は、掲示板の文化に習熟している者でないと判断が難しいという問題もある。

(22) なお「その他」には、ネタ的な書き込みや返答（通称、レス）などが含まれる。ネタ的な書き込みの中には皮肉を通じた批判も散見されるが、判断が難しいものもあり、ここでは「その他」としておく。

(23) サイバーカスケードとは、社会的争点や社会問題に関する不確かな、あるいは誤った情報がウェブを通じて拡散し、当該の争点や問題について確かな情報を持ち合わせていない人々がそれを受け入れ、一定の方向に流されていく現象を指す。

(24) A・メルッチは集合行為を次のように定義する。「(i)複数の個人や集団が同時に関与し、(ii)時間と空間の近接性において類似の形態的な特徴を示し、(iii)関係性の社会的領域を含み、(iv)集合行為に関与する人々が自らの行いを理解する能力を含むような社会的実践である」［Melucci 1996：20］。また、集合行為の展開に際して潜在性（水面下にある不可視のネットワークを通じたオルタナティブな意味の実践）と可視性（隠れていたオルタナティブな意味が可視化する局面）の相補性を指摘する［Melucci 1989＝1997］。これらの議論は周知の通り社会運動論の文脈で展開されたものであるが、個人ニュースサイトの活動を考察するうえで示唆を与えてくれる。

(25)「ブラック企業」「非モテ（非リア）」「コミュ障」はそれぞれ「2ちゃんねる」および、2ちゃんねるまとめサイトなどで使用されるスラングである。「ブラック企業」は労働環境が劣悪な企業を指し、「非モテ（非リア）」は異性に好意を抱かれない人を主に指す。そして「コミュ障」とは、他者とのコミュニケーションが苦手な人を意味している。

(26)ステマとは「ステルスマーケティング」の略称で、消費者に宣伝であることを気づかれずに行われる宣伝活動を指す。二〇一二年一月の騒動とは、アニメ、ゲーム、漫画の情報を中心に扱う2ちゃんねるのまとめサイトが、アニメ制作会社とつながりを持ち、同社の作品記事を掲載するまとめサイトの側にアフィリエイト（成果報酬型広告）の形で金銭的な報酬が渡っていたのではないかという疑惑を指している。

コラム1

池上彰のニュース空間

ニュース番組の「ワイドショー化」が語られるようになって久しい。この語はニュースのエンタテイメント化・娯楽化を示すものとして、ここ四半世紀に進行してきたニュース報道の語り口の大きな変化だと言える。今回取り上げる池上彰という人物と彼の出演する番組に対する人気は、「分かりやすく」ニュースを解説するスタイルという点で、こうした流れのなかで生まれてきたものだと言えるかもしれない。しかし、それ以上に、いわゆる「報道」の枠をこえた形での、現代ニュースの流通の空間に関する象徴的な事例を示しているように思われる。

池上は一九七三年にNHKに入局し記者職のキャリアを経たのちに、一九八九年からは「首都圏ニュース845」でキャスターも兼ねるようになる。一九九四年からは「週刊こどもニュース」のお父さん役を一一年間務め、子供たちに向けて分かりやすくニュースを伝えてきた。そして、二〇〇五年からはフリーとなり、執筆活動を行う傍らで「学べる!! ニュースショー」といった番組や改編期の特別番組でニュース解説を行っている。

池上の解説のスタイルはニュース報道において当たり前のように取り上げられてきた用語・事象について、その意味・背景にまで立ち返って説明することにある。彼はこの点について「例えば学校の授業でも、先生の話が分かると『面白い』ですよね。別に笑わせてくれなくても知的に興奮することで面白さを感じるでしょう。私は、ニュースの面白さってそこにあると思うんです」(『放送文化』二〇一〇年春号)というように、「分かりやすさこそが面白さ」であると位置づけている。

もちろん通常のニュース番組にあっても、ニュースの解説がなかったわけではない。だが、彼の語り口は、日本における「キャスターニュース」の代表例として取り上げられるような筑紫哲也や久米宏らのそれとは明らかに異なったスタイルをとっている。筑紫・久米らによるキャスターニュースにおいても、わかりやすい解説というものが重要な要素となっていた。事実、久米は池上との対談に際して、「ニュースステーション」のスタッフたちが「週刊こどもニュース」を意識していたことを告白している(TBSラジオ「久米宏 ラジオなんですけど」二〇一一年三月一九日放送分)。しかしながら、池上は彼らのように自らの意見を披瀝するような「物言う」キャスター像とは明らかに異なっており、ニュース解説のなかで自身の意見を表明することはほとんどない。「自分の意見はそりゃあいろんなニュースについても持っていますよ、でも私はそういうことを言うべきではないんだろうと」と述べて、「だから、いわゆるニュースのコメンテーターで出るという仕事は、今はいっさいお断りし」「ニュースの番組だったら、コメント、コメンテーターではなくて解説をいたします」（津田大介との対談*）と、自身の役割をニュースの解説という枠に限定している。

こうした解説を可能としているのは、いわゆる「報道」の枠組みとは異なる番組作りがなされていることにある。一般的な番組に関しては日々のニュースを伝えるといった点が主要な目的になっており、その解説の時間も限られたものにならざるを得ない。しかし、池上の番組にあっては、こうした「報道」の速報性からは一定程度距離を置くことができる。この点では「週刊こどもニュース」や「学べる!! ニュースショー」は報道局ではなく、普段は教育番組、バラエティ番組を担当しているスタッフによって制作されていたことも重要だろう。彼はインタビューにおいて、「週刊こどもニュース」の担当を命じられた際に「週一回だからじっくり準備する時間がある、さらに〝子どもにも分かるようにするために〟原稿を直せる」（『放送文化』二〇一〇年春号）と考えたと述べている。こうした準備期間が報道番組とは異なった「分かりやすさ」を可能にしていると言える。

ここまで池上の出演するテレビ番組について取り上げてきたが、彼の活躍はこの点のみにとどまっていない。

書店に行けば彼の著作が平積みにされているなど、自身が「本を書くことが本業」だと言うとおり、現在は執筆にその活動の多くが割かれている。執筆する媒体もまた、一般書籍や雑誌・新書・教科書と多岐にわたり、論じる内容も現代史・メディア・経済問題・プレゼンテーション術など多様である。ここで注目すべきは、その文体が彼の出演する番組と変わらない口語体による語りかけであるということである。また書籍においても図表などのビジュアル面を重視しながら、「分かりやすく」その問題について解説を行っている。それはあたかも彼がテレビで視聴者に向かって話しかけるかのようである。こうした執筆のされ方は、「新書の雑誌化」という指摘に顕著な出版文化の変容とも深く関わっているだろう。出版物の消費サイクルが加速し、時事的なテーマに関する出版が増加したことによって、ニュース解説と同じようなかたちで執筆することが可能になっているのである。

池上彰は「報道」という枠を超えて、「分かりやすく」語りかける。それは現代における「ニュース的なもの」の流通、本書における「ニュース空間」の広がりを体現していると言えるだろう。それはニュースのエンタテイメント化・娯楽化といった議論を超えて、ニュースの新しい可能性を指し示しているのである。

（堀口　剛）

＊ http://www.ustream.tv/recorded/10468341（二〇一四年八月一一日取得）

第Ⅱ部

不安のニュース言説

第4章　臓器移植法の改正をめぐるテレビ報道の動き

――生と死の錯綜するストーリーとその調停

清水瑞久

1　改正臓器移植法の成立

たった一つの法律の施行が、その前と後の風景をすっかり変えてしまうことがある。「臓器の移植に関する法律」の改正もまた、静かに、着実に風景を塗り替えていった。日本臓器移植ネットワークによれば、臓器移植法が最初に施行された一九九七年から一三年後の二〇一〇年の改正法施行までの間に、脳死下にある人間からの臓器の提供件数は八六件であった。それが施行後は急激に提供件数を増加させていく。一〇年七月の改正法施行以降、その年の五ヵ月で二九件、翌一一年には四四件、一二年には四五件、そして一三年には四七件……。一五歳未満の脳死下にある子どもからの臓器提供もすでに一一年の四月に行われている。

この改正臓器移植法の特徴とは何なのか。それには主に次の三点がある。第一に、「脳死」は一律に人間の死である。第二に、本人の意思が確認できない場合、家族の代諾だけで移植が可能である。第三に、一五歳未満の子どもからも臓器の摘出ができる。旧移植法では、臓器提供への自己決定権が根幹に据えられていた。(1) それが過度な移植推進を慎重に抑制する効果をもった。しかし、改正法はそれらすべてに超越する。自己決定権という原則はその根幹から崩された。

そして、改正法の施行以降、家族の承諾のみでの、つまり、患者の意思決定が曖昧な状況での脳死・臓器移植は実に八割を占めている。

もはや脳死・臓器移植は、日本国内においても「普通」の医療行為になろうとしている。むろんドナーの家族やレシピエント本人およびその家族にとって、生と死を決する決断は大いなる不安やためらいと共にあるに違いない。しかし、メディア上ではすでにローカルな話題として位置づけられるだけとなっている。新聞では地方版で「脳死」や「移植」の事実が短く取り上げられ、その内容も「県内で初めて」といった紹介のされ方である。

移植を待ち望む人たちには移植法の改正は福音であった。だから改正後の術数はいまだ余りにも少なく、期待と焦燥を掻き立てられずにはいないかもしれない。そうした思いを軽んじることは誰にもできない。しかし、それとは別に私たちにはいつまでも、どこまでも問わねばならない問いがあるはずである。「脳死は人の死」であるのか。温もりを持ち、腕を動かし、妊娠していれば出産もするという、その身体を指して「死体」と言うことができるのか。科学的な妥当性の問題も含めて、私たちを突き動かす問いがあるはずだ。

しかし、脳死・臓器移植が法律によって後ろ盾を与えられ、また、レシピエントの人生が祝福によって満たされるとき、あるいは、メディアの中でそれがごく普通の医療行為という位置を与えられるとき、ドナーの死をめぐる問いは忘却され、沈黙する。「脳死は人の死だ」とする断定が、あらゆる問いを霧消させてしまう。そして、後には施術の業績を示す数値だけが増進的に積み重ねられ、表示されていくだけである（「県内で2例目！」）。

だが、臓器移植法が改正に向けて動き出した当初、事態はそれほどスムーズであったわけではない。目指すべき理想のベクトルは錯綜し、相反する言説が敵対の様相を先鋭化し、不協和の軋みが生じていた。いまだ当たり前は当たり前ではなく、誰もが先行きに不透明なものを感じていた。テレビの報道番組には、その不確かさが制作に色濃く反映されていた。とりわけ二〇〇九年六月一八日前後の報道には、衆議院で臓器移植法の改正案が採決されていくプロセスの中に、多くの混乱と戸惑いがあった。それは番組制作者がいい加減であったからではない。むしろ、真摯に事態に向かい合えば向かい合うほど、単純な移植肯定というストーリーには回収できない多くの異物を排除できずに抱え込むことに

表4－1　改正案Ａ～Ｄの内容

	提案者	死の定義	意思決定	提供可能年齢
Ａ案	自民党の中山太郎・河野太郎ら	脳死は人の死	本人が拒否しなければ家族の同意	制限なし
Ｂ案	公明党の石井啓一ら	現行法と同じ	現行法と同じ	12歳以上
Ｃ案	民主党の阿部知子・枝野幸夫ら	現行法と同じ 脳死判定の厳格化	現行法と同じ	現行法と同じ
Ｄ案	自民党の根本匠ら	現行法と同じ	15歳以上は現行法と同じ 15歳未満は家族の同意と第三者	制限なし

なったと言ってよい。逆に言えば、現在の私たちを覆う当たり前の感覚は、多くの異物を追い出し、かつ、それに鈍感であるからにすぎないのかもしれない。

臓器移植法の改正は二〇〇九年六月一八日に衆議院で可決されてから、同年七月一三日に参議院で可決されて成立した。そのときには改正の方向は決まっていた。多くの戸惑いはすでに鎮静化していたのである。やはり、多くの疑念や不安を呼び覚ましたのは、六月の衆議院の方であった。投票直前まで、今あるかたちで改正案が可決されると確信を持って予想し得た者はいなかった。当日午前のニュースでも採決の行方は「不透明」だと報道されていた。本章では、一八日およびその前後に注目し、人間の生と死のあり方を決める重大な法律の改正に関して、テレビメディアがどのように報道したのか、何を表象し何に重点をおいたのか、どのような価値観を代理し形成し、また、何を等閑視したのか分析していく。それにより、複数のストーリーが入り乱れ、複雑なベクトルの絡まりの中で、生と死をめぐるためらいと強引と破局のドラマがいかに展開されていくかを見ることになる。

さて、臓器移植法を改正するにあたって、衆議院ではＡ～Ｄ案までの四つの法案が順番に採決にかけられることになっていた（表4－1）。Ａ案は脳死を一律に人の死として定義し、また患者本人が拒否しなければ家族の同意のみで臓器提供を可能とし、一五歳未満の子どもからの臓器提供に道を開くというものである。Ｂ案は臓器提供可能年齢を一二歳以上へと引き下げるが、本人意思や死の概念は現行法に準拠するというもの。Ｃ案は性急なる移植推進に歯止めをかけ、むしろ現行法における脳死判定基準をより厳格化し、より透明性・客観性を高めようとするもの。Ｄ案は基本的には現行法に準拠しながら、一五歳未満の子どもからの臓器提供は家族の代諾に第三者による確認を加えることで可能とするというものである。

採決は法案提出順にA案から行い、可決に至らなければ順番にB案、C案、D案と次々に採決にかけ、いずれかが過半数を獲得すればその時点で可決となるとされた。こうした投票の仕方には問題があるとも言われたが、しかし、結果的にはあっけなくA案で可決したのだった。

2　採決前、六月一七日から一八日の午前まで——不安と期待の中で

採決が行われたのは六月一八日の一三時からである。その前日から当日の午前にかけて、これから行われる採決を待つ宙吊りの時間の中で、興味ぶかい報道がなされていた。今後の先行きが不透明ではあっても、改正法をめぐる主要な局面はあらかじめ用意されていた。そしてそれは、以後のニュースの作られ方を、ある意味で、予告することになるのである。

議員たちの弛緩

ＴＢＳでは七時五〇分から、みのもんたの「朝ズバッ!」で、法案採決における問題点を伝えた。そこでは議員たちのしまりのない態度に焦点が当てられ、攻撃された。前日の衆議院本会議において、「臓器移植法改正案」をめぐる討論のさなかに、首相をはじめとする自民党議員たちが話し込み、談笑し、席を立ってうろつき、また、居眠りしている姿が映像でとらえられ、ナレーションで再確認されていく。「人の死」にかかわる重要な法律がこんな不謹慎な議員たちによって決められる、それを厳しく揶揄する内容となっている。

この番組内では、「改正の争点」として臓器提供の年齢制限や「脳死」の定義がテロップを用いて示され、また、A～Dという四法案それぞれの違いが表によって説明された。さらに、心臓を患いアメリカでの臓器提供を目指す子ども

の親への取材や法案提出者へのアンケートを通して、法改正の重要性を喚起していった。そうであればいっそう、投票する議員たちの緊張感のなさが際立つ作りとなっているのである。

番組ではさらに日本大学の岩井泰信教授へのインタビューを通して、審議時間の短さ（八時間）のために議員が法案を理解することができず、どう対応していいか分からない状況があって、それが居眠りや私語などの背景としてある、と分析させている。

以上のVTRの後、スタジオでは司会者みのもんたが緊張感を欠いた議会を学級崩壊になぞらえ、また、議員たちの不勉強をなじるなどし、最後に、議員たちに向けて「脳死のような状態になっても、他の臓器が正常に動いている場合ね、その人は一個の個体として、人間として、呼吸を続けて、生き続けているわけです、にもかかわらず脳死は死と認める、その相反するのはおかしいですよねえ」と発言している。その番組参加者間に同意を広める言い方が番組のトーンをまとめあげていくのである。

このように、道徳的なヒューマニズムから、不謹慎にも弛緩した議員たちの態度を問うというところに本番組の大きな特徴がある。だが、みのもんたの問題提起の射程は、もう少し深いところにあると見ることができよう。というのも、たとえ個々の議員の態度や心情が真剣なものであったとしてもそれでよいわけではないからだ。問題は人間の生死の問題を多数決で決めるということ自体にある。同番組が開示するのは、議員の表層的な態度から、多数決という制度にまで至る、広い問題の地平なのである。

子どもたちの命、二つの現実

次いで、対象的な内容を持つ二つの番組を取り上げる。一つはフジテレビの「FNNスピーク」。もう一つはTBSの「NEWS23」である。これら二つの番組ではそれぞれが病気の子どもたちの姿を映し出しているのだが、一方は拡張型心筋症を患い、現在渡米してドナーの臓器提供を待っている一一歳の子どもである。他方は、生後四ヵ月で心肺停止状態に陥り「脳死に限りなく近い状態」と診断されながらも、以来、現在に至るまで一二年間生き続けている子どもである。どの子どもに焦点を当てて番組を作るかによって、臓器移植法の改正に対する意味付与の仕方が大きく異なってくるのは言うまでもない。

「ＦＮＮスピーク」では、キャスター二人が臓器移植法改正案が明日採決されることを簡単に導入部分で紹介した後、緊急に臓器移植を必要とする児童が渡米していることを伝える。画面では国会の討論の映像が流れ、すぐに児童がストレッチャーにのせられてアメリカに向け飛行機に乗り込むシーンが映し出される。それから、あらためて東京女子医科大学病院内における児童の日常生活が紹介される。

まずは児童が歌を口ずさむシーンが選ばれ、画面右下にはその歌詞のテロップが流れる。そこには「君がいるから／生きていけるから」とある。さらに、彼の幼少時の写真。同じ写真に写る姉の顔がアップにされ、少女はすでに同じ心臓病で他界したことが告げられる。次いで、ＷＢＣの野球中継のテレビ画面に見入り、巨人の小笠原選手が好きだと語る。そして、両親に促されるように将来の夢が明かされる。「ラーメン屋さん」。映像はベッドの上で焼きそばを食べるシーンへと移っていく。

これらの少年の笑顔や懸命な姿の映像と言葉の連鎖の中で、心臓病を患いベッド上での生活を余儀なくされ、おそらくは食事（塩分）を強く制限されている少年が、活発な野球選手にあこがれ、ラーメン屋になることを夢見ていることが強調されているのである。そうした未来は、臓器移植手術を成功させた後にならば、実現されるかもしれない夢である。

画面右上には終始「野球少年決意の旅立ち／〝臓器移植〟あす採決」というキャプションがおかれている。それに見合うように、少年が渡米するシーンに続いて、画面は国会へと切り替わり、提出されている四法案の説明、そして、明日が採決の日であることを確認して、ニュースは終わる。

番組全体のトーンとしては、切実に生を求め、未来に続く夢を手にしようとする少年の姿に依拠しながら、彼のような臓器移植待機患者が渡米という手段をとることなく、国内で安全に手術が受けられるように、法の適切な改正に期待するというものになっている。少年のはにかんだ笑顔や夢のかたちが、同情的な感情を呼び起こし、オーディエンスに対して法改正に対する特定のスタンスを要請するような作りになっているのである。

他方、TBS「NEWS23」は、以上とはまったく違う現実を浮かび上がらせる。冒頭でキャスターが、臓器移植法改正案が明日の衆議院で採決されることを確認し、議論は十分に尽くされたのかと問い掛ける。途端に画面は切り替わり、片隅に映る医療チューブを背に、男性が語り始める。「これで一日三回の〔栄養補給〕と、あと水分補給で」。男性が手にしたチューブの先には、目をあけて仰向けに横たわる子どもの顔が映し出される。映像にかぶさるようにナレーションが、この子どもが人工呼吸器をつけて一二年が経ったことを告げる。子どもの顔には表情がないように見えるが、その父親は語る。「お風呂とか好きなんで（笑）、お風呂に入れるときなんかも、すごい、いい顔しているような、いい表情だと思いますし」。その間、映像は父親が子どもの肩のあたりを軽く掻く仕草を映し出している。

こうして長期脳死患者と言われる存在とその父親との間で、豊かに表情や身体的メッセージのやり取りがなされてきたことが確認されている。そして、カメラは父親の苦悩と不安の表情を追い続ける。彼の表情と子どもの過去の病状記録ノートの映像とを組み合わせながら、重い合併症が起きた場合には治療を中止することも医師から説明されていることが告げられる。「呼吸器の設定を下げたり、薬の中止も含めて、医療的な水準を下げていくということは何回か説明された」。こうした父親の表情を残し、場面は人工呼吸器をつけた子どもの親たちで作る「バクバクの会」の打ち合わせへと移る。

その際、臓器移植法改正問題を話題にのせながら、改正をめぐるいくつもの不安がメンバー間で確認されていく。第一に、長期脳死患者は生きているのに、法律で決定された場合「一般の人から見ると全部いっしょくた」になる。第二に、いかに長期脳死患者への法的脳死判定がなされないとしても、緊急医療の現場では脳死に近いということで呼吸器を装着しないなど治療がおろそかになり得る。第三に、移植のために医療水準をおとされることになりかねない。第四に、社会や医療関係者が脳死状態の子どもを持つ親たちに臓器提供を勧める「無言のプレッシャー」を生むのではないか、というものである。

「こんな状態でいるくらいなら、臓器をあげればいいのに、みたいな目で見られるんじゃないかという心配は……」。自宅病室に戻り、人工呼吸器の機械的なリズムを背景音として、淡々と語られている。番組では、明日採決が行われること、どの案も過半数を獲得できるかは不透明な情勢であることを伝え、最後にスタジオでキャスターが、親たちの心配への明確な答えがなされないままの採決であると述べて終わる。冒頭から四分の間、終始画面右上には「明日採決に消えぬ不安」というキャプションがつけられている。

番組は全体として、臓器移植法改正に対する静かなる不信の表明として作られている。長期脳死患者となった子どもとその親との豊かな関係世界を起点に、社会や法律に対峙した際の父親の苦悩の表情を基軸とし、そして父親とその仲間（バクバクの会）で共有される決意や懸念へと論点を拡張することで、法改定そのものを相対化する視点を打ち出している。先にあげた「ＦＮＮスピーク」の作りとは対照的な番組となっている。

合わせ鏡の子どもたち

一方は臓器移植を待つ子どもの映像、他方は長期脳死の状態にある子どもの映像。それらはまるで合わせ鏡のように組み合わされ、乱反射を起こしながら、これに続く多くの報道の中に埋め込まれていくことになる。それは何もテレビ局の間の争いではない。一つの番組の中で、相容れない二つの立場の映像がぶつかり合い、悲鳴をあげていくのである。

採決当日の一八日午前七時からのフジテレビ「めざましテレビ」がそうであった。

番組ではＡ案提出者の説明を伝えた後、長期脳死にある子どもを持つ母親の姿が映し出される。「Ａ案はいかんせんちょっと、私は何も共感するところがないですね」。そう語る母親の映像があり、そして、人工呼吸器をつけてベッドに横たわる子どもの映像へと繋がる。一歳二ヵ月のときに急性脳症のため脳死状態となり八年が経過したこと等がナレーションにより説明される。母親は子どもの身体のケアを行いながらインタビューを受けるというかたちをとっている。そして「一緒に生きてきて、この八年間は何だったんですか、死んでたんですか」と話すのだが、驚くべきことに「死んでたんですか」という発話に重なって、子どもの両足が反射的にビクンと跳ね上がり、つま先がひくひくと震える映像が流れる。「死んでいるわけないし、もっともっと社会に触れ合いたい」という語りに、我が子に顔を近づけるシーンが重ねられる。そこには確かに「命」の息遣いが感じられる。

だが、番組ではもう一つの立場があることを忘れてはいない。臓器移植法改正に対していっそうの脳死判定の厳格化を求めるC案提出者の説明を挟んで、他の子どもからの臓器提供を待つ子どもとその両親の姿へと転換していく。ベッドの上で薬の口内投与を受ける子どものシーンに、苦痛に歪んだ表情をした過去の写真を接続しながら、この子どもが「拘束型心筋症」であり、助かるには今年の一〇月までに心臓移植を受けるしかない等のことがナレーションで説明される。「命をあきらめることはできません」。そう語る父親の会見映像が挿入されたあと、ナレーションは、現行法の枠内では乳幼児の移植手術が難しいこと、そのためアメリカでの心臓移植を決意したこと、だが移植にかかる一億円の費用はまだ一〇分の一に満たないことを告げる。その間、カメラがとらえるのは、街頭に立って募金活動を続ける懸命な父親の姿であった。「国内で移植ができるかどうかは、臓器移植法の改正にかかっている。四つの改正案に揺れる小さな命」。ＶＴＲは、臓器提供を待つ子どもと長期脳死の子どもの映像を順番に並べてから、国会の議場／外観（その外観に重ねて「国会が出す答えは―?」という文字が表示されている）をとらえて終わっていく。

ナショナルな枠組みへの括り込み

以上に加えて、さらにもう一点。今後の報道を枠づけることになる大きな局面が組み込まれることになる。それはやはりフジテレビ「めざましテレビ」の中でのことであった。先の放送の後、朝七時四八分から、『読売新聞』の当日の朝刊記事を紹介するというかたちがとられた。記事は「米の小児心臓移植、日本人に高額請求」という内容であった。

この年の三月に日本の小児患者がアメリカの医療機関にデポジットとして四億円を求められたというのである。番組は「値上げの本音は日本人排除」という見出しを紹介し、その背景として国際移植学会による「海外渡航による臓器移植の自粛（二〇〇八年五月イスタンブール宣言）」があること、そして、ＷＨＯもまた「海外渡航移植を禁止する方針」であることを、フリップを使って説明する。実際には、国際移植学会もＷＨＯも臓器売買を禁じることを目的として、以上の方針を掲げているのであるが、意図的にか、番組ではその点には一切触れることなく、「アメリカの患者はアメリカで、日本の患者は日本で移植を」というのが世界的な流れであると伝えるのである。三月に起きたことを採決当日の記事に敢えて掲載した『読売新聞』の意図は露骨だが、渡航移植への可能性が実質的に断ち切られたという報道の、その反照の中で、改正問題はナショナルな側面を浮上させ始める。

続くフジテレビ八時からの「とくダネ！」では冒頭から司会が『読売新聞』の記事を取り上げ、その中身を紹介していく。アシスタントは「記事は国会議員に向けた提言」であると喝破する。それを受けたゲストコメンテーターは、まさしくナショナルな枠組みの中で、改正問題を語ることになる。「何で自国内でお前らやらないのかっていう声すら諸外国から上がってくるかもしれない。やはり日本人自身が自分たちの国民の苦しい人を助けるために自分たちで何をやらなければいけないのかっていうことをね、やっぱ答えを出さなければいけないですよね」。こうして問題をナショナルな枠組みへと括り込んだ上で、子どもの臓器移植を推進すべきという旨の発言を展開するのである。

さらに同番組のちょうど一時間後のコーナーでも同コメンテーターは発言する。「現実的にアメリカで臓器移植ができなくなってしまうと、残されているのは国内でやるしかないということになるわけですよね。すると、脳死の問題っていうだけっていうよりも、臓器移植を必要とするような人、心臓移植を必要とするような人たちをこの国では、あるいは国の内外で救うことができないか、あるいはできるのか、ということが問われるんだという、そこの原点に立ち戻って考えてもらいたい」。こうした「国のあり方が問われる」という言説の中で、いとも単純に脳死患者の存在を否定する発話がなされるのである。

もっとも、番組を貫く力学はそれほど単純ではない。周囲に同調を乞うようなコメンテーターの発言は、司会者によってすんなりと否定される。「そうはいっても、肌の色は赤みを帯びているし、あったかいし、呼吸はしているし、心臓は動いているし……」。採決前の宙づりの時間の中で、だからこそ立ち上がろうとするストーリーは錯綜する。

３　Ａ案可決の後、六月一八日の速報から夜まで――祝祭の中で

臓器移植法改正をめぐる採決前までのところで、今後の報道を予告する主なポイントを確認してきた。それは議員た

ちの態度と多数決という問題、臓器提供を待つレシピエントとなる子どもたちの生きる局面、臓器を摘出する側に回るかもしれない子どもたちの姿（そこには交通事故などにより突然に脳死と告げられる可能性を持つすべての人々が含まれ得る）、そして、海外渡航の閉鎖から喚起されるナショナルな枠組みという問題である。これらの重層的な組み合わせの中で、移植をめぐるストーリーはさまざまにぶつかり合っていく。

イコンの作成と利用

これら衝突し合うストーリーの中で、しかし、突如として強力なイコン（聖像）が放送局を横断し、あらゆる番組に登場し始める。それは重い心臓病を患う子どもを渡航先のアメリカで亡くしてしまった夫婦の映像である。日本国内で移植手術が行えなかったというやりきれない想いから、国内での子どもの臓器移植を切望する夫婦の映像は、移植推進の象徴的なメッセンジャーとして、メディアの中で絶好のスタンスを担うことになる。その悲しみに思いつめた一途な表情と語りは、まさしくメディアが生み出したイコンである。

ＮＨＫでは一九時からの「ニュース７」でそのイコンの輝きが使用された。ヘッドラインの短い時間に、夫妻が街頭でビラを撒くカット、国会傍聴席でＡ案可決に涙するカットが挟まれる。それが同番組の作りをリードしていくのである。本編では、国会へと夫妻が向かう歩道上のシーンに始まる。子どもの映像を挿入しながら、重い心臓病を患っていた夫妻の子どもが移植手術のために渡航したアメリカで亡くなったことがナレーションで告げられる。「命の問題、大切な問題だ」という父親への取材カットを入れた後、場面は傍聴席で議員の投票を見守る夫妻の姿、可決後に感きわまり涙するシーンへと続いていく。

次いで、この夫妻が臓器移植患者団体連絡会および日本移植学会などと合同で行った会見へと場面は転換し、着席する母親の膝におかれた子どもの遺影にカメラは焦点を当てる。「日本で希望を持って治療にのぞむことができなかった子どもたちやその両親と家族にとって、もう過去が取り戻せるものではありませんが、これから同じ思いをしないですむような一歩になったのではないかと思います」。涙をこらえつつ静かに淡々と語る母親と、笑みを浮かべた在りし日の子どもの遺影が交差しながら、番組は組み立てられていく。

二一時からの「ニュースウオッチ9」は初めからイコンの夫妻に焦点を当てる。場面は六月一八日当日朝、夫妻の自宅内の映像から始まる。テレビを凝視し、祭壇に手を合わせる夫妻の周りは、子どもの顔写真を大写しにしたポスターや在りし日の記憶を宿す品々で埋められている。そうした生の痕跡と連動するように、かつての生の記録であるいくつもの映像や写真（不在の表象）が画面に溢れていく。本シークエンスの終わりには、子どもの遺影へと静かにカメラが接近する。画面は国会へと歩いて向かう夫妻の姿に変わる。そして、投票の行方を見守り、可決後に涙を流しまた堪える姿をとらえ、やがて国会出口で会見する夫妻の姿を、手にした子どもの遺影と交差させていく。こうして夫妻をイコンに据えた一つのストーリーが、死の悲しみを駆動力として展開されるのである。

このストーリーを頑強なものとするため、多くの個人や団体が登場し、その発話や映像がさまざまに配置されていく。夫妻と合同に会見を開いた臓器移植患者団体連絡会や日本移植学会は、もちろんその重要な役割を担っている。とりわけ後者の副理事長は、今回の改定が患者や家族の「悲願」であったと強調し、「自国民の命を自国民で救う」ために、参議院での速やかなA案採択を要望する、と語っている。その発話は、ナショナリズムの枠組みの中で、崇高な使命の実行という色彩を帯びていくことになるのである。

イコンと祝祭効果

こうしたイコン＝夫妻の映像の利用の仕方は、他の民放においてもまるで変わらない。日本テレビでは、昼の「おもいッきりＤＯＮ！」の放映中に、速報として短くA案可決の報告がなされた。可決後の中山太郎や舛添要一といった議員の笑い顔と共に、傍聴席に座って喜びに目頭を押さえる夫妻の顔が、それが誰であるのかの説明もないまま、映し出されている。それが誰であっても、しかし、祝福すべき何かが今ここで可決されたのだという意味だけは確かに付与されているのである。イコンを中心に祝祭化がなされているのである。

さらに一六時五三分からの「ＮＥＷＳリアルタイム」でも、イコンは中心的な位置を与えられている。まずはA案に反対票を投じた麻生太郎の談話から「臓器移植というのに道を開く傍ら、脳死については、これはいろいろ世の中の意見というものがきっちりまだ固まっていないのではないかな」という部分を切り出す。しかし、この発言をまったく裏切るように、すぐさま満場の拍手のシーンからイコンとなった夫妻の涙へとカメラはパンしていくのである。祝福の頂点に座するのは、まさしくイコン化した夫婦である。

A案で可決された議場で祝福の涙を浮かべるイコンは、ＴＢＳでもフジテレビでも同じような構図をもって使用された。だが、中でもテレビ朝日は一種独特である。

一六時五三分からの「スーパーＪチャンネル」では冒頭から独特の加工がなされている。番組ではスタジオで現行法と四法案の違いなどが解説された後、衆議院本会議場へと議員たちが入場するシーンをとらえるのだが、それに合わせて現場のアナウンサーは「各議員も緊張の面持ちで議場に入っていきます」とコメントする。議場にカメラが切り替わり、議長の入場・着席などのシーンになると、重い打楽器の響きと荘厳な旋律と音色のＢＧＭが流れ始める。その後議員の投票を経て、「可決」のところで音楽はピタリと鳴りやみ、一瞬の静寂の後に割れんばかりの満場の拍手が議場を轟かすのである。こうした重々しいドラマ仕立ての演出が、荘厳化の効果をもたらし、そうして祝福すべき聖なるイコンの輝きを用意することになる。当然のように、カメラは議長席から議場をパンし、そして、傍聴席で涙する夫婦に焦点を当てて、イコンの図を完成させるのである。

イコンへの対抗言説の構築

イコン化した夫婦の映像はあらゆる番組で、移植推進の悲劇的な象徴として利用され、特有の効果を発揮していく。もっとも、だからといってその象徴作用にすべてが包まれてしまうわけではない。日本テレビ、ＴＢＳ、フジテレビのそれぞれは、確かにイコンの輝きを利用しながら、しかし、それに対抗する言説を配置することを忘れない。独自に長期脳死の子どもを育てる家族に寄り添い、温もりを持った子どもの映像を丁寧に紹介し、また、家族の声を拾ってくる。いずれも祝祭とは違う苦さと切なさに裂かれながらも、子どもとの間でなされる生の交歓が伝えられている。交換不能の命の重さがそこにはある。

一例をあげる。日本テレビは、二二時五四分から始まる「NEWS ZERO」で、三歳のときに突然倒れ、医師から「脳死に近い状態」と診断された、現在五歳の子どもとその母親を取り上げている。「もう顔もぜんぜん倒れたときよりお兄ちゃんになってるし、歯も抜けかわって大人の歯が出てきたりするから、だいぶ成長しているなと思うけど」（テロップでは「成長している」の部分が赤色の縁取りになっている）。「何としてでも救いたいっていう親の気持ちはわかります、わかるけど（臓器は）あげれませんとしか言えません。もし脳死は人の死で臓器移植提供するって決まった場合、拒否する権利があるにせよ、（臓器を）あげたほうがいい、他人のためになるっていう目が絶対くるような気がして、この子の生きていくときがすごくつらいんじゃないかな」。こう語る母親の姿を主旋律にして、喉から痰を吸引され、身体の清拭を受け、そして絶えず呼吸に合わせて上下する胸の上の毛布の映像が選択・編集されている。それが元気な頃のあどけない写真などと組み合わされていく。

こうした対抗的な言説は、何も個々の子どもの事例を通じてなされるだけではない。移植推進を掲げる専門家・関係者の言説を取り上げる一方で、移植反対の言説がきちんと配置されていた。たとえば、フジテレビ「LIVE 2009 ニュースJAPAN」がそうであった。推進派からは、日本移植学会の福嶌教偉移植医、および自民党の富岡勉議員の会見時の映像が使用されていた。福嶌のコメントからは、「海外に行きたくても行けない人がいて、どんどん目の前で亡くなっている。日本人が日本人を救える国にしていただきたい」という発話が選択されていた。また、富岡の発話からは、「臓器移植法の中での〝脳死は人の死〟であると。現場は一切混乱はしないと思う」という部分が選ばれていた。どちらも推進派のコメントとしては典型的なものであると言ってよいだろう。死にゆく人がいるという現実を、ナショナリズムの枠組みへと回収しながら、移植推進へと結びつけている。また、他方の臓器摘出される人々に対しては、周到にも法の枠内であることを語りながら「脳死＝人の死」と断じ、その上で、緊急医療の現場でも混乱することはないと主張するのである。

推進派の言説に対して、番組では、A案可決に反対する生命倫理会議の小松美彦代表の声明が対置された。「そもそも、『脳死は人の死』であるとして、科学的に立証できていないという事実が直視されなかった。日本の将来に多大な禍根を残すことが深く憂慮される」。脳死患者からの臓器摘出を行うためには、「脳死＝人の死」であることが科学的に立証されなければならない。それは法律に委ねるべきことではなく、科学の問題である。小松のコメントから選択されたのは、大変に短いセンテンスであった。しかし、それは脳死・臓器移植というテクノロジーの持つ本質的な問題を告発する厳しい指摘であったのだ。「脳死＝人の死」でないなら、命の価値は根本から見直されなければならない。

こうして、たいていの場合、推進／反対を超えて、多くの言説が重層的に積み重ねられていく。一つのストーリーが一方的に他のストーリーを凌駕することもなく、対抗しながら揺らぎ、時に命の重さにためらいながら、別のストーリーの伸長を許すのである。

祝祭化されたストーリーの暴走

しかし、荘厳な演出を施し、祝祭的な気分の中でイコンの図を制作したテレビ朝日においては、少し事情が異なるようである。たとえば二一時五四分からの「報道ステーション」は、イコンを巧みに配置するのはもちろんだが、さらに多くの仕掛けを通して、移植推進のストーリーを構築していく。対抗言説を無視するというわけではない。むしろ、対抗言説を出しながら、しかしそれを巧妙に無効化し、無価値化してしまうのである。

オープニングでは、議場で感涙するイコンの図を配置しながらA案可決を伝えた後で、対立的な立場にたつ二つの家族を並置する。一方は、心臓病を患い移植手術を待つ子どもとその家族である。酸素吸入器をつけたまま煎餅をかじる子どもの姿が映像化され、母親は「手術できれば願いも夢でなくなると信じて頑張りたい」とその胸の内を語る。もう一方は、事故で子どもを亡くしA案に反対する親である。母親は娘の仏壇を前に、「積極的な〔救命〕治療ではなくて、助けることができる人をお断りする可能性も」と語り、救急救命活動の現場で救命よりも移植用の処置が優先される可能性を危惧する。

CMを挟んで、臓器移植を待つ子どもの映像や親の願いが紹介される。たとえば、それは「ランドセルを背負って学校に行きたい」といった普通の暮らしへの切望や、法改正が多くの患者や家族にとって「プラス」になるといったことである。そして、臓器移植推進の言説に親和的な人物・団体を呼び寄せる。イコンの夫妻の会見映像はもちろんだが、特にNPO日本移植支援協会・理事の映像などは強烈である。映像では、テレビモニターで可決の瞬間を確認して喜びのはしゃぎ声をあげ、拍手し、万歳をする姿をとらえている。さらに前の週に亡くなったプロレスラーの三沢光晴が召喚される。彼のリング上での闘志を燃やす映像を使いながら、「〔三沢は〕臓器移植推進に力を注いできた」とナレーションが告げる。画面では先の理事が涙を流しつつ、三沢に報告できることが「うれしい」、「たまたま今日三沢さんの誕生日と聞いたので余計にやってくれたなと」と語る。A案の可決に伴う祝祭的な気分が一気に高まりを見せていくのである。

それに対して、対抗言説が挟まれはする。生命倫理委員会の会見から東京大学大学院の金森修教授のコメントを抜粋している。「死を迎えつつある、あるいは死んだ直後にある患者に対して、その人たちの遺体を資源として見るというまなざしがどうしてもそこに混入することになる。このA案はあまりに問題が大きすぎて、これをきわめてずさんな審議によって通してしまうということは、これは間違いなく将来に禍根を残すことになる」。さらに、オープニングであったA案に反対する母親のインタビューが接合される。救急医療の現場で適切な救命活動がなされなくなるという内容が繰り返され、また、「臓器移植ではなく〔新しい〕治療の開発の方に力を入れることの方が根本的な解決方法につながるんではないか」という発話が紹介される。これらの対抗言説において、延命治療の停止や非開始に対して警鐘がならされ、また、移植依存から脱却するポジティブな道標が指摘されている。それらは切実に考慮されねばならない重要な問題である。

対抗言説の無効化

だが、番組ではこうした言説を掘り下げることはしない。それどころか無効化していくのである。日本移植学会の福嶌教偉医師に次のように語らせている。「脳死というのは医学的に死だと。脳死というものはこういう状態ですと断言することができる。そういうものは医学的に言うともうその方が生き返らないんだということもはっきりと断言できます。その状態で脳死判定するのか、しないのかという決断になりますので、流れとしてはスムーズにいくわけですね」。そう語りながら、今後の移植手術件数の増加に期待を寄せている。

番組は、「脳死は人の死」であるという医学的な断言を強調することによって、それに対する疑いを封殺していくのである。もはや脳死体は死体である以上、後は手続き上の問題であり、いかに「スムーズ」に効率的に行うかの問題でしかないということである。もちろん福嶌が、自らの医療活動の経験を通じて、どのような考えを持とうと、それは自由である。ここで問題なのは、日本移植学会の権威を借りて、「脳死は人の死か」という疑問に簡単にけりをつけ、これに対抗する言説を取り上げもしなければ、あらためて考えてみようともしない番組サイドの権威主義である。そこには悪意すら感じられる。

さらに番組では、事故で脳死状態の子どもの身体からの臓器提供に同意した家族を紹介する。「臓器提供に後悔はない」とナレーションが告げる中、父親は仏壇の前で手を合わせ、また、寄せられた数多くの手紙を紹介しながら、レシピエントが「感謝」をあらわしてくれると言い、そして「現実に娘が宝石のように輝いていることのメッセージですよね、ですから、うれしいですよ」と語るのである。こうして移植推進を目指すストーリーが完成する。いかに死の悲しみが大きくても、それは臓器の譲り渡しによって救済されることになるのだ。

4　六月一九日——祝祭の後で、異物との向き合い方

衆議院での可決から一夜が明け、新しい一日が始まってもなお、午前中はまだ前日の余韻を引き摺っていたようである。多くの場合、番組では、あっけなく可決されたA案に与するのではなく、祝福とためらいの交差の中で、論点の確認や検証や洗い出しが行われていった。

ＮＨＫは前日まで移植推進の立場で番組を作成していた。たとえ対抗的な言説を取り上げることがあっても、それを

深めていくベクトルはさほど太いものではなかった。しかし、朝七時からの「おはよう日本」では、それまでとは異質な問題が提起された。事態に真摯であろうとすれば、単純なストーリーを構築して終わりとすることはできない。どうしても異物を抱え込んでしまうのである。それが報道の誠実さだと言ってもよい。

異物とは日弁連人権擁護委員会特別委嘱委員・光石忠敬弁護士のインタビューである。これは「脳死は人の死」という定義の根底をひっくり返すものだ。「一つは、脳死が人間の死かという法的な論点の前の、医学的・科学的な検討、そういうものを一切しないで、脳死は人間の死っていうふうにしてしまったことと、現行法は自己決定という前提に基づいていますから〔提供の意思は〕自己が決定するというね、それでじゃあ〔提供の意思が示せるのは〕何歳ぐらいからなんだということで、今の法的考え方からすると一五歳未満というのは無理だと。ましてやそれを家族が代諾していいとなるともっとおかしいですね」。

ここには重要な二点の指摘が含まれている。一つは、脳死という問題が医学的・科学的にいまだ検証の余地があり、「断言」してすむ話ではないのであって、またこうしたレベルでの判断を法的な多数決で決してしまうのは問題であるという指摘である。もう一つは、現行法における自己決定権という法的根拠が無効化されてしまったという指摘である。それは敷衍すれば、今回の改定が「改正」に止まらず、新しい法律の制定に等しいということだ。単純にA案を承認するストーリーには回収し得ない異物がここにある。

日本テレビ、TBS、フジテレビは、いずれも前日の素材を再編集したり、新しい素材から作り上げたりすることで、臓器移植を必要とする子どもの生きる局面と、長期脳死にある子どもの生の局面とを、バリエーションを豊かにしながら拮抗させ、それぞれにかけがえのない命の問題を考察していた。中でもフジテレビの取材は多くを考えさせるものだ。

合わせ鏡の残照の中で

フジテレビ朝八時からの「とくダネ！」では、二組の家族の肖像が伝えられた。テロップではそれぞれの家族を「心臓病の娘を救うため臓器移植を待ち望む家族」「脳死状態ながらも懸命に生きる我が子の成長を見守る家族」というように括っている。最初に、移植を望む家族の現在の自宅の様子が、過去に撮影された多数のプライベート映像を織り交ぜながら、伝えられていく。そのプライベート映像や写真には、手術の傷跡を映したものもあり、酸素吸入チューブを装着した子どものあどけなさと痛ましさに溢れている。そうした子どもを前にして、母親は涙ながらに、アメリカでの心臓移植を決断した思いや娘とのエピソードなどを語り、また父親は多くの患者・家族が望んだＡ案の通過を「非常によかった」等と評価していく。アメリカで「胸をなおす」と語る子どもの姿はあまりにもピュアである。

こうした家族の肖像と対抗的に配置されるのは、臍帯内動脈断裂により脳死状態となり現在一歳八ヵ月の女児を中心とした、その父親と母親との確かな関係のあり様である。ここではいくつかのポイントがある。第一に長期脳死と言われる身体のあり方である。ＶＴＲでは身長が五〇cmから九〇cmになったことが紹介され、医療用のバギーが窮屈であることが映像化されている。また、食事や排泄やオナラといった新陳代謝、髪や歯の生育といった特徴がナレーションや夫妻の言動から伝えられる（母親は女児のお腹を押して、排泄の手助けを行う）。第二に女児の心的あり様、その可能性への言及である。それは女児の発する「声」の質的違いに関する母親の言葉にあらわれている。母親は、入浴のときと排便のときと具合が悪いときとでは、発する「声」が違うと述べている。第三に女児と父母の関係構築と、今回の法改正がもたらし得る関係破壊への言及である。「この子の生きる意思というのを私たちが感じて、受け入れて、三人で幸せな生活を送りたいねということを時間をかけてやってきたのに、そういう時間がこれから、そういう時間が許されないことになっていくんじゃないかなってのが一番不安」。また、Ａ案可決の報せを聞いて絶句する家族の姿も映像化されている。法律上の問題が確実に家族への大きな圧力となって働いているのである。第四に「脳死は人の死」なのかという本質的な問題である。家族が築き上げている関係のあり様から推し量れるように、生活上の実感的なレベルで「脳死＝人の死」という定義は否定される。「本当に、本当に脳とかダメなのかなって思うときがあって……」。「自分の子どもって本当にかわいくって、こんなに愛おしい存在はいないですし、だから長期脳死っていうのと娘がうまく結びつかないんです」。家族の自宅で行われたこの取材の間、女児の規則的な呼吸音がたえずしている。

ＶＴＲは以上の二組の家族の肖像を並列的に配置した後、「さまざまな家族の思いの中、法案の審議は参議院へと舞台を移す」というナレーションで終わる。国内での子どもの臓器移植推進を切望する家族のストーリーと、長期脳死の子どもと共に幸せな時間を生きようとする家族のストーリーとは、どこまでも折り合いをつけることはなく、交換不能な立場性が堅持されたままである。それは法案が参議院に送られる前の、漠然とした非決定の状態にあった時期の特性であったのかもしれない。

祝祭の果ての迷走

テレビ朝日はどうであったのか。朝八時からの「スーパーモーニング」では、スタジオでのトークにおいて、大変に興味ぶかい迷走ぶりが見られた。ＶＴＲは、アメリカでの臓器移植を目指す家族の肖像を取り上げるなどして、移植推進の言説を構築した。それは前日の流れからの必然であったとも言える。その後でスタジオでのトークに移って、改正臓器移植法の特徴がフリップを使って説明された。これを受けてコメンテーターの山口一臣が語り始めた。「現行法が成立してから実際に移植が行われたのは八一件しかないという現実はかなり重たい、これから生きようとする人たちに軸足をおくとＡ案がよかったということになると思うが、ただ亡くなられた方の意思や本人の気持ちってことを考えるとちょっとＡ案には違和感があるということで、これ簡単には……」。コメンテーターの役割としては、バランスをとった、おそらく無難な回答であると言える。

しかし、司会者・赤江珠緒は「Ａ案に違和感」を語り始めたコメンテーターの発言に途中から強引に割り込み、憤って勝手に話し始めていく。「死生観って意味で考えると、今現行法だと心臓死じゃないですか。もちろんお子さんで脳死になった場合、生きていてくれているだけでうれしいというご家族の気持ちもわかるんですけれども、たとえば私の親が脳死になった場合、死として認められないとずっとそのまま医師も手を出すこともできないし、家族も手を出すことができない、それはそれで非常につらい状態のような気もするんですけど」。これにすぐさま、「そうですよね」と同意する声がかぶさっていく。

あまりにも愚直な感想の発露である。赤江は子どもの脳死の問題に触れ、その命の重さに配慮する振りをしながら、簡単にこれを打ち消してしまう。そして、脳死・臓器移植の問題を安楽死の問題へとスライドさせていくのだ。ここには脳死が本当に人間の死なのかという問題に関する科学的な発想は微塵もない。ただ生きていてもらっても困るという感情がすべてに優先する。脳死とは人工呼吸器を装着することで、かろうじて「命」を生きさせている状態であるが、赤江の発言はその呼吸器を取り外して窒息死へと至らしめることを肯定するものであるし、また、そもそも人工呼吸器を装着しない＝延命治療の非開始という事態へと、きわめて安易に踏み込みかねない勢いである。

そうした気分の延長に、「移植の道を開いていこうとすると、脳死を人の死と認めない限りはなかなか開けないことは現実ですよね」という、それ自体がきわめて誘導的な問いかけがコメンテーターたちに向けて発せられていくのである。これを引き取ったのが、先とは別のコメンテーター、大谷昭宏である。重々しげな語り口調で次のように言う。

「今回反対の理由の中に、若年者、特に一五歳未満は脳死といってもそこから先に生命体の状態が続いている可能性がある、ただ一〇年間で八一例しかなかったってことは果たして法律だけの問題だろうかって考えるべきなんです。つまり日本はレシピエントとドナーの間をすごく制限しているわけですよ、で海外でなんでこれだけいっぱい例が出てきているかというと、我が子は亡くなったけれどあの子の心臓はあの子〔レシピエント〕の中で生きている、あの子のブレスはここで生きている、ということで親御さんが子どもの死は悲しいけれどなんとか大勢のお子さんを救ってあげたい、やっぱり提供して差し上げて、命が生き永らえているということを親御さんが思ったら、決断しようという気になるかもしれない、そういうことの土壌なしに法律論とか死の定義だけでやっている限りは進んでいかないような気がする」。

何を言いたいのか、出口が見えにくい発言だが、その立場はいたって単純である。大谷は長期脳死の子どもの「生命」の可能性（つまりそれが死とは断言できないこと）を確認した上で、それでもそうした「生命体」からの臓器摘出を進めるにはどうすべきかを論じているのである。そして、法律だけではなく、アニミズムを持ち出し、長期脳死の子どもを持つ親の心に介入して臓器提供を認めよと迫っているのである。

まさしく、長期脳死の子どもと生きる親たちがもっとも恐れ、かつ、辟易していたのが、こうした大谷のような無神経な言説であった。つまり、今回の法改定が単なる「法改正」のレベルで止まることなく、社会的なレベルへと浸潤していき、長期脳死の子どもの生命を放棄させ、救える命を救うために差し出せということを当然視する空気の醸成だ。こうして、一方で安楽死を肯定する力線を張りながら、他方で他人の心を愚弄しながら臓器提供を迫るといった、死の言説が見事に構築されていく。たとえどれだけ慰めに充ちた善意の優しさを装おうとも、それはぶざまに愚鈍な猿芝居でしかない。

テレビ朝日が抱えた異物

だが、一一時二五分から放送された「ワイド！　スクランブル」で放送された本改正問題をめぐるテレビ朝日の言説構築には、甚大な亀裂が入る。番組の中で、「〝脳死は人の死〟に異議を唱える現場の医師」として、医療法人財団天心堂・松本文六理事長の電話でのインタビューが伝えられた。「脳死状態というのは死に至る一つの過程でしかない。体を触ってもあったかい、あったかいということがまず『これが死んでるの』って言いたくなりますよね。もう一つはですね、脳死状態の女性から子どもが産まれたっていうのはあっちこっちであるんですよ、日本でもありますし、外国でもあるんです。脳死を人の死としちゃったら、死体から子どもが産まれたってことになるじゃないですか。そういう基本的な議論ができてない」。こうした松本の発言は、「脳死は人の死だと断言できる」「脳死は人の死とする法案に特に問題はない」として移植推進の言説を組み立ててきたテレビ朝日の前提を、真っ向から否定するものである。

このように松本によってもたらされた裂開はスタジオでも別様な力線を描き出すことになる。コメンテーターの福岡翼は「臓器移植法、個人的には反対。いろいろ自分なりに考えてみると、脳は死んだけれど心臓は生きてるってわけですよね。だとしたら体があったかいかもしれない、爪が伸びる、髪が伸びる、血液は動いているっていうあたたかみが残っているということがあるならそれは死じゃないんじゃないか」。こうした発言は、先の「スーパーモーニング」では不可能であっただろう。

ただし、ここでもストーリーは単純ではない。福岡が言い終わる前に早くも司会が割り込み、また、ニュースキャスターが慌ててそれを引き取っていく。そして、「すべての脳死を死亡とすることではなくて、あくまで臓器移植を前提としている……」と語られる。だが、このキャスターの強弁は転倒している。福岡が「脳死は人の死なのか」と疑念を抱いたのに対して、司会とニュースキャスターは法律の運用面を強調することで、そもそもの疑念に覆いをかけてしまうのである。ここでのキャスターの論調は、たとえ臨床的に脳死状態になっても、法的脳死判定を拒否できるのだから、治療を続けたければ続ければいい、それでいいではないか、といったものである。

だが、法的脳死判定が行われるのはいかなる事態においてなのか、それが家族の代諾でなされるとして、臓器を摘出されるあたたかい身体は生きてはいないのか。福岡の問いは何度でも回帰されるべき問いである。そもそも「あくまでも脳死は人の死」とするところに、A案の大きな問題があったのだった。キャスターの強弁は誤認の上でのすり替えである。ただし、それでキャスターが代理した言説が前景に踊り出るのか、というとそうではなく、スタジオに用意され、フリップにまとめられた松本の言葉が、揺らぎの振幅を大きくする。福岡はなおも、ブローカーが暗躍する可能性、また、意図的に親が子どもを臓器移植の方へと誘導することへの危険性を訴え、発言することを決してやめない。

5　忘却と楽観の現在

二〇〇九年六月一八日に衆議院で採決された臓器移植法の改正問題について、いかなる報道がなされたのか分析してきた。それはその後参議院へと送られて法案が成立する前の、いまだ先行きが不透明な、どこか宙吊りにされた時間の中での報道であった。そのためか、さまざまなモードの組み合わせやシークエンスの連結の中から立ち上がるストーリーは単純に一つのベクトルに沿って成長していかず、相反するストーリーが生成しては衝突し、多様な方向へと分岐していった。国内での子どもの臓器移植を推進する言説構築のただ中に、臓器移植を否定する異物のような言説が打ち消し難く含み込まれもする。ストーリーの衝突や乱れは一つのＶＴＲの中に見られるのみならず、スタジオでのトークシーンにおける司会者とコメンテーターとの対立としても浮上するし、一つのテレビ局で報道された番組と番組の間でも、時間の推移の中で、さまざまな不協和音を軋ませるのであった。

単一のストーリーには還元できない、ポリフォニックなストーリーの衝突や破断といったものは、しかし、脳死・臓器移植という大変にデリケートな問題に真摯に向かい合えばこその結果であろう。それは残酷なテクノロジーであり、一方の生存には、他方の死が必要とされる。どちらか片方だけに目を届ければすむというものではなく、必ずやもう片方の命に注意を向けなくてはならなくなる。そうした感度や想像力があれば、どうしたところで、単純なストーリーで納得することはできはしない。長期脳死の子どもと共に生きる家族の姿がメディア上でこれほど豊かに伝えられたこと自体がとても貴重である。そうした映像は、それぞれに大事な命の問題を提起し、多様なる生のあり方を指し示すものであった。

だが、複雑なストーリーの絡まりがもたらす不協和は、いつしか鎮められてしまった。A案可決という衝撃と驚きと祝祭の空気が去った後、予定調和的に七月一三日には参議院で改正臓器移植法が成立した。そして、新しく法律が制定されてから、確実に国内での臓器移植の件数は増加していった。それで救われた命の幸福を願わないではいられない。だが、果たして脳死は人間の死なのか。その問いは、移植件数の増加という事実によって掻き消されてしまったかのようである。二〇〇九年六月一八日前後の映像には、ストーリーが錯綜していたとはいえ、しかし同時に、祝祭の高揚感の中で、現実の死を忘却し、移植の未来を楽観するベクトルが含まれていた。忘却と楽観。いま「当たり前」となった医療行為を前に、問いは失われ、忘却と楽観に染められたベクトルが太く現代社会を貫いていく。

だが、その後に多くの「不安」が残されている。医療テクノロジーは、医療現場を通じて、私たちの日常生活へと結びつき、現代社会における生と死をめぐる観念に大きな変更をもたらし続けている。脳死臓器移植の問題は、出生前診断や遺伝子検査、健康管理や新型感染症の予防（隔離）、植物状態と延命治療、尊厳死や安楽死、またiPS細胞を使った治療可能性の広がりなどと連接した、全般的な生命倫理の変質の一つの重要なパートとして、機能しているのである。痛みや苦悩のない健やかな生命体への果てしない志向という全体的な傾向の中で、しかしその光の強さが広げる闇の深さから、多くの「不安」は滲み出す。

本章で分析をしてきた、子どもの臓器移植をめぐるテレビ報道の中で、「不安」を口にしたのは、法改正に希望を見たレシピエントの家族ではなく、やはり長期脳死の子どもと共に生きる家族であった。法改正が直ちにその子どもに死をもたらすわけではもちろんない。しかし、その改正が日常的に実行されていく過程で、やがて命の価値基準が変更され、いつか平穏な暮らしを静かに脅かす刃となることを恐れていたのであった。長期脳死の子どもはすでに「死体」であるのかもしれない。その認識の転換は、その子どもを「生きるに値する命」の側から「生きるに値しない命」の側へと、じわじわと追いやっていくのである。ここで「不安」とは、直接的には長期脳死の子どもの生存をめぐるものであるが、また、「生きるに値しない命」をめぐる優生学的な線引きの問題でもある。さらには、その線引きが当たり前のものとして定着してしまうといった、社会的な自明性の構築の問題でもあるだろう。生と死が当の生命体のもとから切り離されて、医療と社会との取り決めへと静かに包摂されていくということだ。こうして、何か得体のしれない大きな力が、忘却と楽観のベクトルにのって、苦痛のない明るい未来を描き出し、いつしか取り返しのきかないかたちで、私たちの生と死の価値を決定し、管理する……。全体主義のディストピア、その薄気味の悪さが、「不安」の源泉となって広がっていくのである。

注

（1）かつてドナーカードの普及が大きく喧伝されたのも、本人の意思確認をとるためであった。本人の同意なしには、家族の意思がどうであろうと移植はできなかった。また、民法上、遺言ができる年齢を参考に、一五歳未満の子どもには自己決定権が認められなかったために、子どもの臓器移植は実質的に不可能であった。そして、人間の死の基準は心臓死と脳死のダブルスタンダードで、どちらを選択するかは個人の自己決定の問題であった。

第5章　新型インフルエンザ・パンデミックへのカウントダウン
――繰り返される「冷静な対応」

柄本三代子

1　「人類存亡の危機」としてのパンデミック

未来において起こるかもしれない危機に対する不安やリスクの語りにおいて、時間は重要な要素となる。「現在」において語られるリスクというのは、あくまでも未来に向かっての確率を意味するものである。したがって、そんなことが本当に起こるのかどうか、実は誰にもわからないのである。しかし、ありうるかもしれないことに対して、何らかの対応を決めておくということ、配慮しておくということは、当然のことながら私たちにとって重要なことである。リスクについて知れば知るほど、それに対する対処の必要性に迫られていくことになる。

二〇〇九年四月にメキシコに端を発し世界各地でまたたく間に拡大し、最終的には人類存亡の危機とすら恐れられるパンデミック（世界的規模での長期間にわたる感染爆発）に至ったという、人類未曾有の新型（ブタ）インフルエンザについて、ここで考えてみる。これは、当初ブタ由来であったインフルエンザウイルスがヒトへ感染し、「系統の異なるブタウイルスから二つの遺伝子が新たに組換わった遺伝子組成になり、ヒトからヒトへ効率よく感染できる能力を獲得し、パンデミックを引き起こすことになった」［正林・和田 2011：50］というものだ。

表5－1　新型インフルエンザ関連年表（2003-2009年）

2003年12月 ～2004年 1月	ベトナムやタイで高病原性鳥インフルエンザ（H5N1）発生，ヒトの発症および死亡例報告。日本国内でも発生。
2005年11月 1日	新型インフルエンザに関するブッシュ大統領演説
2005年11月12日	小児感染症学会でタミフル副作用による死亡例報告
2005年11月14日	厚生労働省，新型インフルエンザ「行動計画」発表
2005年12月	新型インフルエンザ及び鳥インフルエンザに関する関係省庁対策会議による「新型インフルエンザ対策行動計画」策定
2007年 3月	新型インフルエンザ専門家会議「新型インフルエンザ対策ガイドライン（フェーズ４以降）」策定
2008年 1月	NHK「最強ウイルス」放送
2009年 2月	内閣府「新型インフルエンザ対策行動計画」改定，「新型インフルエンザ対策ガイドライン」
2009年 4月	新型インフルエンザの発生メキシコで確認
2009年 4月27日（月）	WHO フェーズ３（パンデミックアラート期）を宣言
2009年 4月28日（火）	WHO フェーズ４（パンデミックアラート期）を宣言，舛添厚生労働大臣「発生宣言」，空港での「水際作戦」「検疫」開始
2009年 4月30日（木）	WHO フェーズ５（パンデミックアラート期）を宣言
2009年 5月 1日（金）	舛添厚生労働大臣フライング会見「日本人初の感染者」
2009年 5月 9日（土）	日本人「初」感染確認
2009年 5月16日（土）	国内「初」感染確認
2009年 6月12日（金）	WHO フェーズ６（パンデミック期）を宣言（日本時間午前１時）
2009年 8月15日	沖縄県で初の死亡例

ところで新型インフルエンザに関する報道は、その発生が確認された二〇〇九年に始まるわけではない。二〇〇〇年代に入ってからにわかに、新型インフルエンザ発生への警鐘が鳴らされていた（表5－1）。たとえば「新型インフルエンザの大流行は（中略）膨大な人数が同時に発病するので、さまざまな社会生活、社会機能が停滞し、社会全体の機能麻痺から崩壊へと進展する可能性もある」。「その結果予想されるのは、社会機能の崩壊とパニックの発生である。まさに人類存亡の危機といえよう」。「エネルギー・運輸・食糧などの基幹産業や中央管理体制の停滞・破綻が生じ、その影響はあらゆる領域に波及して、社会活動全体が麻痺し、社会機能が崩壊する危険性が危惧」といった言及が、二〇〇九年以前すでにあった［岡田・田代 2003：45，60，63］。WHO（世界保健機関）によって

表5-2　新型インフルエンザ・フェーズ分類

フェーズ6	パンデミックが発生し，世界の一般社会で急速に感染が拡大している。
フェーズ5	ヒトからヒトへの新しい亜型のインフルエンザ感染が確認され，大きな集団発生がみられる。パンデミック発生のリスクが高まる。
フェーズ4	ヒトからヒトへの新しい亜型のインフルエンザ感染が確認されているが，感染集団は小さく限られている。
フェーズ3	ヒトへの新しい亜型のインフルエンザ感染が確認されているが，ヒトからヒトへの感染は基本的にない。
フェーズ2	ヒトから新しい亜型のインフルエンザは検出されていないが，動物からヒトへ感染するリスクが高いウイルスが動物から検出。
フェーズ1	ヒトから新しい亜型のインフルエンザは検出されていないが，ヒトへ感染する可能性を持つウイルスが動物から検出。

出所：WHO 世界インフルエンザ事前対策計画にもとづく

も、二〇〇五年の時点で「世界インフルエンザ事前対策計画（WHO Global Influenza Preparedness Plan）」において各フェーズごとに対策と目標が設定されていた（表5-2）。このような動きを受け、日本でも同年に「新型インフルエンザ対策行動計画」が策定された。

一般の視聴者に向けテレビ番組でも、たとえばＮＨＫスペシャル「最強ウイルス」という番組が二〇〇八年一月一二日に放送され、新型インフルエンザとそのパンデミックに対する警戒がドラマ仕立てでわかりやすく広くよびかけられていた［ＮＨＫ「最強ウイルス」プロジェクト 2008］。

このように、二〇〇九年に感染拡大した新型インフルエンザの危機は、それ以前にたびたび発生していた「鳥インフルエンザ」と連なる現象として理解されつつ、パンデミック間近であるとして警鐘が鳴らされていた事態であった。先述したＷＨＯによるフェーズの発動が実際に起こったのが、二〇〇九年の新型インフルエンザの流行だったのだ。

このように、いつ起こっても不思議ではない、しかしいったん生じたなら人類未曾有の事態をもたらすであろうと考えられていた新型インフルエンザは、専門家によって警鐘が鳴らされ、またマスメディアにおいてもすでに取り上げられていた。つまり、恐れるに足る十分な知識が一般の人びとにもある程度行きわたっていたといえよう。

しかしここで検討する問題は「二〇〇九年新型インフルエンザ」に固有のものではない。筆者はこれまでに魚介類の水銀汚染に関する報道を検証し［柄本 2010b］、新型インフルエンザに関してもパンデミック間近として緊迫状態にあった時期（二〇〇四年一二月一日～二〇〇六年三月三日）のメディア分析を行ってきた［柄本 2006］。さらに二〇一一年には東日本大震災が起こっている。原子力発電所の爆発事故による放射能汚染に関する報道についてもかんがみると、これらに共通して繰り返されているのが、「正しい情報を」「正しい理解を」「冷静な対応を」という政府やメディアなどによるよびかけである。私たちに対し何かしらの危機が伝えられる際、これらの言葉が同じように繰り返される事態は何を意味しているのだろうか。本章ではこの点についても考えてみたい。

次の節では二〇〇九年以前の（報道）状況について、まずは「鳥インフルエンザ」の事例について概観する。どのようにして新型インフルエンザに対する「下地」ができていたのか、ということについてみていく。

2　新型インフルエンザ発生直前――しのびよる影「鳥インフルエンザ」

すでに「インフルエンザ」をめぐっては、少なくとも日本においては、先述したとおり二〇〇九年以前から大いに報道されていた。ここではまず、二〇〇四年から二〇〇六年にかけて報道されたデータにもとづき考えてみよう。つまり二〇〇九年時点での「近い過去」において「インフルエンザ」をめぐりどのような報道があったのかをここで概観しておくことは、発生時点で新型インフルエンザに関するどのような知識が社会的に蓄積されていた可能性があるのか、ということへの着目を意味する。

さて、二〇〇三年の暮れから二〇〇四年にかけて、山口県、大分県、京都府で鳥インフルエンザが発生した。その後、動物からヒトへの感染、ひいてはヒトからヒトへの感染（すなわち新型インフルエンザの発生）は時間の問題であるとされ、これに対する緊急の配慮が必要であることについては世界的な関心が集まった。つまり「鳥インフルエンザ」については二〇〇四年の時点で集中的に報道されていたのだ。この時の報道の具体的内容としては、二〇〇四年一二月一七日以降の日本国内における鳥インフルエンザのヒトへの感染の疑いに関する第一報や、二〇〇五年一月八日にベトナムの事例として、鳥インフルエンザに感染して死亡した子どもについての報道などが主である。そしてもちろん近い将来におけるリスクとしての「新型インフルエンザ」をめぐるものも含まれていた［柄本 2005, 2006］。いずれにしてもこのような事態は、一般の人びと、すなわち専門家でもない素人にしてみれば同じ「インフルエンザ禍」で括りうるものであり、「インフルエンザ全般」に対する脅威という雰囲気は十分に醸成されていたといえよう。

さらに新型インフルエンザに関して「現在においてまだ起こってはいないけれども、近い将来高い確率で起こりうる状況下」においてどのように報じられたのか（あるいは報じられなかったのか）ということについて考えてみよう。つまり、まだ発生していない新型インフルエンザがどのように一般の人びとへと説明されるのか、ということである。

先述したように、二〇〇四年一二月一日から二〇〇六年三月三日にかけて新型インフルエンザに関する報道の中でもテレビ放送の分析を行った際、この期間とくに集中的に報道がなされたのは二〇〇五年一一月一四日の前後であった。一一月一四日に報道が集中するきっかけとなった直接的な事象とは、先述したWHOによる新型インフルエンザ警報フェーズの発表にともなう、厚生労働省の新型インフルエンザについての「行動計画」発表である。しかし、その発表だけが報道のきっかけとなったわけではない。小児感染症学会（一一月一二日）で報告されたインフルエンザ特効薬とされるタミフルの副作用によって死亡した事例についての詳細な報道や、APEC首脳会議開催（一一月一八日）と新型インフルエンザ対策との関連、アメリカ大統領ブッシュの新型インフルエンザに関する演説（一一月一日）といった報道が含まれている。また鳥インフルエンザに関して、FDA（アメリカ食品医薬品局）の報告、中国で世界初の死亡例確認、インドネシアでの死亡例確認、などもあり、同時期に集中的に行われた報道は、複合的な事象を契機としたものであった。

番組内容の分析も重要であるが、時間の要素を問題関心に含むリスク論からすれば、メディア分析の際に重要になってくるのは以下の点である。すなわち、「感染がまだ確認されていない平常時」において新型インフルエンザに関する報道がなされるのは何を契機としているのか、という点である。このことはすなわち、健康リスクに関する情報がいかなる契機で視聴者へ送られるのか、ということでもある。「平常時」とはいってもこの期間にはすでに、アジア地域における他国で、先述したように高病原性鳥インフルエンザ感染による死者が出ており、「日本においては」という限定つきの平常時であることは言うまでもない。したがって、他国における事態は、どのような契機で、あるいはどのような人や機関の発表によって日本での報道に至るのかということも重要となってくる。

また報道の内容に関しては、当該国の文化や政治、その他の体制に対する言及ともセットになっている。とくに中国で鳥インフルエンザ感染者の死亡が発覚し、報道された際には、二〇〇二年から二〇〇三年にかけて世界中で大きな話題となった「SARS騒動」の際の中国の対応が引き合いに出された。ひとことで言うなら、中国の情報管理についての批判的意見が報道されていた。あるいは、他国での発生時における対処法が、ナレーションとともに映像で報じられ、国によって、まったく異なる対応がなされていることが強調されていた。その報道内容には当該国の「後進性」を示唆するものが含まれている。二〇〇九年の新型インフルエンザ報道においても、メキシコに関する報道に関して同様の指摘が可能であることについて、後述する。

以上のことから、ニュースソースが明確な報道であれ、番組内で明示されていないという意味で不明なものであれ、あるいはテレビ番組の種類（ニュース番組であるかワイドショーであるかなど）にかかわらず、以下のことが指摘可能である。すなわち、新型インフルエンザについての基本的情報（症状およびワクチン、予防法など）については専門家を登場させつつ「科学的に正しく」報じていたものもあれば、一見「科学的らしい指摘」の中にも客観的とは言い難い解釈が混入していたものもあった、ということだ。

しかし、ここでただちに以下のような注釈が必要となってくる。では「科学的正しさ」とは何か、という根本的問いについての考察である。つまり、「科学的に正しい報道」と「科学的に正しくない報道」の分析的線引きは、ことリスク報道に関してかなり慎重になされる必要がある。少なくとも社会学的関心から言えば、「科学的に正しい知見」と「科学的に正しくない知見」を切り分けることは目的としていない。たとえば仮に「科学的に正しい」とされる知識であっても、そこには科学的方法によるもの以外の「解釈」の余地が残されており、そのようなものを含む知識とはどのようなものであり、そのような知識が私たちの日常生活の理解にどう効いているか、という考察こそが重要である。このような関心は、本章において一貫している。

さて話をもとに戻そう。その他のインフルエンザに関連した報道としては、たとえば二〇〇五年六月七日付『産経新聞』では、家電メーカーシャープが開発した「除菌イオン」で鳥インフルエンザを死滅させる効果があるという記事や、ある企業ではインフルエンザ発生による業務不信を理由に、解雇される者が出てきたりしているという記事があった。このように、インフルエンザ発生に付随して（あるいは付随するものとして）、二〇〇九年以前すでに販売促進、雇用悪化など、さまざまな局面での「説明理由」として「インフルエンザ」が使われるほどに、「インフルエンザ禍」というものが社会的影響を与えていた。以上のようなことは、社会現象としてインフルエンザに対する恐れが広がっていたことを示している。逆に言うと「何らかの恐れ」として、あるいは「人びとの意に反した何かを強制するための根拠」として社会的に機能する／させるために、インフルエンザに対する恐怖がある程度広く周知され利用されていた、ということである。

3　水際作戦と防護服――「海外」での発生

ついに発生確認（四月二六日～二七日）

二〇〇九年四月に入って、メキシコ国内およびアメリカのテキサス州やカリフォルニア州で局地的な新型インフルエンザの発生が確認された。これを受け、WHOはパンデミックの可能性について早々に指摘している。日本国内の新聞各紙は二五日（土曜日）の朝刊からこのことを報道している。たとえば「最近数週間に豚インフルエンザの人への感染が相次ぎ、メキシコ市周辺で約六〇人が死亡した疑いがあることを明らかにした」といったものだ（『読売新聞』四月二五日付朝刊）。さらにまた、この時点で「動物－ヒト感染」のみならず、「ヒト－ヒト感染」がすでに始まっているとも報道されている。先述したように二〇〇四年の時点ですでに、新型インフルエンザの発生とそのパンデミックがもたらす人類存亡の危機と目される近未来の事態について、世界的に懸念されていた。そしてその近未来が現実のものとなったのである。とうとう「その日」が来たのだ。

ここではまず四月二六日（日曜日）のテレビニュースからみていくことにしよう。週末の番組編成ということになる

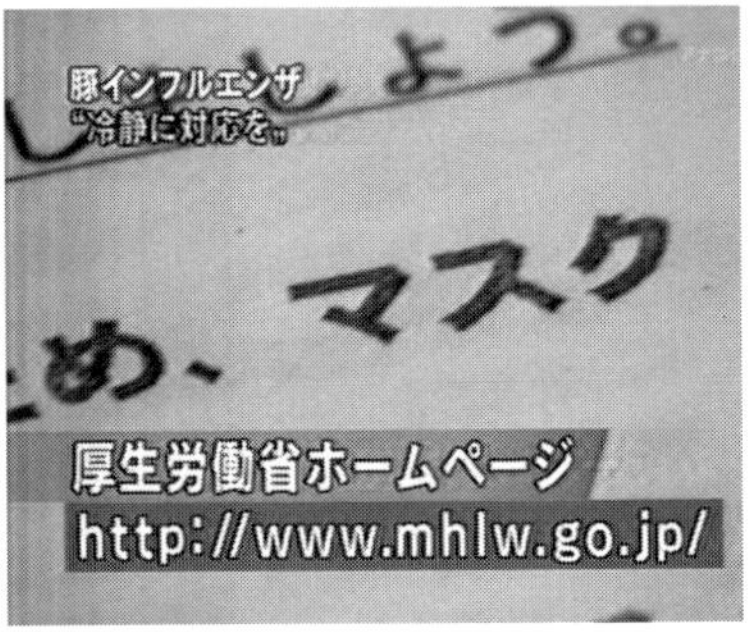

図５－１
（2009年４月26日放送 NHK「ニュース７」より）

ので、ここで主たる考察対象とするのはＮＨＫ「ニュース７」である。

番組冒頭では、まだ「豚インフルエンザ」とテロップが出ており「ヒト－ヒト感染」への言及に対しては慎重である。またこの時点では専門家においてもわかっていないことが多々ある、ということも同時に報道されている。しかしその一方でニュースの最後には「厚生労働省のホームページにも情報をのせて、正しい情報にもとづいて冷静に対応してほしいとよびかけています」との言及があり、図５-１に示すように厚生労働省ホームページの映像がそのまま使用された画面にそのＵＲＬが提示されている。これは「正しい情報の一元化」に寄与するものともいえる。つまり、「わかっていないことが多々ある」にもかかわらず、その一方で「正しい情報は厚生労働省ホームページで」ということなのである。これに関しては、二〇〇三年および二〇〇五年の魚介類の水銀汚染と摂食制限に関する報道についても同様であった［柄本 2010b］。すなわち、不確実性の高い事象に関して複数の専門家による複数の科学的解釈の可能性がある、ということが軽視されたまま「科学的正しさの一元化」も進んでいく傾向にあるのだ。ちなみにこのことは東日本大震災後の放射能汚染に関しても同様である。テレビニュースは独自取材を展開するのではなく、ホームページアドレスを提示することで報じる役目を放棄している可能性がある。またこのことはホームページへのアクセスが困難な人びとにとっては情報の遮断を意味する。

さて、翌二七日（月曜日）の時点で「ヒトへの感染」が確認された国は、メキシコ、アメリカに次いでカナダ、スペインと増加している。またニュージーランド、フランス、イギリス、イスラエルにおいて「感染の疑いが報告」されるなどして、世界的感染拡大の一途を急速にたどっている。

このような状況下における二七日の報道を見てみると、「メキシコで感染の疑い一六一四人、死者一〇三人、入院三七四人」という具体的数字とともに（ＮＨＫ「ニュース７」およびＮＨＫ「ニュースウオッチ９」など）、アメリカではナポリターノ国家安全保障長官による非常事態宣言が出されたことや（ＮＨＫ「ニュース7」など）、外食チェーンの松屋フーズがメキシコ産の豚肉を使った豚テキ定食を販売中止にしたことなどが報道されている。もちろん豚肉を食べてインフルエンザに感染することはないとされているが、販売する側からすれば「消費者の心理を考慮」したもの、ということになる（ＮＨＫ「ニュース7」など）。

しかし日本に住む者にとって、新型インフルエンザの恐怖は「わが身」には迫ってきていない。したがって、どの程度の危機であるかを視聴者にわかりやすく判断させるためには、「〈ＷＨＯが〉国際的に懸念される公衆衛生上の緊急事態、という認識を示しました」などと画面いっぱいのテロップや音声などで提示することになる（ＮＨＫ「ニュースウォッチ9」など）。

さて一方で、海外での発生を報じる際には、当然のようにその現地、この場合メキシコやアメリカの街頭での様子が映し出されている。まず、「リスク」がどのように表象されているか、という点についてみてみよう。映像としては「マスクを着用する町の人」「マスクを着用する集団」「観客のいないサッカー場」としてリスクが可視化される。一般の人びとの暮らしにどのような異変が生じているのかということについて、「飲食店の営業が停止になる」などの様子が伝えられている。遠い国を映し出すものではあるが、日本にもいつ来るかわからず、もし国内で感染者が出た場合、どのような影響が生活におよぶのかということの示唆でもある。

二七日までのニュースでは、メキシコ在住の日本人医師や、その他の海外に駐在している日本人の様子やインタビューが盛り込まれている。この中で、なぜメキシコだけで死者が出たのかという点について、メキシコ在住の日本人医師は「貧困」との関連で話をしている（日本テレビ「NEWS ZERO」など）。ここで注目しておきたいのは、先述した二〇〇四年のアジア地域における鳥インフルエンザ報道においてもみられた傾向である。すなわち、感染者の出た当該国や地域の「後進性」を印象づける報道がなされたのだ。メキシコに関しては、たとえば「医療格差」の問題が取り上げられ、健康保険に加入していない全国民中約四割の貧困層であることが指摘されている。街頭で行列をなす人びとに対しインフルエンザ検査を行う映像（日本では考えられない映像、と指摘可能だろう）とともに、メキシコの「検査体制が整っていない医療事情」が説明される。これらの映像と音声による言及は、世界的感染拡大の背景には社会的問題があるとの指摘であり、人為的問題の介在を意味するものである。しかし、同様に感染者が増え続けるアメリカについては、メキシコとの間の国境封鎖をしたくてもできないためと説明され、アメリカにおいても「無保険者」問題は深刻で医療格差問題があるにもかかわらず、アメリカの「後進性」については指摘がなされない。社会的問題が背景にあることは認めるとしても、同じ問題があっても感染源（人、国）の違いによって、異なる印象づけがなされているということはいえるだろう。

飛行機内検疫開始（四月二八日火曜日）

先述したように、二七日早々にはWHOによってパンデミックアラート期に相当するフェーズ3との発表があった。報道では、島国である日本国内への伝播を不安視する言及やイメージがそれに続くのであるが、その際には「空港」や「飛行機」、すなわち「水際」の映像が多用された。ニュースに登場する麻生太郎首相をはじめとする政治家や専門家、およびアナウンサーやコメンテーターの口からも「水際対策強化」という言葉がさかんに出てくる。ここに至るまでに、メディア内外のあらゆる場面において何度も水際対策の徹底が重要であるという言説が繰り返されるのである。

この意味で四月二八日（火曜日）というのは重要な転換点となっている。振り返ってみるなら、報道量と内容からいって新型インフルエンザ報道における「最大の山場」は、国内においてまだ発生確認すらされていないこの時期であったといってよい。この日にはWHOによるフェーズ4への引き上げ宣言があった。これを受け舛添要一厚生労働大臣が新型インフルエンザ等感染症の発生を正式に宣言した。新型インフルエンザの発生が宣言されたと同時の、フェーズ「3から4へ」の引き上げは、近い未来に起こりうる「4から5へ」の、あるいは最終的な「5から6へ」の引き上げを予期させるものでもある。「新型インフルエンザ対策行動計画」では、フェーズ4の宣言が行われた場合「内閣総理大臣及びすべての国務大臣からなる『新型インフルエンザ対策本部』を設置し、水際対策等の初動対処方針について協議・決定する」となっている。したがってこの日から本格的な「水際対策」が展開し、これについて大々的かつセンセーショナルに報道されていくことになる。

いわゆる「水際対策」「水際作戦」を象徴するものとして、その後、図5-2に示すような「防護服」というテロップとともに、ものものしい「防護服姿の人びと」が飛行機に乗り込む様子や、旅客機機内で行う「検疫」の映像（搭乗客が私的に撮影したものも含む）が、この二八日以降頻繁に報道され始める。このような「防護服姿」は、まさに「危機」を象徴する映像といってよい。一連の新型インフルエンザ報道の中でもっとも頻繁に登場した映像は、まさにこのような「水際対策」のそれであろう。さも「未知の外敵」が侵入してくることが想定される非常事態である、ということを示す態勢は、たいへん画になる。すでに鳥インフルエンザ発生の際にもたびたび登場した防護服であるし、東日本大震災による原子力発電所事故後に放映された、線量の高いエリアの作業に従事する人びとが同様の防護服を着用している映像は、多くの人びとにとって記憶に新しいところだろう。後述するところではあるが、最高フェーズであるパンデミック時でさえ、この時ほどセンセーショナルな扱いはされなかった。

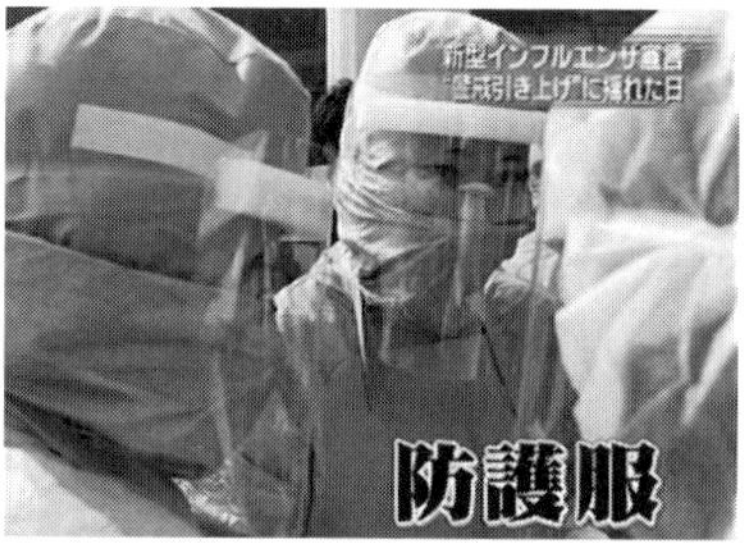

図5－2
（2009年4月28日放送フジテレビ「LIVE 2009ニュースJAPAN」より）

「侵襲からの防護」「戦っている」「外敵から国民を守っている」、そういったわかりやすい図式と、それを象徴する「画になるもの」すなわち「防護服」がこのタイミングで多用されたのである。このことは、「国民」をあるいは「国民の健康」を守るという政府／政治家の姿勢がわかりやすい形で描かれる、ということに等しい。「この映像は毎日のようにテレビで放送されました。画像と同時に検疫を強化し国内に一人の患者も入れないように全力を挙げて取り組んでいる、という政府の方針がアピールされました。新聞や週刊誌もこぞって日本の検疫体制を評価し続けました。そして検疫強化の対策が『水際対策』というネーミングのもと、日本を恐ろしい感染症から守る唯一の効果的な方法としてクローズアップされていった」という、実際に働いていた検疫官による指摘もある［木村 2009: 50–51］。

しかしここで重要なのは、国内「からの」発生が度外視されている、という点である。潜伏期間のことを考えれば、「決死の戦い」という様相を呈している「水際」での捕捉は、実は確率としてはそう高いものではない、ということも指摘されているのだ。実際、この「水際対策」については、その効果について後日さまざまな疑問および反省点が出ているのである。たとえば、二〇一〇年六月一〇日に開催された「新型インフルエンザ（A/H1N1）対策総括会議」の報告書によると、「水際対策の効果については、検疫により感染拡大時期を遅らせる意義はあるとする意見はあるが、その有効性を証明する科学的根拠は明らかではない」「『水際対策』とその用語については、『侵入を完璧に防ぐための対策』との誤解を与えない観点から、その名称について検討しつつ、その役割について十分な周知が必要である」との記述がある。(1) この点については、当時の報道の中でも言及があった。たとえば四月二九日フジテレビ「LIVE 2009 ニュースJAPAN」では、獨協医科大学の教授が登場し「潜伏期間時の検疫では症状も異常も出ない可能性があります。検疫体制の限界というものを理解していくということが大切」と述べている。一方で同番組内では「正しい情報にもとづいて正しい行動をとることが大切」であるとも述べられている。水際対策のように専門家が「正しく」（より正確にいえば「正しそうに」）やっていることにも限界があるのであるから、一般の人びとのとれる「正しい行動」にも当然より多くの限界があるはずだ。しかし、専門家の限界については等閑視したままで、「正しく行動せよ」と一般の人びとに、より多くの責務を課しているのである。

またさらに、当時の厚生労働省健康局新型インフルエンザ対策推進室長は「水際対策」について、後に次のように述べている。「対策全般を通じて最も苦労したのは、実は情報発信やマスコミ対応である。検疫については当初機内検疫のみがクローズアップされ、連日ガウンを着た検疫官の対応ぶりが報道され、水際で国内への感染の流入を食い止めてほしいという国民の期待感の高まりに相当苦しんだ」［正林 2011：361］。もちろん「連日の報道」イコール「国民の期待感」と断じることはできない。しかし「連日の報道」を「国民の期待感」の表れであると、専門家やあるいは政治家が受けとったということは考えられる。このことは「国民の安心」のためには、科学的根拠がうすいこと（あるいは専門家の間でも優先度が低いと思われていること）もやってみせることが優先されるということである。つまりわかりやすく「何かをやっている」ことを見せることにこそ意義があるのであって、その実質的効力については後回し、ということにつながる。このような決定には「国民を守っているということをわかりやすく画として見せる」という政治的判断が大いに介在しており、それはいわゆる「科学的正しさ」とは一線を画すものと考えざるをえない。

さて、見せられて安心するための（国民を安心させるための）「万全な態勢」とは、しかし裏を返せば不安を過剰に煽るということと等しい。逆説的ではあるが「このような脅威ではあるがそれに対してこれだけやっている」という安心感を得るためには、それなりの不安が必要である。不安を克服（しようと）することによってのみ安心感を得るのであるから、さらに安心するためには何らかの不安を解消することが必要となってくる。これだけやっている、ということはこれだけやらねばならないほどたいへんなことになっている、この防護が破れたらたいへんなことが起きる、というメッセージでもある。このことに関しては「毎日防護服を着て飛び回る検疫官の姿を映し出すことによって、H1N1インフルエンザが何か特別の病気で、ひとたび罹ったら死んでしまう、といったイメージを世間に植え付けた」［木村 2009：60］という指摘もある。

4　最高の政治的見せ場「フライング会見」

バンザイ会見（五月一日金曜日）

新型インフルエンザ国内感染確認以前の時点で、もっとも注目しておきたいのが、五月一日の一連の報道である。前日にはWHOによるフェーズ4から5への引き上げがあり、緊張がピークに達したといっても過言ではない状況が、少なくともニュース空間にはできあがっていた。各局いずれも番組冒頭で詳細に報道する状況が続いている。新型インフルエンザ報道の絶頂、すなわち政治家にとっては「最高の見せ場」といってもよいこの日には、実はまだ「日本人」にも「日本国内」にも何も起こってはいなかったのだ。

五月一日午前一時半ごろ、日本人初の感染者が出たということで舛添厚生労働大臣が会見を開いている。これまで述べてきたように「今か、今か」とすでに国民の関心は十分に高くなっており、政治家としては最高の見せ場がついに来たのである。大事な見せ場でどうふるまうか、ということについては入念に準備がなされていたのであろう。しかも「真夜中」「未明」の会見であることがさらに緊迫した印象を与える。ところが、感染が疑われた当該人物については「陰性」であることが数時間後の同日早々に判明してしまった。したがって、同日夕方以降のテレビニュースでは、同日未明の記者会見の様子とともに「陰性」であったこともあわせて報道されることとなる。

このフライングともいうべき「ミス」は、政府やマスメディアにとっては期せずして「日本人初」の感染者が確認された時の報道はどうあるべきか、どのように受けとめられるのか、付随して何が起こるのか、ということのリハーサルとなったと同時に、反省材料を与えるものになった可能性もある。

医学的あるいは疫学的な意味では、また政府主導の「リスクコミュニケーション」（後述）という意味でも、事実無根の間違いであったこの会見はとくに検討に値するものでもなく、無かったも同然といってよいのかもしれない。しかし「リスクをめぐるコミュニケーション」という意味では、この会見が社会に投じた意味を問うことは重要である。つまり、分析視点からするとこのフライング会見のもつ意味は大きく、いったん「日本人初の感染者」が見つかったらどうなるのか、どんなことが起こりうるのか、関係した者はどういう目にあうのか、という恰好のデモンストレーションとして人びとは学習したのである。

「感染対策初動の〝死角〟」というヘッドラインとともに、この五月一日時点での事態がどのように報道されたのか、フジテレビ「LIVE 2009 ニュースJAPAN」を例として、以下で検討してみよう。アンカーである滝川クリステルが番組冒頭で話を切り出すのであるが、その背後ではハンカチを握りしめ涙をぬぐう一人の男性の映像が流れ続けている。これは、感染が疑われた（しかし「シロ」と判明した）横浜の男子高校生が通っていた高校の校長である。午後五時三〇分の厚生労働省の会見の様子が流れ、手元の資料を「当該患者はヒトH1季節性インフルエンザに感染していることが確認され、新型インフルエンザへの感染は否定されるものと考えられる」とスーツ姿の男性（おそらくは厚生労働省職員）が読み上げる。この直後に先述した校長の会見の模様が流れ、震える声で「バンザイです」と述べ、ハンカチで涙をぬぐう様子が流れるのだ。この「バンザイ会見」の模様は他の局もこぞって報じているのであるが、「バンザイ」の裏を返せば、「陽性」と判断された場合の誹謗中傷などを含む社会的制裁の恐ろしさを十分に予期させるものといってよいだろう。

ニュースの中で発生源（感染者あるいは発生した機会）を探ることは、しだいに「犯人探し」の様相を呈してくる。感染した者は病原菌をまき散らす「悪」としてみなされる可能性があり、本人の責任が問われる。このような事態はすでに「冷静」とはいえない。しかし、未曾有の事態が生起した場合、当然科学者を含め誰にも予測できないことがありうるし、身に迫る健康リスクを回避したいと誰しもが思うであろう。そこで万人が「科学の不確実性」という壁にぶちあたり、近い将来において身に迫りうる危機のすべてに関して疑心暗鬼とならざるをえない。

さらに五月一日「フライング会見」の特筆すべき点として、国と「感染者」の出た横浜市との「足並みの乱れ」に注目が集まった点が指摘できる。厚生労働省側（とくに舛添厚生労働大臣）と、初の感染者として間違って報じられた男子高校生の在住する横浜市（とくに中田宏市長）との間での「連絡の欠如」が「いざこざ」として表面化し報道された。具体的にみてみよう。同日午前九時半ごろの会見で舛添厚生労働大臣が次のようにインタビューで述べている。「組織として危機管理に問題があればぜひこれを見直していただきたいし、改善をお願いしたい」と、連絡が取れなかったことに対し横浜市の危機管理体制を批判している。これに対し中田横浜市長は陰性判明後の会見で「ちょっと振り回された感じですね。ぜひ落ち着いて仕事をしていただいた方がいいですね舛添大臣には」と批判を返す形となっている。フライングの責任を押しつけあうかのようなこの「いざこざ」は「冷静な対応」とはとてもいえない。視聴者や国民に対しては、何らかの危機に際して常に「冷静な対応を」とよびかけられるのであるが、「冷静な対応」が求められるのはもちろん視聴者や国民だけではないという好例である。「冷静な対応を」とよびかける側の冷静さに欠けた態度にも関心をもち続けねばならない。

高まる緊張

この五月一日には香港で、すなわち「アジア圏において初」の感染者が確認されたことも大きく報道されている。この感染者は、香港を訪問中のメキシコ人旅行者である。報道では香港の映像が流れるのであるが、やはり何らかの作業（何であるかは詳細不明）を行う「防護服姿の人びと」の映像が使用されている。

一方日本では、アメリカから帰国し感染が疑われていた名古屋市の男性会社員は新型インフルエンザではなかった、ということが報道されている。名古屋市役所からの中継が入り、河村たかし名古屋市長の会見の模様が流される。市長の会見を報じずとも、番組内で検査結果を伝えることは可能であったはずだ。しかし先述したように、政府関係者や行政府の責任者を画面上に「画」として登場させることによって、危機管理体制がいかなるものであるか、ということを強く印象づけることに成功している。

それと同時に、「人類の存亡の危機」において政治家としていかにふるまうかということも、当該人物にとっては十分すぎるほど重要になってきているはずである。リスクとその報道、さらには「リスクをいかに表象するのか」ということは、彼らにとっては危機管理上の行動力や決断力をいかに示せるか、ということと強く結びついている。この意味において「政治的に」重要な局面であり、わかりやすく言うならこれ以上ない「見せ場」であるといいうる。

これに関連して、フジテレビ「LIVE 2009 ニュースJAPAN」において解説委員の男性が、舛添厚生労働大臣による未明の「フライング会見」について、「緊急に会見を開いて情報を発信しようという、そういう姿勢は評価したいと思う」と肯定的に述べている。そう述べた直後には、メキシコ政府による新型インフルエンザ発生の公表が遅かった点が感染拡大の原因であると批判的に述べている。公表の時点で感染の疑いのある人が一〇〇〇人にも達していた、と述べるのだ。具体的には感染者第一号とされるエルナンデスくん（五歳）とその母親の映像が流れ、彼に症状が出たのが三月下旬であり、メキシコ政府公表の一ヵ月前であったと、インフルエンザウイルスの映像とともに報じている。日本政府関係者についてはミスであっても評価し、海外政府に対しては厳しく批判しているといえる。こうした評価や批判が妥当であるか否かということよりも、その根拠が説得力のある形で番組内において示されているかどうか、ということはいずれの報道においても分析視点として重要である。しかしこの場合、根拠は薄弱なまま番組は進行しており、視聴者は「評価された／悪くない」「非難された／悪い」という部分にだけ注目する可能性があることも看過できない。

先述したように、今か今かと「十分に予期されていた突然」であるから、「十分に準備が整っているはずの突然」ということでもあり、国・政府関係者および政治家にとっては、自分（たち）の危機管理能力や行動力を示す絶好の機会であったはずだ。検査結果が数時間後に確定するのを待たず、「未明」に会見を行ったことも、迅速な対応を印象づけただけでなく、「緊迫感を高めること」にも寄与したといえよう。したがって先述の番組内において評価された「姿勢」というのは、「十分に予期されていた突然」だからであって、ほとんどの場合「十分に準備が整っていない突然」であるはずの他の危機の場合にも、確定を待たずフライングする姿勢が繰り返されるかは疑わしいのである。

さてここまで述べてきたことは、水際対策を重要視する際「守られているはず」の国民としての、つまり「日本人」としての危機とそれにまつわる緊迫感、ということになる。すなわち水際対策が有効なものとして報じられている限りにおいて、そこで「守られている」とされているのは「まだ新型インフルエンザに罹患していない日本（国内の）人」ということになる。この意味において、感染者の出ている「外国」「外国から来た人」「外国人」に対して、いまだ感染していない守るべき「国民の身体」が排他的に構成されている。このことを念頭におきながら、いよいよ「日本人の中に、そして日本の中に感染者が出る」という次の展開について考えてみよう。それはあれほどに守り抜いた水際が突破されるということであり、水際作戦の失敗を意味するのだ。

5　水際作戦の成功と失敗——二つの「初」

フライング会見でこれだけの緊張と軋轢が生じるのである。では、本当にこの水際が突破されてしまった際には、いったいどのような緊張感がテレビニュースをかけめぐったのであろうか。本番ではさぞかし緊張感は高まるのではないか、と予想される。

この後の推移において重要なのは、「日本人初」なのか「国内初」なのか、という点である。つまり水際において「日本人初」の感染者が見つかり捕捉されるということと、国内某所において渡航歴のない日本人に「国内初」の感染例が見つかるということとは意味が異なる。前者はある意味で水際作戦が功を奏したということであるが、後者はその失敗を意味する。いずれにしてもこれらの事象は、メキシコでの発生確認以来あれほど恐れていた「その時」がいよいよ到来した、つまり水際突破によるインフルエンザという「外敵」の国土襲来ということを意味するのである。

水際捕捉成功という政治的判断（五月九日土曜日）――「日本人初」

五月に入ると発熱患者に対し診療拒否する医療機関が出てくるなど、一般の人びとはもちろんのこと、医療関係者など専門家の対応にも冷静さが失われてきている。そのような状況下において、日本人初の感染が確認されるのが五月九日であり、この日は土曜日であった。週末の番組編成であることから、ここではＮＨＫ「ニュース７」とＴＢＳ「情報7days ニュースキャスター」を中心に検討することにする。

ＮＨＫ「ニュース７」の冒頭では、成田空港内に着陸した旅客機、そこに横づけにされた救急車、タラップから駆け降りてくる防護服姿の人物、といった騒然とした様子が伝えられている。番組開始後のアナウンサーの第一声は「国内で初めて新型インフルエンザの感染が確認されました」である。しかし一方で、成田空港での日本人初の感染者「捕捉」は、「国内での発症」とはみなされていない。たとえば麻生太郎首相は、番組内インタビューにおいて「空港なり水際でちゃんと捕捉できた」と述べている。「海外において」感染、発症した者（たまたま日本人だった）が帰国したということであり、「国内」では発生していないという政治的判断が示され、水際作戦の正しさが誇示されたのである。

いずれにせよ、この段階でもやはり繰り返し言及される「水際作戦」を表象する映像として重要な意味をもってくるのが「防護服」である。たとえば「機内での防護服姿の人たち」の映像は、乗客が提供した静止画像によっても報道された。素人っぽさが臨場感を高めたと同時に、それらの画は言うまでもなく日常の風景とはとても言い難く、未知なる新型インフルエンザの恐れを感じさせるに十分であったといえよう。

また「水際」での捕捉成功が語られると同時に、防疫がいかに重要であるかについてもまた、番組内でさまざまな登場人物の声によってますます強調されることになる。たとえば感染が確認された高校生三人が入院した成田赤十字病院内の病室が映し出され、ウイルスなどが外に漏れない「特別な病室」であることが映像とともに音声で説明される。もちろんこの「病室」は千葉県成田市にあるという意味においては国内ではあるのだが、水際での補足成功という文脈においてこの「成田」は国内とは認識されないのである。

五月一日の段階で「未明のフライング会見」を行った厚生労働大臣であるが、本番である九日の会見は、二度目の「初」ということもあり落ち着いた様子で「昨日五月八日、アメリカ合衆国デトロイト経由で帰国した三名について、新型インフルエンザＡＨ１Ｎ１ウイルスが検出されましたのでご報告申し上げます」と手元のメモを冷静に読み上げている。

次に感染者が所属する高校の校長による会見の模様が報じられるが、ここで特筆すべき点として、感染者個人の責任についての言及がある。カナダ滞在時にマスク着用の指示があったにもかかわらず、当該高校生らは帰国直前までマスクを着用していなかったことについて、校長に対し会見内で説明が求められたのだ。校長は弁明し、その模様も放送された。これはＴＢＳ「情報 7days ニュースキャスター」でも同様である。

番組では続けて、機外に出てから症状を訴えた感染者については、本来であればその座席周辺最大一一人が停留対象であったはずであるが、そのまま入国してしまった人もいることが述べられた。また、停留を受けていない他の人たちについても、その後一〇日間ぐらいは必ず連絡がとれる場所にいることが要請されている。あるいは河村建夫官房長官に対するインタビュー内でも「これから国内での二次感染も考えられる」との談話を引き出してきている。このようにニュース内のもろもろの指摘は、水際での捕捉成功という政治的判断が下されたとはいえ、今後の国内感染の広がりを予期させるものであり、感染が確認された場合、その人物と周囲はどのような扱いを受けることになるのか、というある種の「バッシング情報」も盛り込まれていたのだ。

さらに日本政府の対応として、河村官房長官と舛添厚生労働大臣および関係省庁の局長らが総理大臣官邸に集まって、対応を協議する会議を行った模様が映像とともに報じられている。会議では「国民に対して正確な情報にもとづく冷静な対応をよびかけるほか、感染者と同じ旅客機の乗客の体調を把握する追跡調査などを行って国内での感染防止に全力を挙げることが確認されました」と、音声で示されている。これだけでは視聴者には具体的なことは何も知らされていないに等しい。しかし映像では、政府の要職に就く者たちがテーブルを囲み、とにもかくにも議論が行われ深慮している様子が映し出されている。

一方で同日のＴＢＳ「情報7days ニュースキャスター」は、番組冒頭はレギュラー出演のビートたけしとアナウンサーのかけあいから始まる。この日は大相撲が「あすから夏場所」ということで「こんな力士はイヤだ！」という内容で「ビートたけしのオープニングトーク」として始まる。通常はオープニングの後に一週間のニュースのまとめが来るのであるが、この日は新型インフルエンザについての報道が先にまとまってなされていることから、硬派のニュース番組とはいえないこの番組でもやはり、「日本人初」のニュースバリューが認められていたと判断できる。

水際作戦失敗としての「国内初」（五月一六日土曜日）——始まる「国民」の分断

さて先述したように「日本人初」というフェーズの次に来るものとして予想されるのが「国内初」である。報道を検証する際にも、さらに危機が高まる次のフェーズとして重要になってくるのが「国内初」の感染・発症確認である。「国内初」が意味するのは、すなわち、政府や専門家の説明によれば水も漏らさないはずの防疫体制をくぐりぬけて、ヒトからヒトへの感染が日本国内で現実化していることを意味する。したがって「日本人初」よりも「国内初」の方が、社会的にも政治的にもより重要な意味をもつことになるはずだ。つまりこのことは、国内での感染者の移動と接触を意味しているのであるから、ことさらに強調されている「水際作戦」の、ある意味において「失敗」を決定づけるものでもある。

さて「日本人初」に続くふたつ目の「初」、すなわち「国内初」が生じたのは五月一六日で、やはり土曜日であり、もちろん週末の編成である。ここでもまたＮＨＫ「ニュース7」とＴＢＳ「情報7days ニュースキャスター」に注目してみよう。

いよいよの「国内初」であるにもかかわらず、ＮＨＫ「ニュース７」において冒頭の画は鳩山由紀夫であった。つまり冒頭のニュース画像として使われた映像は、民主党の代表選挙により鳩山由紀夫が新代表に選出された模様なのである。その次に「海外に行っていない高校生が感染していました。水際の検疫以外で国内で感染が確認されたのは初めてです」と、新型インフルエンザ感染者が出た兵庫県の高校の校長の会見映像とともに報道された。このように、オープニング終了後のコーナーで初めて新型インフルエンザが扱われている。

このニュースの中で、感染者の出た高校の校長がマスク姿で登場する。ちなみにこの時点ですでにマスクをすることは「国民の義務」とすらいいうる状況ができあがっている。「海外渡航歴が無いということで、なぜ感染してしまったのか」と囲みの取材において答えようのない問いを投げかけられた校長は、インフルエンザに関する専門家でも何でもない。「部活動も一生懸命やる生徒ですし、いろんなことに一生懸命取り組んでいる生徒です。ですから、どこでどうなったのかというようなことを聞かれましてもですね、わからないとしかいいようがありません」と、素人の態度としてはきわめてあたりまえの「よくわからない」応答をしている。しかしこの発言についてさらに考えてみるなら、感染者は「部活動を一生懸命に取り組んでいるまじめな生徒」であることがまず主張され、したがって「新型インフルエンザなんかにかかるはずがない」とも解釈可能だ。この時点ですでに感染者に対する激しいバッシングは始まっており、感染者の自己責任および学校の管理責任が厳しく問われる事態となっていたのである。校長としては生徒をかばったということであるし、学校や自らの責任を可能な限り回避したいという思いだったのかもしれない。このことは、まったく逆の結果となった際の「バンザイ会見」校長のことを考えれば、容易に理解できる。

また感染者が出た兵庫県の知事も会見し、非常事態宣言とともに「正確な情報にもとづき」「冷静な行動を」とやはり空虚な呪文としかいいようのない言葉を繰り返している。

同日のＴＢＳ「情報7days ニュースキャスター」では、「兵庫県立兵庫高校の女子生徒５人が新たに新型インフルエンザに感染確認」というニュース速報（テロップ）が番組冒頭で入るが、これについての言及および詳細は後回しにされる。冒頭の「ビートたけしのオープニングトーク」（裁判員制度の開始を控えていることから「こんな裁判員はイヤだ！」）で番組は始まる。一週間のニュースを振り返るという次のコーナー「今週のニュース7days」のトップはNHKと同様に「民主党代表選」であり、次が津軽海峡冬景色を作曲した「三木たかしの死去」、「小室哲哉被告の執行猶予付き判決」、「福岡三児死亡『危険運転』で懲役二〇年」、「カンガルーに矢」、「背泳ぎ世界新」、「石川遼まただ快挙」、「愛知三人殺傷家族と異なるDNA」と続いた後、ようやく九番目に「新型インフル　初の国内発生」が報じられることになる。この時点ですでに番組開始から七分以上が過ぎており、この後も他の「一週間のまとめ」が続く。このコーナーが終わり、いよいよ本日のメインとばかりに最初に報じられたのは、既婚女性と二泊三日したという「熱海の恋の物語」による鴻池祥肇官房副長官の「辞任」である。続いて「エコポイント　スタート！」および民主党代表選が報じられ、新型インフルエンザ「国内初」についてまとまって報道されるのは、番組開始後すでに四五分たってからであり、しかも三分という短さである。このすぐ後には芸能ニュースが続く。明らかに「熱海の恋の物語」よりも扱いが軽い。少なくとも「国内初」という深刻で重々しい雰囲気はまったく欠いている。

一方でこの時期すでに「成田空港に勤務している」あるいは「友人に外国人がいる」といった理由で、発熱患者に対する診察を拒否する病院が相次いでいる（『毎日新聞』五月五日付朝刊）。専門家もすでに冷静な対応ができなくなっている状況下において、感染した高校生の学校や、その所在地である大阪府寝屋川市役所などに対し、電話やインターネット掲示板を利用して「成田から帰ってくるな」「どうしてあんな学校がカナダ留学にいくのか」「謝れ」「賠償しろ」「バカヤロー」「税金使ってウイルス輸入。何やってんの？」といった誹謗中傷が生じている（『産経新聞』五月一五日付朝刊）。このように、罹患した際には、あるいは身近に罹患した者が出た場合、差別と偏見に満ちた事態へ巻き込まれる可能性を意味している。日常を生きる者たちにとっては、身近な他者の感染可能性が現実のものとなり、「水際」を突破した新型インフルエンザの感染者は、未感染のわが身に危険をもたらす「敵」あるいは「犯人」であるかのようにみなされてしまう。

このように、当初水際作戦によって防御されていたはずの「国民の健康」「国民の身体」は、感染者／非感染者といった「個人の健康」「個人の身体」の問題へと分断され、国家あるいは国としての緊張感から、個々人間の緊張感へと変化してくることになる。「私たち」の中のある者たちが感染したのである。感染した者からわが身を守らねばならないということは、感染した者の徹底的かつ社会的排除をも意味することになってくる。

6　日常的風景に埋没したパンデミック宣言

国内での感染もすでに日常化した六月一二日（日本時間午前一時）に、フェーズ6への引き上げ、すなわち人類存亡の危機と目されたパンデミック宣言がＷＨＯより出された。あれほど恐れられていた事態にとうとう至ったにもかかわらず、その報道のされ方は以下でみるとおり平凡な日常の風景に埋没してしまっていた。もちろん、いまだ感染者数は国内においても海外においても増大しており、その後も新型インフルエンザの本格的感染拡大はまだまだ続くのである。しかし、先にみてきたような、日本人から出たのか否か、上陸しているのか否か、という「水際の関心」からは遠ざかってしまっている。この時期に「政局」が大きな動きをみせていたことも相対的にニュースバリューを低減させることにつながっている。

同日のＮＨＫ「ニュース7」からみてみよう。トップは、日本郵政の社長人事をめぐって鳩山邦夫総務大臣が辞任したニュースで始まり、大阪府富田林市で高校生の遺体が見つかった事件の報道が続く。放送開始一四分一八秒後からようやくパンデミックが報じられるが、約二分五〇秒という短い時間にすぎない。とはいえ「感染が集中する地域の医療体制はパンク状態に近い」という、感染発生そのものではなく医療体制に関する緊迫した状況については報道されている。

ＮＨＫ「ニュースウオッチ9」も同様に、冒頭の約二五分間が鳩山辞任で、次の約五分間が核実験を行った北朝鮮に対する安保理の制裁決議案採択、パンデミック宣言は三番目で約五分間弱である。テレビ朝日「報道ステーション」でのパンデミック報道は放送開始二九分三九秒後からの約五分間であり、ＴＢＳ「ＮＥＷＳ23」も同様に放送開始後約一五分たってからようやく三〇秒間報道したにすぎない。フジテレビ「LIVE 2009 ニュース JAPAN」に至っては、「鳩山大臣更迭」、「北朝鮮への制裁決議」、「中国の軍拡」などに続き、「大阪府富田林市の高校生殺害」、および「タンクから女性の遺体が発見」されたニュースと続くが、パンデミックについては報道されていない。日本テレビ「NEWS ZERO」でもやはり、パンデミック宣言について報道されていない。

いよいよその日が来たかという事態ではあるが、パンデミック宣言が「そのうち出る」ことが誰にもわかってしまっていた新鮮味に欠ける状況下において、新型インフルエンザにまつわる風景や報道はすでに日常の中に埋没しており、ニュースバリューは低いと判断されていた。しかし、日常の中への埋没は「この私の身体」への侵襲が身近になったことを意味している。

一方で、海外へ渡航する予定のある人、あるいは海外にいる者たちへの不安といったものもあったはずである。たとえばこの日、パンデミック宣言あるいは新型インフルエンザについて報道しなかった日本テレビ「NEWS ZERO」ではあるが、スポーツニュースのコーナーではサッカー日本代表がワールドカップ最終予選のオーストラリア戦に成田空港から出発する模様が報道されている。その際に岡田武史監督をはじめとして選手らが全員マスク姿で画面に登場する。当時としてはあたりまえの日常的な風景であるが、新型インフルエンザが遠ざかった現在から眺めてみるとサッカー日本代表全員の「マスク姿」は異様な風景である。もちろん番組内でこのマスク姿についての言及は一切ない。

あれほど恐れられていたパンデミック到来について、なぜこれほどまでにニュースでの扱いが軽くなってしまったのだろうか。このことはしかし、「私の身体」と「世界」との関連で考えれば実はわかりやすい。ついにパンデミックとして世界で起こっていることよりもむしろ、実際に「わが身」に迫る身近なことの方が一般の視聴者にとっては重要なのであって、後者についてはマスメディアよりもむしろ身近な人との情報交換や地域や学校あるいは職場でのローカルな情報ソースの方が重要になってくる。もはや「わが身」に迫るものとして危機が身近になってしまった以上、世界のパンデミックのことは今さらどうでもいい。

このことは逆に、警戒フェーズは低くても、日本人初の感染者が出たか否か、日本に入ってくるか否か、といったことの方がニュースバリューが高いと判断されていたということでもある。水際が突破され日本国中で日常化してしまった以上、パンデミックとはいえ、すでに報道する側にとっても政治家にとっても「山場」も「見せ場」も終わっていたのである。

水際が突破されたのち、つまり私たちあるいは「国民」の中のある者が新型インフルエンザに罹ってしまったということになった後、「国民の身体」は「私の身体」として立ち現われることになる。つまり個人としてその緊迫感を戦うことになる。「海外」および「外国人の身体」に対する「国内」および「国民の身体」ではなく、より身近な「罹患した人」に対して、「いまだ感染していない私」が排他的に構成されることになる。その結果が誹謗中傷という現象として現われたと考えられないだろうか。

その際に「水際対策」「防護服」の繰り返し報じられた強烈なイメージ、すなわち近い過去であるあの日の「山場」「見せ場」は、鮮烈な記憶として残像があるのだ。

7　「正しい情報にもとづく冷静な対応」を負わされる者たち

本章では二〇〇九年に世界的に流行した新型インフルエンザの報道を事例として検討した。ここでみてきたような「正しい情報を」「冷静な対応を」というよびかけは、それ以前にもそれ以後にもたびたび行われている。新たな新型インフルエンザの発生とパンデミックに関しても、またいつどこで起こるかわからない状況であることには変わりなく、それ以外でも、東日本大震災における福島第一原子力発電所事故を例に挙げるまでもなく、「正確な情報にもとづく冷静な対応」を私たちは現在に至るまでずっと繰り返し促され続けている。

発生確認からパンデミックに至るフェーズにもとづくカウントダウンの過程がどのように報道されたのかを検証してみると、もっとも緊迫し、報道が盛り上がったのは、実は「日本人初」でも「国内初」でも「パンデミック」ですらなかった。この興味深い事実についてさらに違った角度からここで考えてみよう。メディアが、あるいは「冷静な対応を」とよびかける役目を担った主体たちがもっとも盛り上がったのは、まだ「日本人」にも「日本」にも感染が確認されていない時点での「水際対策」あるいは「フライング会見」であった。「日本」あるいは「日本人」を守っている、あるいは「水際で捕捉できた」ということは、政治的判断の正しさをアピールするにはうってつけであった。

ここでは、「科学的に正しい理解」が「冷静な判断をもたらす」という図式は、以下の二点の意味において崩れている。一点目として「わからないことがいかに多々あるか」という事実が報じられているにもかかわらず、一方で「正しく理解する」ことが一般の視聴者に求められている。この矛盾は、原発事故後の情報などについても同様である。すなわちそもそも「科学的に正しい理解」が困難な状況であることをかんがみるなら、「冷静な判断」の前提が崩れているということになる。

二点目として、仮に「正しく理解した」として、そのことによって「冷静な判断」が可能かどうかはまた別の問題である。つまり、未曾有の事態、あるいは人類史上誰も経験したことのない事態において冷静な対応が求められても、専門家であれ、政府であれ官僚であれ、報じる者たちであれ、冷静な対応をよびかける側の者たちがどれだけ冷静であったのか、ここでみてきたようにははなはだ疑問である。新型インフルエンザに関して高いとされる「国民の関心」もマスメディアによって構成されており、これに対して「国民を守る」という「政治的ポーズ」をいかにとるかということがきわめて重要視されていたこと自体が、すでに冷静さを欠いているといえるのではないか。

まとめよう。政府による「正確な情報にもとづく冷静な対応を」というフレーズは、東日本大震災の際の原発事故を含む何らかのリスク報道の際にたびたび繰り返されてきたものである。もはや「リスク報道の枕ことば」といってよい。しかし、このようなよびかけは視聴者らにとってほとんど意味をなさないどころか、専門家でもない一般の人びとに過剰な責務を押しつけることに等しい。すなわち、仮に「冷静でない対応」とされる現象が垣間見られたとして、近い将来において何が起こるかわからない状況下において、ただちに人びとを非難することは困難なはずである。そもそも、科学的妥当性が疑問視されるようなことを専門家あるいは政治家自身が行っていたりするのである。リスク報道の特徴、すなわち現時点において不確実なことが含まれている状況において報じるということをかんがみるなら、「冷静な対応を」というよびかけがいかに空虚な呪文であるかということに着目せざるをえない。

そして人びとは、正しく判断するために、冷静に対応するために、インターネットを含む複数のメディアからさらに情報を得ようとするし、またそうする必要に迫られる。「水際」が突破されたのならなおさら、「国民」を守る盾はすでにないのだから、自ら集めた情報にもとづいて何らかの行動を選択し、個々人が自ら「わが身に迫る」危機に対処せねばならない。一方で、マスメディアが報じる「世界」のことは、この私にとってのリスク管理という点ではさほど意味をなさない。「わが身」のことに関しては、マスメディアからの情報はあてにならず自ら情報を取りにいかざるをえない。その場合一般の人びとにとっての「科学的に正しいのか否か」という判断は、「信じられるか否か」という判断と不可分である。迫るリスクが不確実なものであればあるほど、である。「科学的正しさ」が独立的に存在可能なものとするなら、「何を信頼するのか」ということ自体には意味も意義もないだろう。しかし私たちが日常において「科学的正しさ」を理解しようとする態度にとって、「何を信頼するのか」という科学的でもなく根拠もあやふやな側面は不可分である。

同様のことは原発事故以降の放射能汚染をめぐる諸々の事態にもみられる。すなわち、少なくない人びとが日々の生活の中でじわじわと「わが身」のこととして当該の不安を深刻に感じていても、ニュースバリューが高いと判断されるとは限らない。パンデミック後もじわじわと感染者は増え、日常生活への影響が増した新型インフルエンザではあるが、常態化してしまえばニュースバリューに乏しいと判断されてしまうことは先述したとおりである。騒然と報道された「フライング会見」、および水際作戦成功という政治的判断が下された「日本人初」に比べて、より私たちにとって重要であるはずの水際作戦失敗を意味する「国内初」に関して、そのニュースバリューは明らかに低くなっていた。これを冷静というのだろうか。初の国内感染者が出たということが何を意味するのか、ということは「国民」としてというよりも「わが身」にとってはより重要である。報道されないということと冷静、あるいは正確であるということ、私にとっての重要性とは異なるはずである。

本章の議論は、たとえば「行政は正確な情報をもって速やかに伝え、メディアはこれを正しく適切に報道して情報の共有に努め、また国民には、危機状況を正しく把握、理解して、冷静に、最善の対応をとることが求められ」る〔岡田編 2006：177〕といったリスクコミュニケーションのあり方、すなわち、万全かつ潤滑なコミュニケーションという前提、あるいはそのようなコミュニケーションがなされるべきであるとの前提を共有していない。むしろそのようなリスクコミュニケーションの不可能性を問うことに主眼をおく。少なくとも本章の関心は、「正しく・わかりやすく伝えるにはどのようにすればよいのか」『情報の受け手』は正しく理解した上で正しく行動せねばならない」といった、「啓蒙的」リスクコミュニケーションの目的や方法とは一線を画する。日常に埋没したさまざまな不安とともに生きねばならない契機が増大し、「科学的に正しい理解」や「冷静な対応」を一方的に求められることが頻繁となってきた現代社会において、「情報の流れの一方向性」や「正しい情報や正しい理解の自明視」「科学的知識の多寡による理解不足」といった前提を批判的に再考することは、誰にとってもどのような形であれ今後ますます必要になってくるはずである。

付記　本章は、二〇一一年度東京国際大学特別研究助成、および二〇一二〜二〇一四年度科学研究費助成事業学術研究助成基金助成金（基盤研究C、課題番号二四五三〇五九八）による成果の一部である。

注

（1）「厚生労働省ホームページ」http://www.mhlw.go.jp/bunya/kenkou/kekkaku-kansenshou04/dl/infu100610-00.pdf（二〇一四年八月一二日取得）

コラム２

食をめぐる不安とメディア

食べるという日常的な行為、すべての生物が生存に必要な行為に、「不安」がまとわりつくようになってきた。それは科学技術の進歩やグローバル化といったような、社会の近代化と無縁ではない。

たとえば、カネミ油症事件、森永ヒ素ミルク中毒事件、水俣病、新潟水俣病、イタイイタイ病などに代表されるような、本来含有されていないはずの物質によって汚染された食品の摂取による甚大な健康被害については、被害者の確定や補償の問題など現代においても多くの問題が取り残されたままである。

近年においても、O-157食中毒事件、遺伝子組み換え食品、雪印集団食中毒事件、BSE、魚介類の水銀汚染、鳥インフルエンザ、豚インフルエンザ、中国製冷凍餃子中毒事件、牛豚の口蹄疫といったように、食をめぐる「不安」と「危機」の頻繁な生起は、日常化している。

「カイワレ大根」にしても「ユッケ」にしても、身近な食物がマスメディアで大きくとりあげられれば多くの人びとの関心をたちまちひきつけることになる。報道の際にどのような映像が使用されるかということは、人びとの認識に大きな影響を与えるだろう。たとえば、BSE問題の際のよろめき倒れる牛、鳥インフルエンザ発生の際の防護服姿での駆除、口蹄疫発生の際に大量殺処分された豚の死体など、インパクトのある映像は消費行動へも大きな影響を及ぼす。

また、さまざまな制約のあるニュース内では、さらに詳しい情報については厚生労働省や食品安全委員会のホームページを参照するようにと、まとめる場合もある。「パブリック」への情報の一元化である。メディア内外において「正しい情報にもとづいて」「正しく理解するように」という文言が繰り返され、食品安全委員会を中心とした「リスクコミュニケーション」が重視されるようになってきている。しかし、そこで重視されているのが「正しい理解」であることには注意を要する。「正しい理解」とは、過剰に反応することなく「正しく怖れ」ということである。消費者はもちろん、報道する側の科学的リテラシーの欠如が問題にされる場合もある。しかし、専門家においても判断が分かれる事象は少なくない。たとえば東日本大震災時の原発事故をうけ、食品の放射能汚染について多くの関心が集まっているが、食品による低線量内部被曝については不明な点も多く、中長期的な視点から経過と影響を注視せねばならないことについては専門家の間でも意見が分かれている。その際の「正しい判断」を、専門家でない人びとはどのように行えばいいのだろうか。

このことと関連して考えねばならないのが「格差」である。たとえば、ウェブサイトへのアクセスが可能な人びととそうでない人びとの間の情報格差、すなわち「デジタルデバイド」の問題である。一方で、たとえばツイッターなどの新しいメディアを用いて、積極的に情報を収集し解釈を加えて発信するということも個人で可能になってきている。専門的知識を有した人びとの間でも意見が分かれるような案件が増えてくるにつれ、どの意見を信じるかということが問題になる。ここで「デジタル〈内〉デバイド」、すなわち同じメディアで同じ情報に接していても、次のステップとして自らの志向に合う情報(信じたい情報)のみを選択して収集し発信する傾向について考察する必要がある。

日々の食生活に関する不安とマスメディアとの関連については、別の角度からも考えねばならない。健康不安を解消するための食に関して、メディア、とくにテレビの情報番組の果たす役割は大きい。既存の食材に含まれる「ポリフェノール」や「カテキン」といった成分にある種の機能があることを報じる番組のことだ。身近な食品に「不安」と「科学言説」を附与することで新たな意味づけを行う。

これに関しては、情報バラエティ番組における実験データ捏造が二〇〇七年に大きな問題となった。さまざまな食材の成分によって、たとえば「肥満」「生活習慣病」「メタボリックシンドローム」といった不安を解消できる、と実験を行って見せるパターンは他の番組にも共通しているが、そのデータが捏造されていたというのだ。これを食べれば健康リスクを回避できるという意味で不安にかかわる報道であると同時に、人びとの関心の高い(視聴率の取れる)食と健康をめぐって堂々と虚偽が報じられる、という意味での不安でもある。

水銀汚染しているマグロの話と、リコピンの入ったトマトの話は、情報源となる専門家も報道の仕方も異なってくる。しかしいずれも身近な食材であるという単純素朴な意味において、私たち消費者にとって同列である。体にいいものと体に悪いものとは、それらを問題として扱う専門領域や行政機関が異なっていたとしても、スーパーの棚には「牛肉」も「冷凍ギョーザ」も「トクホのコーラ」も商品として等しく並んでいる。不安と科学言説にまみれ複雑化する情報を十分に集め処理し「科学的に正しく理解し行動する」ということは、はたしてどれだけの人びとにとって可能なのか。

私たちは多種の「不安」が多様にまとわりつく膨大な情報を食べている。「知らされていない何かがまだある」という不安も含まれる。たかが食べることについて、「正しく理解」しなくてはいけないほどに複雑化している。

(柄本三代子)

第6章 若者犯罪報道が描く脅威と不安
——日常的なニュースに埋め込まれた言説戦略

岡井崇之

1 若者犯罪報道は何を表象しているのか

若者の犯罪をめぐる報道のあり方については、ジャーナリズム論の立場からは批判的検討を含め、度々論じられてきた。その多くは未成年者が起こした事件をめぐって、匿名報道か／実名報道か、あるいは被害者やその家族、加害者といった利害関係者の権利をどう守るかといった視点に立ったものだったといえよう。その一方で、犯罪を報道する、表象するという実践によって「何が語られたのか」、「何が構築されたのか」を明らかにするような研究は少ない。

一九九七年の神戸連続児童殺傷事件などに端を発して「少年犯罪の増加、凶悪化」をさまざまなメディア、評論家、研究者らが声高に叫んだ。その後、犯罪統計などから見て、それらの言説が多くの問題点をうちに含んでいることが指摘されてきた［鮎川 2001；土井 2012など］。凶悪犯罪の表象とそれらをめぐる議論は、若者を社会問題としてとらえようとする社会的なまなざしに大きく作用してきたものと考えられるが、果たして事件を表象する際の映像や語りは検証され、議論されてきたのだろうか。

このような視座から、本章では若者犯罪報道の具体的でミクロな部分に焦点を当てる。その際に、これまで凶悪犯罪の報道が具体性を欠きながらもある程度問題にされてきたのに対して、日常的なニュースにおける若者の犯罪や逸脱についてはほとんど論及されてこなかったという点から、むしろ日々のテレビニュースに埋め込まれたルーティンな表象に注目したい。

今日のニュースにおいて、若者の逸脱や犯罪はある種の「儀礼」として定着している。儀礼とは、ある特定の状況下での固有の秩序立った様式をもつ人間の行動を指しており、それらが社会の規範や理想を可視的に示すものということを意味する。特に夕方の時間帯におけるポピュラーなニュースは年間を通じて若者を取り上げ、年末年始や盆の時期には「荒れる成人式」や「河原でバーベキューをする迷惑な若者」のような様式化したイシュー、「警察24時」[1]のような特集番組を繰り返している。これらは若者犯罪を固有の様式で表象するだけではなく、同時にあるべき若者の姿を提示しているとも考えることができよう。

このような儀礼的な若者報道はテレビニュースだけに閉じたものではない。マスメディアが報じたニュースが「2ちゃんねる」のようなネット掲示板やニュースサイトで引用されて「祭り」と呼ばれるような盛り上がりを見せ、さらには「炎上」へと移行するという言説空間が成立して久しい。そこでは、低学歴など文化資本が乏しいとされる人々への差別的な表現である「ドキュン」「ＤＱＮ」や暴走族を言い換えた「珍走団」などのネットスラングが頻出していることからもわかるように、若者の逸脱や犯罪に批判的で冷笑的なまなざしを向けるという態度が支配的なものとなっている。二〇一三年頃には、若者が線路に降りたり、アルバイト先の冷凍庫に入るといった逸脱的な行為をツイッターやＬＩＮＥなどのソーシャルメディアに自ら投稿し、それらが激しい勢いで拡散し、またマスメディアでも報じられることで本人や周囲に大きな損失をもたらすという現象が生じている。

これらのことは、度々議論になる凶悪犯罪とはまた別の次元で、日々のルーティンな若者ニュースが絶えずニュース空間のなかで消費されていることを示している。そしてそのニュース空間もテクノロジーの発達や様式の変化を基軸として大きな変容を遂げている。本章では、日本社会に儀礼として定着している若者報道を分析することで、それらが内に含んでいる問題をとらえ直す。

2　若者犯罪をめぐるメディア言説の変容——モラル・パニックから社会的排除へ

それでは、若者犯罪をめぐるメディア言説はどのように語られてきたのか。若者犯罪をめぐっては、テレビゲーム、インターネット、ケータイといったメディアとの関係が頻繁に語られてきた。さらに言えば、若者犯罪の要因として安易にメディアが関連づけられてきたといえるだろう。そこでは、若者論とメディアに対するネオフォビア（新規恐怖）の不幸な結びつきがそういった語りを増幅させてきた。浅野智彦は、一九九〇年代初頭から一〇年間の推移を検証した結果、そういったネガティブな若者イメージの妥当性に疑問を投げかけている［浅野 2006：26］。また、近年になって、社会問題として若者をとらえることへの批判的な検証が相次いで行われている［羽渕編 2008；中西 2012 など］。

前述した通り、筆者の大きな問題関心は、少年犯罪の増加、凶悪化を支持する側も支持しない側も、メディアの具体的な表象（少年たちがどのように描かれたか）や、それらがメディア間で相互に接続されていくこと、また継続的に表象されることで組織化していく言説のあり様（言説の編制）に驚くほど注意を払ってこなかったという点にある。

しかし、若者がいつも問題化されることをめぐっては、もっと大きな社会の変容にも目を遣らなければならない。牧野智和［2008］は、少年犯罪の事件報道の現代的な意味合いを論じている。事件報道で強調される猟奇性や不可解性によって少年犯罪への恐怖と不安が喚起され続けてきたのは事実だろう。こういった不安の高まりが、少年法の改正をめぐる議論やメディア規制といった社会的・政治的リアクションへと直接的に結びついてきたことは考察されるべき重要なテーマだが、牧野の議論の本質は、その不安の要因を後期近代における存在論的不安と、それによって生じるモラル・パニックの頻発化に求めた点にある。存在論的不安とはJ・ヤング［1999＝2007］が示した、依拠してきた価値やアイデンティティを失うことによって生じる不安という意味で使用されている。これは、若者が凶悪化しているという本質主義な見方に対して明確に異を唱えたものとして位置づけられよう。

モラル・パニックとは、ここでは社会一般に受容されている文化や規範に挑戦したり、逸脱したりする人々を、社会の秩序や公共の利益を脅かすものとしてやり玉にあげ、冷笑・非難・憎悪・激怒を一斉に浴びせる標的に仕立て上げてしまうヒステリックな大衆心理現象と考える。この概念はS・コーエンが用いてから急速に一般化したといわれるが、コーエン［Cohen 1973: 9］は、モラル・パニックについて次のような具体的なプロセスを示した。

①ある事態、出来事、個人、集団が社会的な価値や関心によって脅威であると定義されるようになる。
②その性質はマスメディアによって様式化、ステレオタイプ化された形で表象される。
③それに対して、編集者、聖職者、政治家、その他有識者によってモラルのバリケードが張られる。
④社会的に信用のある専門家がその診断と解決方法を下す。
⑤解決法が求められたり、あるいは発展する。
⑥その状況が消滅したり、潜在化するか、悪化してさらに顕著になる。

このようなプロセスからは、メディアは出来事を表象するだけではなく、その様式化やステレオタイプ化といった表象の力学によってモラル・パニックを引き起こすファクターとして作用していることがわかる。では、現代日本のニュース空間において、若者犯罪報道はどのような様式化を行っているのか。

牧野の論述からまとめると、モラル・パニックがメディアに表出したものが、逸脱の原因を内面的な特性に求めようとする「他者の本質化」であり、そこでは、神戸連続児童殺傷事件で繰り返し用いられた「心の闇」のようなマジックワード[2]の使用や犯罪被害者との対置といった表象のあり方が見られるという。被害者を対置させる手法については、清水瑞久［2006］がミクロな分析を行い、それらが不安と連鎖的関係にあることを指摘している。

A・ファーロングとF・カートメルも同様に、後期近代の特質が犯罪の増加につながるような社会条件を生み出していると考える［ファーロング／カートメル 2006＝2009: 202］。ただし、若者犯罪への不安が現代的な事象ではないとする点で牧野の立場とは異なる。彼らは第二次世界大戦後の西洋社会に共通して「モラル・パニック」が繰り返し発生してきたとしているのである。しかし、ではなぜ現代において、とりわけ若者が問題化され、不安と強固に結びつけられているのだろうかという疑問が生じる。この点について、赤羽由起夫［2010］は背景に二つの境界の変容を挙げている。一つは安全な日常世界と危険な犯罪の世界との間にあった社会的・空間的・時間的な境界が消滅したことであり、もう一つは「普通の子」と「非行少年」との境界があいまいになったことで、「普通の子」による犯罪が不安の対象になったことを指している。この二つの変容が不安をさらに大きくしているとするのである。

赤羽の指摘は不安をめぐる表層の議論に留まらない。

近年の少年犯罪の社会問題化は、もはや単なる一過性の「パニック」という水準を超えて社会に長期的な影響を及ぼしており、それを説明するには従来のモラル・パニック論では不十分である。［赤羽 2010：101］

このような視点から、日本社会が少年犯罪をリスクとしてとらえるようになっていることを指摘するのである。本章ではリスクを、望まれない事象の発生可能性の増大、つまり少年犯罪の生じる危険性が増大し予測不可能になること、という広い意味で用いているが、同時に押さえておくべきは、リスクは自己の決定に帰属される（個人化）という点である。つまり、モラル・パニックにとって代わるこのような現象は「若者犯罪のリスク化」といえるものだが、リスク化がもたらすものは、犯罪の責任の所在をその当事者に求めると同時に、それらの犯罪から引き起こされる巻き添え被害の責任も被害の当事者に求めるということを指している。

このような大きな変容を考えたときに、日々のニュースでもモラル・パニックとしての報道からリスクとしての報道への転換が行われていることが容易に想像できるだろう。例えば、若者犯罪報道も「普通の子」、「できる子」への不安にシフトしていることが推察されるし、隣人や家族といった身近なリスクへの囲い込みが恐らく見られるのではないか。

つまり、モラル・パニックに基づく報道が事件を「社会問題」として報じていたのに対して、リスクとしての報道には、もはや共有し解決すべき社会問題という位置づけは与えられていないのではないか。それは同時に、逸脱した若者に対する社会的包摂から排除へ［ヤング 1999＝2007］の劇的な変容と考えることもできるのではないだろうか。

3　身近なリスクとしての若者犯罪報道――「大学生大麻事件」と「茶髪入試不合格事件」

分析対象の概要

若者の犯罪や逸脱をめぐる報道の事例として、本章では大学生による大麻違法所持事件（以後、大麻事件）、茶髪入試不合格事件（以後、茶髪事件）の二つのテクストを分析する。(3)両事件を含むテレビニュースは、三六番組のうち延べ一四件あった。なお、テレビ東京は両事件とも報じていない。映像や音声などのモードとその組み合わせによる意味作用を問うマルチモダリティ分析(4)を行った結果、特に特徴的だったものについて次節以降で詳述する。

それぞれの事件の概要をまとめると、大麻事件は、二〇〇八年に大学生の摘発が相次ぎ、社会的関心が高まっていたなか、東京の有名私立大学の学生二人がキャンパス内で大麻を売買したとして起訴されたことを報じるものだった。各局とも一〇月三〇日の夕方と夜のニュースで言及し、トップで報じたり（TBS・三〇日夕）、長時間にわたって掘り下げる（NHK・三〇日夜）など、それぞれに高いニュースバリューが与えられていた。その要因としては、同年に学生の検挙が続いていたこと、今回の事件の舞台となった大学が伝統のある有名大学であったこと、起訴された二人が「学内で仲間と吸った」と供述していることなどから、学内での薬物汚染の疑いが懸念されるものとなっていたことが考えられる。

茶髪事件は、神奈川県の県立高校の入学試験に際し、茶髪やピアスを着けた状態で受験した生徒二二人を校長が不合格にしたことで、教育委員会が校長の他校への異動を決めたというものだった。これはフジテレビが二九日の夕方と夜にまず報じ、日本テレビが一〇月三〇日および三一日の夕方ニュースでフォローしている。両局とも規定に従わない選抜方法で生徒を不合格にした校長に理解を示し、擁護する構成となっている。

若者の「本質化」とナショナルな危機への接続

まず、大麻事件報道を通じて何が語られたのだろうか。それぞれの番組に共通していた点はその構成要素とフレームである。フレームとは、ある出来事をメディアが取り上げる際の制作者の枠づけを指している(5)。まず番組がどのような要素から構成されていたかを詳しく見ると、大麻の売買が行われていたとされる大学キャンパスの映像、大学側の謝罪会見の映像、街頭インタビュー、キャスター、ナレーターの語りなどが主要なもので、番組によっては弁護士や教育評論家といった専門家の談話や解説委員によるスタジオでの論評が加わるものもある。

映像に注目すると、キャンパスを映す映像に制作者の事件に対するフレーミングが立ち表れていた。有名大学であることを強調するため、ほとんどの番組で大学の看板や校章がアップショットで繰り返し映し出される。その映像にテロップでアルファベットの大学名をあえて重ねることで特に強調を行っているものもあった（日本テレビ・三〇日夕）。また、キャンパスを映す映像の大部分は、通行する学生を背後から撮るというものだった。これは、「若者の薬物犯罪の増加」「大学生への蔓延」といったナレーション、テロップとともに学内での薬物の広がりを示唆するショットといえる。匿名化された人物、断片化された身体のショットを前後に配置することで一般化を図るという手法が用いられることは、以前指摘した通りである［岡井 2006］。

さらに特徴的だったのが、NHK（三〇日夕）で使われた映像である。ここでは、ヘリコプターからの空撮でキャンパスを鳥瞰し、木の陰、建物の隙間などその隅々までを収めようとするショットが使われている。さらに同局では同日の夜に、ブラインドに閉ざされた教室内を隙間から窃視的に撮り続けるというショットがあった。同局の番組は民放各局と異なり、今回の事件が有名大学で起こったことへの意味づけは抑制を効かせたものだったが、「大学生への蔓延」というフレームにおいては、この二つのカメラワークに見られるのは、社会から隔絶された大学という空間であることを強調し、あたかもその空間全体にわたって薬物汚染が蔓延しているということを印象づけるものだった。なお、起訴された学生と交友のある数人はその後摘発されたが、それは大学生全体からするとごく一部でしかないのは言うまでもない。

(1)脱文脈化　こういったさまざまな映像と語りが接続された集合体として大麻事件の表象が構成されていくが、全体として見られる特徴の一つが「文脈の切断」（脱文脈化）という言説戦略である。つまり、大麻をめぐる社会的文脈がほとんど語られないのである。例えば、なぜ薬物は社会悪なのかといった根本的な問いや、薬物における大麻の位置づけ、ヒッピー文化のような若者文化と大麻をめぐる歴史的経緯などは語られないまま、「大学生への蔓延」というフレームが前景化していくのである。

唯一、ＮＨＫ（三〇日夜）は、大麻に対する学生のイメージと世間一般のそれとの差異、大麻がさらに深刻な犯罪につながっていく危険性（どちらも弁護士の談話）といった、社会的文脈を付与した指摘をしている。ここに関して言えば、社会問題としてのフレームが付与され、若者を保護すべき対象と見なしていると考えられる。

一方、その他の番組では背景説明が加えられない。日本テレビ（三〇日夕）では、スタジオコメンテーターの「まだ未熟なんですかね」（田宮榮一）、「受験勉強の弊害」（山本博）という一言が付されるが、これは文脈の説明ではなく、むしろ文脈を切断し、原因を「現代の若者の未熟さ」、「幼稚化」や受験競争といった本質的な傾向に求めて切り捨てようとする「他者の本質化」が表れたものである。一方フジテレビのニュース（三〇日夜）では、同局解説委員の箕輪幸人が事件について論評を加えている。有害性を理解させるために義務教育での薬物教育の導入を提案しているが、事件の原因については極めて安易にインターネットに求めており、冒頭で触れたネオフォビアと若者を直結させるというパターン化された言説様式をとるものでもあった。

だが、すべての報道において単に主観的に「蔓延」や「増加」が語られたわけではない。例えば、ＮＨＫ（三〇日夜）は「なぜ若者の間で広がるのか」として、警視庁の調べから大麻所持・栽培で検挙された数が二〇〇九年の上半期で過去二番目に多い一二〇二人で、そのうち少年・二〇代が六五％を占めるという具体的な数値を提示している。また、日本テレビ（三〇日夕）は警察庁調べのグラフを提示し、ここ五年間（当時）における大学生の検挙者数の増加傾向を示している。

しかし留意しておかなければならないのは、データを提示した場合にもその背景までは考察されないという点である。

前出の鮎川潤はマスメディアが警察統計を客観的な実数として報道していることに疑問を呈している［鮎川 2001：28-29］が、警察が摘発を強化することで検挙者数が増加するという、これまでの少年犯罪やいじめをめぐる増加言説と同じパターンを繰り返すものだった。

(2)再文脈化　さらに顕著な傾向が、前述のような脱文脈化したテクストを再文脈化[6]（recontextualization）していく、つまり別の文脈に置き換えていくという言説戦略である。それはテクストの配置という手法を通じて行われる。その再文脈化がどのようなものだったかを具体的に追ってみる。

まず三〇日の大麻事件報道に注目すると、NHK以外の局のすべての番組でイラン人による覚せい剤密売事件とセットになって報じられていたのである。この事件は、「高級住宅街」といわれる港区白金台の路上で覚せい剤を売買していたイラン人四人が逮捕・起訴されるというものだった。どのニュースでも受け渡しの瞬間をとらえた映像に重要な位置づけが与えられていた。特にフジテレビの夕方ニュースは、キャスターの安藤優子が、大型スクリーンにスロー再生された秒刻みの映像を指しながら受け渡しの手口を解説するという力の入れ様だった。

また、現場となった路上という空間をどのように枠づけるかという点に番組ごとの差異が表れており、「港区の路上」（フジテレビ夜）という平板なものから、「高級住宅街」（日本テレビ夕・夜、TBS夕）、「白金台」（TBS夕）などと幅が見られた。なかでもとりわけ目立つのがTBSによる事件の枠づけ方だろう。「シロガネーゼも唖然」といった語りや「シロガネーゼ」というテロップが常時表示されて強調されていた。白金台で薬物売買が行われたことと、そこの住民が事件にかかわったことは同義ではないにもかかわらず、「シロガネーゼや慶応大学のエリート学生が白昼堂々と薬物売買をしている実態が明らかに」という語りまでなされていた。

このような、ある都市空間の過剰ともいえる記号化や、あるセンセーショナルな映像が基層になってニュース全体が構築されていく傾向自体、ジャーナリズムのあり方として批判的に検討すべき事象である。しかも、日本テレビ三〇日夜のニュースでは、映像に関して厚生労働省の部局である関東信越厚生局麻薬取締部が撮影したことが明示されていたが、それ以外では映像のソース、撮影日時などが全く説明されない。だが、ここでの筆者の問題関心は大麻事件との接続の様式にある。両事件の接続の様式に着目すると、次の三つに類型化できる。

①両事件を別のニューストピックとして切り分けて扱うもの（日本テレビ夜）
②両事件を関連づけて論じるもの（日本テレビ夕）
③両事件を同じものとして扱うもの（ＴＢＳ夕、フジテレビ夕・夜、テレビ朝日夕・夜）

①のパターンでは、キャスターによる話題の転換が行われたり、テロップや音声も切り替わるなど両事件は明確に区別される。②のパターンは同じ薬物事件として位置づけ、番組の流れのなかで接続して提示されたものを指す。③のパターンは、両事件をめぐるトピックが交互に繰り返されるもので、最も多く見られる様式だった。特にＴＢＳの夕方のニュースでは、それぞれの事件の５Ｗ１Ｈを報じる前から両者の映像や語り、テロップを秒単位の短い間隔でつなぎ、混在させるというものだった。同じ薬物事件であるとはいえ、二つの事件は組織的関与の有無や営利目的かどうかなど、それぞれ背景が異なる。また両事件の間に直接的、組織的な関連性もなく、イラン人による事件は容疑者が七月に逮捕されており時期も異なる。両事件が同時に報じられた背景には、各局が厚生労働省あるいは公権力がリリースした資料をそのままのスキームで一斉に報じていることがあると推察できるが、ここでの議論はそのような「発表ジャーナリズム」と呼ばれる報道姿勢の問題だけに留まらない。例えば、②と③のような関連づけが行われることで意味の変化が生じてくるのである。

起訴されたイラン人が発したとされる「こんなに薬物を買う人がいて、日本の将来は大丈夫か心配になった」という談話を、各局一様にナレーションやテロップなどさまざまなモードを動員して表象している。これによって、「エリート大学生」や「シロガネーゼ」といった境界が消滅したことの不安が、さらにナショナルな不安や危機意識へと再文脈化されていくのである。薬物売買の瞬間映像の直後に、外国人元力士による「日本の皆さんすみませんでした」という会見映像（ＴＢＳ夕）が挿入されるのも、それを補強するものといえる。

佐藤哲彦［2008］は、ドラッグをめぐる語りが境界策定のために繰り返されていることを指摘している。そこでドラッグを問題として語る様式を分析し、「ドラッグを語るその語り口が『悪は外部から来る』という観点からおこなわれ、その結果として『彼ら』と『われわれ』が編成されているということである」〔佐藤哲彦 2008：166〕と述べている。

しかし、大麻事件に置き換えた場合、大学生との境界策定はもはや失効している。それはすでに「彼ら」として他者化される存在ではなく、むしろ「われわれ」の内部、もしくは近くにある日常的なリスクとしてとらえられているといえよう。そして「できる子」と括られる大学生への不安が大学生自体への「蔓延」へと接続され、白金台での受け渡しが主婦全体への蔓延へと領域拡張されている。しかし、その最終的な帰結においては、佐藤が指摘しているような「凡庸なナショナリズム」へと収斂していくのである。

つまり、イラン人の組織的麻薬売買と接続し、脅威であるはずの外国人が日本の薬物汚染を危惧するコメントを利用することで、ナショナルな問題へ転換し、外部に属する「他者」の侵入や侵犯という不安の排除へと節合されていくのである。キャスターの古舘伊知郎が「大麻も覚せい剤も」という言語表現で両事件をまとめる際に、大学生の事件には言及せずに「売買する外国人がこんなに日本に入ってきているものなのか。水際で排除すべき」という括り方をしている（テレビ朝日夜）のはその表れといえる。

佐藤の指摘では、このような境界策定は「われわれ」の同質性を確認するものであるとされるが、ここでは「彼ら」と「われわれ」の境界策定以上に、メディアが自ら増幅させた「われわれの不安」に外部の脅威を対置することで、最後に「われわれの不安」を相対化し（「外国の脅威よりはまし」というもの）、根拠のない安心を与えようとするものとなっている。

街頭インタビューは何を語ったのか？

両事件をめぐるニュースで際立っているのがインタビューの多用である。大麻事件で言えば、大学の謝罪会見や専門家の談話、茶髪事件でも教育委員会担当者や専門家の談話が入る場合もあるが、それらのほとんどを街頭インタビューが占め、最終的にそのトピックのまとめを「街の声」に落とし込むというものになっている。つまり、多くの場合インタビューに対する評価や論評は加えられないまま、別のトピックへと移行するのである。

これらはニュースにおける「言説の会話化」[7]の一端を示すものである。この問題設定は後期近代の言説形式の変容を示す射程の広い概念だが、会話化が著しく進行した日本のニュース言説においても、会話というモードを用いることでイデオロギーを自然な様態で提示する作用〔岡井 2012：32-33〕や、視聴者の情動や感情に訴えかける力が指摘されている〔伊藤守 2006：28-30〕。

では、両事件における「街の声」への落とし込みはどのような含意をもっているのか。茶髪事件をめぐる街頭インタビュー[8]〔日本テレビ三一日夕〕を例に挙げる。インタビューに対するコメントは以下のようなものだった。

男子生徒Ａ「代わってほしくないいし」
男子生徒Ｂ「うん。代わってほしくない」
女子生徒Ｃ「いま校長が代わるのってすごい不安じゃない？」
男子生徒Ｄ「前は教室でタバコ吸ったりするのが普通だったみたいで。今年になって〔今の〕校長になって厳しくしたらそれで〔中退者が減少したことを指す〕だと思う」
男女生徒Ｅ「○○〔校長のニックネームあるいは名前の呼び捨てかと思われるが正確に聞き取れない〕がここまでしたじゃん」〔発言は女子生徒のみ〕
男子生徒Ｆ「やっぱルールは守らないといけないかな」

このトピックは「『見た目不合格』校長更迭で波紋」というテロップとともに、「教育委員会には校長を擁護する苦情が殺到、波紋広がる」というナレーションから始まっており、校長擁護のフレームを前面に打ち出している。インタビューはそういったフレームに従属する形で主に校長を擁護するコメントを提示するものとなっている。この傾向は二九日にすでに報じていたフジテレビの夕方ニュースにも共通している。

唯一、このフレームに対して亀裂を生じさせるのが、男子生徒Ｆによる、校長の決定がルールから逸脱しているとの指摘である。だが、この意見が番組内で触れられることはなく、ある程度のバランスを担保するために付加されたものという位置づけのものであったことは留意しておくべきだろう。カメラアングルや映像処理の結果、校長を支持する生徒が顔を出した状態でコメントしているのに対して、この男子生徒は顔を隠したものとなっているのも、双方の意見に序列が付けられていることを暗に示している。そして全体を通じて、基準を逸脱した選抜方法の是非や選抜方法が恣意的に改変されることによる弊害、これまでの入試制度の問題点などといった論点はここでも脱文脈化されたまま、「もう高校生になる資格はないね」（コメンテーター・田宮榮一）という若者の「幼稚化」批判で締め括られている。

それでは、インタビューは何を表象、含意していたのか。一つは、感情の表出と不安への接続である。最初に提示された生徒Ａ、Ｂのコメントは生徒の感情が極めて直接的に提示されたものである。「代わってほしくない」という願望が表れた部分だけを切り取ったコメントが繰り返される。そして、それに続く女子生徒Ｃのコメントはまさにそれと不安が接続されたものである。このコメントを文字化したテロップの「不安」の文字だけが赤字になっている点などは、序章で伊藤守が指摘している「『不安』をモジュレート＝調整する」という作用に他ならない。こういった調整を通じて他のフレームよりも「生徒の不安」がとりわけ強調されていることがうかがえる。そしてその後、番組の主要なフレームである校長の判断の正当性を補強するＤやＥのようなコメントが提示されてインタビューが終わる。

さらにインタビュー表象が含意するのが脱意味化である。全体としては校長を擁護するインタビューを並べながら、その意味をずらす、あるいは無意味化するような回答が随所に見られるのである。男女生徒Ｅのコメントでは女子生徒がコメントしているが、この生徒は校長をニックネームで呼び、スタイルは茶髪であった。つまり、茶髪で入試を受けたことで校長が不合格にしたという件において、また、高校の風紀改善に対する校長の手腕が評価されているなか、校長を擁護する生徒が茶髪という解釈不能なコメントをあえて取り上げているのである。このような脱意味化表象は他にも見られる。同事件をめぐるフジテレビのニュース（二九日夕）では、同じ学校に通う男女生徒や近所の女性など八名のインタビューが続く。そのなかで六番目に登場する渋谷の高校生は「学校がとったのは適切な行動だと思います」と、番組のフレームに忠実な回答をしているが、その高校生は茶髪で長髪という髪型にネクタイを緩めたスタイルだった。

　前出の大麻事件でもこのようなインタビュー表象は見られる。被告と同じ大学に通う学生の「普通に部活やってたらどこにそんなお金的に余裕があるのか」（TBS・三〇日夕）というコメントはまさに文脈を金銭的な問題へとずらしたものであるし、他にも随所に特に文脈も関係なく意味をなすとは思えないコメントが断片化された形で使われている。

　これらの事例からまず考えられるのは、街頭インタビューはメディアが構築するフレームを強化する働きを持つということである。だが、前述したような脱意味化はどのようにとらえ得るのだろうか。まず言えるのは、それが娯楽的なニュースにおける一つの様式として成立しているということではないだろうか。そこでは世論の提示というより、むしろ事件をめぐるさまざまなアクターやその反応のバリエーションを提示することに意味が置かれている。

　このような意味をずらしたコメントを代表的な世論表象と解釈する視聴者がいると想定するのは難しいだろう。これまで、メディアにおけるインタビューの表象は、それについて好意的か批判的かにかかわらず、ある種の「世論」を提示するものと考えられてきた。例えば、橋元良明らは街頭の声の使用が世論認知に影響を及ぼす（イグゼンプラー効果）として安易な「街頭の声」の紹介に警鐘を鳴らしている［橋元・福田・森 1997］。また、会話分析の視点からのニュースインタビュー研究では、相互行為としてのニュースインタビューが成立しているのかという点に関心が置かれてきた［山田 2004］。しかし、この事例に見られるようなインタビューにおける脱意味化は、そもそも今日のニュースインタビューが、これまで前提とされてきた相互行為という枠組みに符合しないことを示しているといえる(9)。

　インタビューが当事者の声や世論を忠実に反映、表象したものではないことは半ば自明のことだろう。だが、この事例からわかることはそれに留まらない。インタビューは回答者の不安や感情をまず描き出し、それを起点として報道の主要なフレームを補強していく。しかし、トピックの全体構造においてはノイズともいえるようなずれた意見や意味の通らないコメントも並置されている。それは、イシューにかかわるアクターの言説化され得ない部分や人間関係を、直接言及することなく視聴者に提示しているものと考えられる。だとすれば、視聴者も当事者とその周囲のアクターの人間関係や、それらの布置としての社会関係を確認するものとして街頭インタビューを消費するという言説空間がすでに成立していると考えられるだろう。さらに踏み込んで言うなら、前述のずれたコメントは、たまたま入り込んでしまったただのノイズとはいえないだろう。事件の当事者への不安だけではなく、その周囲の人々への不安をも表象し、喚起するものとして存在しているのである。

4　若者犯罪報道と不安の構築

本章で分析した二つの事件は「普通の子」「できる子」に対する不安が表出したものだった。つまり、赤羽［2010］が指摘した二重の意味での境界の変容（消滅）が若者に対する不安を増幅させているという事態を例証するものであった。そこでは若者は平穏な日常生活を脅かすリスクと見なされ、事件をニュースとして構成する際のフレーミングや脱文脈化、再文脈化といったさまざまなプロセスを通じて、「大学生への薬物の蔓延」、さらにはそれらの「ナショナルな脅威」といった不安へと接続されていた。そこで大きな関心事となっているのは、そのリスクの不平等な、あるいは偶発的な自己への分配に対する恐怖である。

だが、Z・バウマンが指摘しているように、境界策定を行い、ステレオタイプ化することは不安を解消するどころか、不安や恐怖心を一層増大させる［バウマン 2011：116-117］。つまり、本章で見てきたようなメディア表象は不安を取り除くどころか増幅させていると考えられる。同時にこのことが含意しているのは、社会的な不安がメディア言説に反映されているということだけではなく、メディアによって不安が新たに構築されているという側面である。D・L・アルセイドは、現代的な不安は「マスメディアによって媒介された『生産された反応』である」と述べる［Altheide 2002：23］。そして不安の言説は娯楽的なフォーマットによって生じるとしている。街頭インタビューはもはや世論の表象としてではなく、娯楽的なニュースの主要なフォーマットとして定着している。アルセイドは、そのポピュラー文化としてのあり様そのものが不安の喚起をうちに含んだものであるとしているが、本章での事例分析から得られたその様式（感情の直接的な表出と不安のモジュレート、関係するアクターの表象など）はまさに不安を喚起する装置そのものであるといえよう。

本章では、日々のニュース報道において繰り返されていながら、顧みられ検証されることのない若者犯罪報道に着目し、そこにおける不安の表象と構築についていくつかの論点を提示しようとした。

社会問題をとらえていくうえで、構築主義というアプローチはメディアをプロセスの一部に位置づけ、社会問題を最初に俎上に載せるクレイム申し立て者[10]の主張の取り上げ方や大衆の反応といった項目との動的な関係をとらえる視点を用意した[11]。しかし、そのなかでのメディア相互の影響関係や、本章が対象にしたようなメディア言説における表象までは、事例研究やその理論化がなかなか行われていないといえよう。しかも、本章冒頭で述べた通り、社会問題の構築過程が論じられる際には凶悪事件に重点が置かれてきたが、毎日のニュースで繰り返される表象が通奏低音として若者の社会問題化に作用していることは明らかであろう。本章はあくまでも事例研究の域を出るものではない。今後ネット言説との関係や社会問題のマクロな過程における位置づけやそこでの相互作用などに目を向けていく必要がある。

注

（1）番組名ではなく警察に密着した特別番組を総称して挙げた。このような番組では、若者の犯罪や迷惑行為が重要な位置づけを与えられている。

（2）人によってとらえ方が異なるあいまいな概念であるにもかかわらず、頻繁に用いられる決まり文句を指し、広田［2011］によれば教育現場や教育論で用いられる傾向がある。

（3）ＨＤＤレコーダーに東京キー局のニュース番組（夕方と夜のニュース。放送開始・終了時間は番組により異なる）を録画し、選挙や凶悪犯罪など目立った事件がない期間をランダムに抽出した結果、分析対象は二〇〇八年一〇月二九〜三一日となった。その期間内で若者犯罪報道に該当するのが、大麻事件と茶髪入試事件の二つのトピックであった。それぞれの番組名は、「ニュース７」「ニュースウオッチ９」（ＮＨＫ）、「ＮＮＮニュース」「NEWS ZERO」（日本テレビ）、「イブニング・ファイブ」「ＮＥＷＳ23」（Ｔ

ＢＳ）、「スーパーニュース」「ニュースJAPAN」（フジテレビ）、「スーパーＪチャンネル」「報道ステーション」（テレビ朝日）。

（４）その理論枠組みについては伊藤［2006］、分析方法については岡井［2009］を参照。

（５）ここでは詳細な説明は省略するが、メディア研究におけるフレーム概念については大石［2007］による整理が詳しい。

（６）多くの社会学者やメディア研究者が言説を「社会的実践を表象したもの」ととらえているが、Ｔ・ヴァン・リーウェンは「社会的実践を再文脈化するもの」［Van Leeuwen 2008：4-6］としてとらえており、その考え方から着想を得た。この視座からは、テクストの戦略的な相互作用によって、例えば本章が扱っている若者問題のような社会問題が構築されていくことが示唆される。

（７）言説の会話化（conversationalization of discourse）はＮ・フェアクラフ［Fairclough 1992］が提起した概念で、その後、フェアクラフはその機能についてより詳しい論述を行っている［Fairclough 1995］。

（８）これはインタビューだけ抜き出したもので、その間には高校や校長の謝罪会見、教育委員会室長の談話、ナレーションが挿入されている。

（９）ニュースにおけるインタビューについてまとまった研究を行ったＳ・クレイマンとＪ・ヘリティッジは、ニュースインタビューの発話レベルの分析だけではなく制度的・社会政治的環境との関係までを含むマクロなレベルまでを射程に収めた分析の必要性を訴えている［Clayman & Heritage 2002］。すなわち、インタビューでの発話やそのやりとりに内閉した分析に留まらない、歴史的・社会的にメディア・インタビューを問い直す作業が必要とされているといえる。

（10）この場合、クレイマーという意味ではなく、何らかの社会的な課題に対して、違和感や反対意見を表明する人という広い意味で用いられている。

（11）構築主義的アプローチについて詳しく論じるだけの紙幅がないため、マクロなモデルをわかりやすく解説した赤川［2012］を参照してほしい。

第7章　ニュースが伝える失言、ニュースが組み立てる失言
——鉢呂経済産業大臣の「死のまち」発言をめぐって

堀口　剛

1　発言が「失言」となるとき

日々、テレビニュースに接していると、政治家がさまざまなトピックについて発言しているのを目にするだろう。そうしたなかで、ある発言が「失言」とされ、政治家としての資質・責任が問題とされる場面がある。東日本大震災という未曾有の災害のあとにも、政治家が問題発言をしたとして、報道のなかでたびたび焦点化がなされている。たとえば、二〇一一年六月に東日本大震災復興対策担当大臣に就任した松本龍は、翌月に岩手県知事と会談した際に「知恵を出さないやつは助けない」と発言したほか、宮城県知事が会談の時間に遅れたことを叱責したとして非難が高まり、その職を辞任することになった。また同年九月には経済産業大臣に就任したばかりの鉢呂吉雄が被災地を訪れたあと、その様子を「死のまち」と形容し、さらには記者たちに「放射能をつけてやる」といった発言をしたとして、こちらも辞任にいたっている。こうした政治家の「失言」の問題はけっして最近に特有なわけではない。二〇〇〇年代はじめには森喜朗総理大臣の「神の国」発言ほか、数々の発言が「失言」であるとして報道で取り上げられた。また「バカヤロー」と発言したのがきっかけで衆議院が解散した吉田茂など、遡れば古くから問題にもなっている。

では、「失言」の問題はどのように浮上していくのであろうか。保阪正康は『戦後政治家暴言録』で戦後の暴言・失言を見ていくなかで、その歴史を「オモテの言論」と「ウラの言論」の葛藤として描いている。そして、「オモテの言論」＝「社会的認知度が高い言論」＝「戦後民主主義体制を核とした言論」から逸脱した「ウラの言論」が失言・暴言として浮かびあがるのだと指摘する〔保阪 2005〕。この保阪による「ウラ」の発露が失言とされていく図式については、『思想の科学』一九九五年六月号の「失言の肖像」という特集のなかで、失言とは政治家としてタテマエを言うべきところを「ついうっかり」ホンネをもらしてしまうことであり、それが敗戦を経験した「日本の戦後に独自の」思考枠組みと結びついていると指摘した、加藤典洋の議論とも重なっている〔加藤 1995〕。

また、政治言語の観点からは、川野徳幸が閣僚の発言が失言となる際の規定要因として、①発言内容、②国内政治的要因、③外交問題に発展するか否か、④マスメディアの閣僚発言への反応度合、の四つの要素を挙げている〔川野 2001：28〕。そこでは、①閣僚が差別、歴史、核の是非などについて発言し、②・③それが外交問題や与野党の批判の対象となって、④マスメディアがそれを繰り返し取り上げるときに、その閣僚の発言は失言として理解され、政治的な責任を伴うものになるという過程が見出されるのである。

右のような指摘は「何が（どのような発言が）失言となるのか、そこにいかなる構造、心性を見て取れるのかについて着目した研究であるとまとめることができるだろう。そうしたなかでも、本章において注目するのは川野が指摘した「④マスメディアの閣僚発言への反応度合」という点である。つまり、政治家の発言がどのように取り上げられて「失言」とされていくのか、その表象のされ方を詳細に分析することが課題となる。対象としては、二〇一一年九月の鉢呂経産相の失言問題を具体的に取り上げながら考えていきたい。九月八日、鉢呂経産相は、野田佳彦総理大臣らと福島県の東京電力福島第一原子力発電所の周辺の市町村を視察した。そして翌九日午前に行われた閣僚による会談のあとに、視察の感想について「市街地は人っ子一人いない、まさに『死のまち』という形だった」と述べたことが問題とされていく。この「死のまち」という表現が批判をまねき、当日の午後にただちに発言の撤回・謝罪が行われた。しかし、この発言に加えて、八日夜に行われた囲み取材のなかで、着ていた防災服の袖を記者にこすりつけるしぐさをし、「放射能をつけてやる」という趣旨の発言があったとの続報がなされ、進退問題へと拡大した結果、一〇日の夜には辞意を表明することになった。八日夜の発言については、その詳細や有無をめぐって、辞任後にも議論されることになるが、「死のまち」発言から二日もしないうちに辞任に至るという、急速に進退問題へと発展した事例だといえる。この事例で興味深いのは九日の「死のまち」発言が取り上げられたのちに、前日の「放射能をつけてやる」という趣旨の発言が呼び起され、問題化されている点である。本章では一連の発言が不適切とされ「失言」となっていく過程について、各局の報道の変化、具体的な語りや映像の表象を取り上げて論じていく。あらかじめ結論を先取りしておくならば、こうした過程のなかで浮かびあがってくるのは、まさにテレビニュースが失言問題を伝えるなかで組み立てられていく「不安」や「不信感」といったものの表象なのである。

2　テレビニュースにおける「失言」の構成

テレビにおける第一報とその評価の差

テレビにおいて「死のまち」発言はどのように取り上げられたのかを、その第一報から見ていこう。ここでは発言内容が取り上げられているものの、まだ「失言」とは扱われておらず、その後の報道との評価の差を確認することができる。

九月九日一五時から放送されたNHKの定時のニュースでは、一分三〇秒程度の短い時間ではあるが、この発言が取り上げられている。スタジオの場面では、画面下部のテロップで「除染対策　全面的にバックアップしたい」と示したうえで、アナウンサーも「除染対策に全力を挙げる考えを示しました」と鉢呂の発言を紹介し、続いて会見の模様をVTRで取り上げている。

アナウンサー「鉢呂経済産業大臣は昨日、大臣就任後はじめて東京電力福島第一原子力発電所を訪れ、視察しました。これについて鉢呂大臣は今日の閣議のあとの記者会見で『復旧にあたる作業員は予想以上に前向きで活力をもって取り組んでいる。残念ながら周辺の町村の市街地は人っ子一人いないまさに『死のまち』という形だった。ただ野田内閣も福島の再生なくして日本の元気な再生ないということで取り組んでいる』としたうえで、次のように述べました」

鉢呂「福島のあの汚染が、私どもの、経産省の一つの原点ととらえて、そこから出発すべきだと。政府は全面的にそれをバックアップしていきたいと」

ここでは、左上のテロップに「鉢呂経済産業相　除染対策に全力を」と表示され、画面下には内容を補うようにして「復旧にあたる作業員は予想以上に　前向きで活力をもって取り組んでいる」「残念ながら周辺町村の市街地は　人っ子一人いない『死のまち』という形だった」「ただ野田内閣も福島の再生なくして　日本の元気な再生はないと取り組んでいる」「福島の汚染が経済産業省の　一つの原点ととらえそこから出発すべき」「政府はそれ（除染対策）を　バックアップしたい」とのテロップも挿入されている。

このＮＨＫのニュースを見ると、「死のまち」はあくまでも会見における発言の一部でしかない。それはどの発言をアナウンサーが説明し、どこから鉢呂自身の声をはさみ込んでいるかを見れば明らかである。ニュースのなかで鉢呂自身の発言として取り上げられ、重きを置かれている内容は除染対策に全力を挙げる姿勢を述べている部分である。また冒頭のテロップでも「除染対策　全面的にバックアップしたい」という点がクローズアップされている。つまり、この第一報では「死のまち」という発言は問題化されていない。

他方、ＮＨＫと同時間帯に放送されたテレビ朝日の九日一四時五七分からの「ＡＮＮニュース」でも、わずか一分足らずの時間ではあるがこの問題について取り上げている。そこではテロップで「福島原発視察の鉢呂大臣　原発周辺は『死の町』」と表示されたうえで、アナウンサーが「避難を強いられている住民に配慮を欠いた発言として野党側が批判しています」と伝え、以下のようなＶＴＲの模様へと切り替わる。

鉢呂「残念ながら、周辺の町村の市街地は人っ子一人いない、まさに、まぁ死のまちという形でございました」
アナウンサー「福島第一原発を視察した鉢呂大臣は、さらに福島の汚染を経産省の一つの原点ととらえ、そこから出発するべきだと指摘しました」
大島「希望を、被災者の皆さんから奪うような、発言をすること自体、大臣として失格に値する」
アナウンサー「野党側は今後国会審議で追及する考えです」

見ての通り、鉢呂のどの部分の発言に焦点が当てられているのかという点でNHKとの違いがある。同じ会見の素材を使いながらも、NHKの報道においては除染対策の重要性を主として取り上げているが、テレビ朝日では「死のまち」発言について取り上げている。そして、この発言に対する野党の批判として、自民党の大島理森副総裁の囲み取材の映像で「大臣として失格に値する」との発言があったことへと接続がなされる。ただし、鉢呂の発言の不適切性が提示される一方で、「福島の汚染を経産省の一つの原点ととらえそこから出発すべきだ」という発言もピックアップし、鉢呂が福島の状況を深刻に考えていることもあわせて報道しているのは、その後の議論の展開からすると重要である。

第一報の報道を見てみると、鉢呂の発言に対する評価がまだ定まっていないことがわかる。NHKのニュースでは、のちの「死のまち」発言に対する批判よりも、むしろ一連の発言を肯定的に評価するような側面さえ見て取ることができる。しかしながら、九日の夕方になると、こうした前後の文脈は切り捨てられ、「死のまち」というフレーズだけが焦点化され、批判の対象として語られるようになっていく。

発言の撤回・謝罪とニュース番組の構成

九日夕方には、自民党の大島の発言のような批判の声が上がったことを受けて、鉢呂は早くも「死のまち」発言が不適切であったとして撤回・謝罪をしており、各テレビ局は夕方のニュースでこの謝罪について伝えている。

たとえば、TBSの「Nスタ」では、一七時二一分にフラッシュニュースで「鉢呂経産相　原発周辺は『死の町』

……撤回」として、鉢呂の「死のまち」発言の模様、大島による「被災者から希望を奪う発言で大臣として失格」という発言の映像を取り上げながら、撤回・謝罪があったことを報じている。さらに、一七時五〇分からはこの問題についてあらためて詳しく伝えている。

このニュースでは、スタジオの場面で原発周辺について「死のまち」という「軽率な発言で足を引っ張られた形です」とアナウンサーが伝えることから始まっている。その後いったんＣＭをはさみつつ、次のようなＶＴＲが流されている。

野田「国も大変な責任があると思っています。まずは冒頭、心からおわび申し上げたいと思います」
ナレーター「昨日福島で放射性物質の除染作業などを視察するとともに原発事故について謝罪した野田総理。今日の閣議ではさっそく第二次補正予算の予備費から除染事業に関わる経費としておよそ二一八〇億円を充てることを決めた。しかし」
鉢呂「残念ながら、周辺の町村の市街地は人っ子一人いない、まさに、まぁ死のまちという形でございました」
ナレーター「昨日、総理と一緒に現地を視察したばかりの鉢呂経済産業大臣が原発事故の被災地を死のまちと表現」
野田「それは不穏当な発言ですね。謝罪し訂正してほしいと思います」
藤村「ご発言にあたっては政府方針等を十分踏まえて対応いただきたい旨、改めて確認をお願いいたしました」
ナレーター「今朝の閣僚懇談会で藤村官房長官はこのように要請し守りの姿勢を固めようとしたばかりだったが」
大島「大臣として私は失格に値する言葉ではないかなと」
ナレーター「野党側に攻めの材料をまた提供した形だ。けっきょく鉢呂大臣は午後の会見で軽率な発言だったなどと謝罪し、発言を撤回した」

このあとニュースでは続けて「野田政権の守りの姿勢をめぐっては新たな事実も明らかになった」として、一川保夫防衛相の沖縄訪問の検討を先送りにするように求めた点など、「慎重な政権運営が続いている」ことが述べられている。

ここでの「死のまち」発言の取り上げられ方は、政権発足直後にもかかわらず、野党に「攻めの材料」を与えてしまったこと、それが政権運営にあたって影響を及ぼす可能性があることへ焦点化するものだといえよう。そこで直接的な批判的な声として取り上げられるのが野党の自民党副総裁の「失格に値する」という発言であり、また政権内部からは野田が除染事業経費を供出しようとしていたこと、直前に藤村修官房長官が発言に気をつけるよう述べていたことが取り上げられて、政権運営を行っていくに際して発言が不適切であったことが間接的に示されているのである。

一方、フジテレビ「スーパーニュース」はこの「死のまち」発言を「失言」とし、さらなる問題があったことを伝えている。ここで言及された八日夜の「放射能をつけてやる」という発言については、フジテレビが他の報道各社に先駆けて伝えたものだった。全体では一分程度の短い報道であるが、その内容を詳しく確認しよう。

この報道では、まずスタジオの場面でアナウンサーが「福島第一原発周辺を死の町と表現した鉢呂経済産業大臣が先ほど、この問題の発言を撤回して陳謝しました」と述べる。また画面下部のテロップでは「鉢呂大臣発言撤回　失言は『死の町』にとどまらず…」と表示されている。そして続くＶＴＲは以下のようなものである。

鉢呂「被災地の皆さんに、あの……誤解を与える表現であったというふうに真摯に反省をしその表現を撤回させていただき深く陳謝を申し上げるところでございます。大変申し訳なく思っております」

アナウンサー「この陳謝に先立ち鉢呂大臣の発言に対しては野田総理も次のように語って不快感を示していました」

野田「それは不穏当な発言ですね。謝罪し訂正してほしいと思います」

アナウンサー「ただ、この問題発言の一方で鉢呂大臣をめぐっては福島県内の視察を終えた昨夜、着ていた防護服の袖を取材記者になすりつけて、『放射能をわけてやるよ』などと話している姿が目撃されています」

ここでは、「失言は『死の町』にとどまらず…」とのテロップから始まるように、鉢呂の謝罪・撤回を受けて、この発言が「失言」であったということが明示されている。それを裏づけるように、「不穏当な発言」「謝罪し訂正してほしい」といった野田の発言に続き、ナレーションで「不快感」という言葉をかぶせることによって、政権内部からも批判的な見方があることを示している。加えてフジテレビのニュース映像では、最後の部分で鉢呂が防護服を着用し福島第一原発を視察している映像とともに、「福島県内の視察を終えた昨夜、着ていた防護服の袖を取材記者になすりつけて、『放射能をわけてやるよ』などと話している姿が目撃されています」と、「死のまち」という失言にとどまらない、さらなる問題があることが述べられている。ただし、この映像においては「放射能をわけてやるよ」という発言がなされていたことは、あくまでも付属的なものにすぎない。つまり、「死のまち」発言に付け加える形で、鉢呂の大臣としての適格性について疑問を投げかける要素として用いられているのである。しかしながら、このニュースをきっかけとして、報道各社もまた鉢呂の前日のやりとりや発言を問題化していく。この過程については、次節にて詳しく見ていくことにしよう。

さて、テレビニュースにおける「死のまち」発言の初期報道を見てきたが、ここまでの過程のなかで、「失言」が立ち上がってくる様子が確認できる。すなわち、発言を批判する立場の人間として、野党や政権内部の人物たちが映像のなかで引用されつつ、失言であったことが強調されていくという過程である。ＮＨＫの第一報を見れば明らかなように、「死のまち」発言はそもそも経済産業省が除染の問題に全力で取り組んでいくという姿勢を表明するなかで行われたものである。にもかかわらず、ある発言が失言として立ち上がっていく際に、そうした姿勢の表明は捨象され「死のまち」発言がいかに不適切であったかという点にのみ語りは収斂していく。こうしたなかで、ＴＢＳの報道では別の閣僚との関係が示されることで政権運営上の問題と接続され、フジテレビの報道ではのちに主題化されていく鉢呂自身の「死のまち」にとどまらない発言と接続されることで、大臣としての適格性が問題化されていくのである。

「死のまち」と「放射能をわけてやるよ」

さて、こうした形で「死のまち」が不適切な発言、「失言」へと位置づけられていくなかで、九日深夜の報道になると「死のまち」発言とは異なった新たな問題が浮上する。つまり、フジテレビが夕方のニュースのなかで取り上げた、前日八日夜の囲み取材において「放射能をわけてやるよ」といった趣旨の発言・しぐさがあったことに対する批判が展開されていくのである。

まず、夕方に第一報を報じたフジテレビの「ニュースJAPAN」の報道を見てみよう。「死のまち」発言の不適切性が新たなＶＴＲ素材とともに示されている。ニュースの冒頭では、テロップで「『死の町』発言　経産相が撤回・謝罪」と表示され、キャスターが「福島第一原発周辺を、死のまちと表現した鉢呂経済産業大臣が、夕方、発言を撤回し、陳謝しました。野田総理大臣の不快感表明に、あわてて撤回、でしたが、波紋は広がっています」と述べて、以下のようなＶＴＲに接続される。

ナレーター「午後八時、電力使用制限令がついに解除された。節電の夏も終わりほっと一息。そんななか」
鉢呂「残念ながら、周辺の町村の市街地は人っ子一人いない、まさに、まぁ死のまちという」
ナレーター「きのう、野田総理とともに被災地を視察したばかりの鉢呂経済産業大臣が、福島第一原発周辺をなんと死のまちと表現した」
青年男子「放射能の高い地域に住んでますけど、そういう言い方はないんじゃないかって思います」
女子生徒Ａ「なんか、そういう発言を大人が軽はずみに言って、何のためにその仕事に就いているのかが、ほんとにわからないです」
ナレーター「きのう野田総理との会談で、佐藤福島県知事が渡したＤＶＤがある。ＤＶＤに収められていたのは、八月に福島で行われた全国高等学校総合文化祭の様子」
女子生徒Ｂ「福島に生まれ、福島で育って、福島で働いて、福島で結婚して、あなたが福島を大好きになれば幸せです」
ナレーター「女子高生の思いはあっさり踏みにじられた」
大島「大臣として私は失格に値する言葉ではないかなと」

渡辺「ほんと言語道断ですね、感覚を疑いたくなりますね。国会で糾弾されるべき発言だと思います」
ナレーター「被災地で事故収束を最優先に取り組む姿勢をアピールした野田総理だったが」
野田「それは不穏当な発言ですね。謝罪し訂正してほしいと思います」
鉢呂「表現を撤回させていただき深く陳謝を申し上げるところでございます」
ナレーター「さらに鉢呂大臣は、視察を終え、東京に戻った際、着ていた防災服を記者になすりつけて、放射能をわけてやるよと語る姿も目撃されている」

この部分では鉢呂の「死のまち」発言の不適切性について、みんなの党代表の渡辺喜美が「言語道断」であると述べたことが追加されており、ますます野党からの批判が高まっていることが示されている。

そして、「街の声」が新たに追加されていることも重要である。街の声の場面では、画面左に「福島県民は―」というテロップが映し出され、まさに福島第一原発の被害を受けた当事者の立場から「そういう言い方はない」「何のためにその仕事に就いているのか」と、発言に対する強い批判がなされている。さらに、そのあとに続く映像もまた特徴的である。ナレーターの「きのう野田総理との会談で、佐藤福島県知事が渡したＤＶＤがある」との語りとともに福島県知事が野田首相にＤＶＤを渡す様子が映し出され、さらに八月に行われた全国高等学校総合文化祭の模様へと切り替わっていく。そこでは女子生徒が「福島に生まれ、福島で育って、福島で働いて、福島で結婚して、あなたが福島を大好きになれば幸せです」と舞台から客席へと訴えかけている。このスピーチの直後、ナレーターは「女子高生の思いはあっさり踏みにじられた」と続け、「死のまち」発言がこのような女子生徒の思いに反するものだったとする。「女子高生の思いはあっさり踏みにじられた」というくだりについては、鉢呂の発言に対する直接の言及ではない。しかし、このくだりがその前後の映像の構成のなかに配置されることによって、批判的な意味が付与されているのである。

そして最後の部分では、鉢呂の謝罪の映像に続いて、「放射能をわけてやるよ」という発言があったことが示されており、「死のまち」発言だけにとどまらないことが述べられている。この部分は、夕方のフジテレビの報道における鉢呂の大臣としての不適切性を投げかける接続の仕方とほとんど変化していない。

一方で、同時間帯の他局のニュースにおいても「放射能をわけてやるよ」といった発言、しぐさへの焦点化が行われるようになる。ＮＨＫの一〇日午前〇時からの「ＮＨＫニュース24」では、約一分四〇秒程度の短い時間ではあるが、「死のまち」発言に先立つやりとりについて伝えている。そこでは、アナウンサーが「鉢呂経済産業大臣は、野田総理大臣とともに福島県の被災地などを視察したあと、おとといの夜、都内の議員宿舎に戻った際、記者の体に触れるようなしぐさをしながら、『放射性物質がうつった』などという趣旨の発言をしていたことが明らかになりました。鉢呂大臣は周辺に対し、厳しい原発の現状などを記者団と共有したいという気持ちだったと釈明しています」と伝え、ＶＴＲへと切り替わる。ＶＴＲの前半では八日に行われた視察の模様を映しながら、冒頭のアナウンサーの発言とほぼ同じ内容が繰り返されている。そして、この映像に続き、鉢呂の会見の映像とともに次のようにも述べられている。

「鉢呂大臣は昨日の記者会見で、東京電力福島第一原子力発電所の周辺の町村の市街地は、人っ子一人いないまさに死のまちという形だったと発言し、その後あらためて記者会見して、被災者の皆さんに誤解を与える表現だったと述べ、発言を撤回したうえで、陳謝しました」

新事実として明らかになった八日夜の「『放射性物質がうつった』などという趣旨の発言をしていたこと」と、それ以前の「死のまち」発言とが並置されて語られていることがわかるだろう。「放射性物質がうつった」発言は、衆議院の議員宿舎の前で行われた記者団とのやりとりのなかでなされたものとされており、発言自体が撮影されていたわけではない。そこで用いられている映像は八日の視察の模様である。

ほぼ同時間帯の九日二三時三〇分からのＴＢＳの「ＮＥＷＳ23 Ｘ《クロス》」でも、同様に八日夜の発言についてトップニュースで伝えている。ここでは、そのニュースの流れについてまとめた表7-1を参照しながら検討してみたい。

ここではまず、キャスターの「震災から間もなく半年になりますが、福島第一原発の事故は周辺に住む人たちの生活

表7-1　9月9日金曜日「NEWS23X」

time	発言	素材／構成	テロップ
23:32:30〜	**膳場貴子・枡田絵理奈**「こんばんは」 **膳場**「9月9日金曜日ニュース23クロスです。震災から間もなく半年になりますが、福島第一原発の事故は周辺に住む人たちの生活に暗い影を落としています。その原発を所管する鉢呂経済産業大臣が耳を疑う発言をしました」	**スタジオ映像**	**（画面下）**膳場貴子　枡田絵理奈
23:32:55〜	**膳場**「きのう鉢呂大臣は福島第一原発を視察しましたが、その後報道陣に対して、放射能をうつしてやるといった趣旨の発言をしていたことがわかりました」	**スタジオ映像**	**（画面下）**鉢呂経産相「放射能うつしてやる」趣旨の発言
23:33:06〜	**ナレーター**「鉢呂経済産業大臣が昨日、福島第一原発を視察したあと、報道陣に対して防災服をすりつけるしぐさをしながら、『放射能をうつしてやる』という趣旨の発言をしたと一部で報じられた。関係者は今夜鉢呂大臣がこの趣旨の発言をしたと認めていることを明らかにした」	**VTR**　鉢呂が防護服を着用し、福島第一原発を視察する様子（屋外／屋内）	**（画面右上）**鉢呂経産相「放射能うつしてやる」趣旨の発言 **（画面左上）**きのう **（画面下）**鉢呂吉雄経産相 **（画面下）**鉢呂経産相／防災服をすりつけるしぐさをしながら――「放射能をうつしてやる」という趣旨の発言をしたと一部で報道 **（画面下）**関係者／今夜鉢呂大臣がこの趣旨の発言をしたと認めていることを明らかに
23:33:30〜	**ナレーター**「原発事故をめぐり、鉢呂氏は今朝も波紋を広げる発言をしていた」	**VTR**　鉢呂が会見場に入ってくる様子。「波紋を広げる〜」の部分から白黒の映像に	**（画面右上）**「原発周辺は死の町」鉢呂大臣発言が波紋 **（画面左下）**波紋

23:33:37〜	**鉢呂**「残念ながら、周辺の町村の市街地は人っ子一人いない、まさに、まぁ死のまちという形でございました」	**VTR**　鉢呂の会見の模様	**(画面右上)**「原発周辺は死の町」鉢呂大臣発言が波紋 **(画面左上)** きょう午前 **(画面下)** 残念ながら、周辺の町村の市街地は人っ子ひとりいない／まさに〝死の町〟という形でございました〔※〝死の町〟が赤字で強調〕
23:33:48〜	**ナレーター**「人気のなくなった原発周辺の市町村を死のまちと表現したのだ」	**VTR**　会見の模様。会場全体から鉢呂の顔へとクローズアップ	**(画面右上)**「原発周辺は死の町」鉢呂大臣発言が波紋 **(画面左下)**〝死の町〟〔※赤字で強調〕
23:33:55〜	**ナレーター**「野党からは強く批判する声が上がった」	**VTR**　記者が待ち受けている場所へ、自民党大島がやってくる映像	**(画面右上)**「原発周辺は死の町」鉢呂大臣発言が波紋
23:34:00〜	**大島**「大臣として私は失格に値する言葉ではないかなと」	**VTR**　大島の囲み取材の模様	**(画面右上)**「原発周辺は死の町」鉢呂大臣発言が波紋 **(画面左上)** 午後2時半ごろ **(画面左)** 自民党／大島理森副総裁 **(画面下)** 大臣として失格に値する言葉ではないかなと
23:34:08〜	**ナレーター**「野田総理も鉢呂氏の発言に強い不快感を示した」	**VTR**　野田がバスから降りてくる様子	**(画面右上)**「原発周辺は死の町」鉢呂大臣発言が波紋
23:34:14〜	**野田**「それは不穏当な発言ですね。謝罪し訂正してほしいと思います」	**VTR**　野田の囲み取材	**(画面右上)**「原発周辺は死の町」鉢呂大臣発言が波紋 **(画面左上)** 午後4時ごろ **(画面下)** それは不穏当な発言ですね／謝罪して訂正してほしいと思います

23:34:20〜	**藤村**「言葉の使い方を私は非常に不穏当、不適切だと思います。経産大臣が発言したものとも考えがたいわけですが事実だと聞いております」	VTR　藤村会見の模様	**(画面右上)**「原発周辺は死の町」鉢呂大臣発言が波紋 **(画面左上)** 午後4時すぎ **(画面左)** 藤村修官房長官 **(画面下)** 言葉の使い方を私は非常に不穏当、不適切だと思います／経産相が発言したものとも考えにくいわけですが事実だと聞いております
23:34:31〜	**ナレーター**「身内の内閣からも相次いだ厳しい声に、午後ふたたび会見した鉢呂氏は」 **鉢呂**「えー、それではただいまから」	VTR　鉢呂が会見場に入ってくる様子	**(画面右上)**「原発周辺は死の町」鉢呂大臣発言が波紋 **(画面左上)** 午後4時ごろ
23:34:39〜	**鉢呂**「表現自体、大変あの、被災地の皆さんに、あの……誤解を与える表現であったというふうに真摯に反省をしその表現を撤回させていただき、深く陳謝を申し上げるところでございます。大変申し訳なく思っております」	VTR　鉢呂会見の模様	**(画面右上)**「原発周辺は死の町」鉢呂大臣発言が波紋 **(画面左)** 鉢呂吉雄経産相 **(画面下)** 大変被災地の皆さんに誤解を与える表現だったと真摯に反省し／表現を撤回させていただき／深く陳謝を申し上げる／大変申し訳なく思っております
23:35:07〜	**ナレーター**「発言を謝罪し撤回、被災者が町に戻れるように除染対策等を強力に進めていくと申し上げたかった、などと釈明した」	VTR　会見の模様。会場全体から鉢呂の顔へとクローズアップ	**(画面右上)**「原発周辺は死の町」鉢呂大臣発言が波紋 **(画面右下)** 謝罪〔※赤字で強調〕 **(画面下)**「被災者が町に戻れるように除染対策等を強力に進めていくと申し上げたかった」
23:35:17〜	**ナレーター**「鉢呂氏の発言について福島の人たちは」	VTR　子ども連れの母親にインタビューを行っている様子	**(画面右上)**「原発周辺は死の町」鉢呂大臣発言が波紋 **(画面左下)** 福島の人たちは——
23:35:21〜	**青年男性**「生きてるんですけどね、私ら、精いっぱい」	VTR　インタビュー。青年男性	**(画面右上)**「原発周辺は死の町」鉢呂大臣発言が波紋 **(画面左下)** 生きているんですけどね／私ら精いっぱい
23:35:26〜	**若者男性**「子どもかなって。ま、上に立つ人としてそれはないかなって、ちょっと思いますね」	VTR　インタビュー。若者男性	**(画面右上)**「原発周辺は死の町」鉢呂大臣発言が波紋 **(画面左下)** 子どもかなって（思う）／上に立つ人としてそれはないかな

23:35:36〜	**老年男性**「ああ、それはすぐ辞めてください（笑い）。ふざけるんじゃない（笑い）」	**VTR**　インタビュー。老年男性コメントしながら、歩き去っていく	**（画面右上）**「原発周辺は死の町」鉢呂大臣発言が波紋 **（画面左下）**それはすぐ辞めてください／ふざけるんじゃない。
23:35:43〜	**ナレーター**「被災者の心を傷つけた鉢呂氏の発言。今後野党からも厳しく追及されそうだ」	**VTR**　野田内閣発足時の閣僚が一斉に階段に並ぶ様子から、そのなかの鉢呂の様子に	**（画面右上）**「原発周辺は死の町」鉢呂大臣発言が波紋
23:35:51〜	**膳場**「大臣の心無い発言、現地の人はどういう思いで聞いているんでしょうか。福島県南相馬市には松原キャスターがいます。松原さん」	**スタジオ映像**	
23:36:01〜	**松原**「はい、あの私も福島の方々にお話をうかがってみたんですが、まぁ、みなさん、一様に、まぁ、あきれたという様子でした。なかには何のために福島に来たのかと、今回の内閣には少し期待していたが怒りすら感じるという方、あるいはですね、まぁ、われわれはどんぞこのなかでがんばっているのに、普通の感覚を持っている方ならそんなこと言えないはずだとがっかりしたとおっしゃる方もいらっしゃいました。さて、私は今日、南相馬市にあります総合病院の外来受付にいま立っています。あさって震災から半年を迎えるわけですが、福島の地域医療は深刻な状況に置かれておりまして、なかには存続の危機すらある病院もあります。この緊急の課題である問題をのちほどこちらからお伝えしてまいります」	**中継映像**　福島県南相馬市の病院内	**（画面左上）**ＬＩＶＥ報告／福島・南相馬市 **（画面下）**松原耕二

に暗い影を落としています。その原発を所管する鉢呂経済産業大臣が耳を疑う発言をしました」という言及から始まる。背景にはボロボロになった福島第一原発らしき映像も流されている。ニュースを伝える前に周辺住民の生活について言及し、そのなかで鉢呂の発言について「耳を疑う」という判断を付加したうえで、「放射能をうつしてやるといった趣旨の発言をしていたこと」が問題とされるのである。

続くVTR映像からはいくつかの特徴が見えてくる。ナレーションでは「『放射能をうつしてやる』という趣旨の発言をしたと一部で報じられた」こと、さらには関係者の談話として「この趣旨の発言をしたと認めている」ことを伝えている。つまり、フジテレビの第一報として「一部で報じられた」ことが事実であったことについて言及しているのである。また、ここで使用されている映像はNHKの報道と同じく、八日の福島第一原発の視察の模様となっている。

さらに見ていくと、スタジオ場面で表示されていたテロップは「鉢呂経産相　『放射能うつしてやる』趣旨の発言」となっていたが、VTR上では二五秒程度しか取り上げられていない。そのあとはすべて「死のまち」発言に対する報道になっている。それは右上に表示され続けているテロップが「『原発周辺は死の町』鉢呂大臣発言が波紋」へと変わることからもわかる。さらにはナレーションで「原発事故をめぐり、鉢呂氏は今朝も波紋を広げる発言をしていた」とあるように、今朝「も」という形で「死のまち」発言が付属的な位置に置かれ、時間の点では大きな扱いがなされていない「放射能うつしてやる」という新たな発言がトップの位置へと置かれているのだ。ここにおいて、「死のまち」という「失言」は、「放射能うつしてやる」という新しい「失言」へと接続され、その不適切性を補強するために用いられているのである。

そこでは野党側からの批判、政権内部からの批判といったこれまでにも取り上げてられてきたような映像素材が使用され、さらにはここでも当事者の「街の声」として福島の人々が登場している。この場面では三人の男性が登場し、各々が鉢呂の発言に対する批判的なコメントを寄せているが、とりわけ「ああ、それはすぐ辞めてください（笑い）」「ふざけるんじゃない（笑い）」と吐き捨てるようにして去っていく男性からは、鉢呂に対する怒りや軽蔑の感情がその語気の強さや乾いた笑いから読み取れ、きわめて批判的な態度が示されている。加えて、発言自体は紹介されていないが、ナレーターの「鉢呂氏の発言について福島の人たちは」という言葉に合わせて、子ども連れの母親らしき人物が映し出されていることにも注目したい。そこでどのような受け答えが行われていたのかは映像ではわからない。しかし、さきの男性三名にこの子ども連れの女性も加えることで、男女問わず、幅広い層からの鉢呂に対する批判というものが示唆されているのである。すでに「ニュースJAPAN」の記述でも触れたように、「街の声」、被災者の顔を紹介することによって、鉢呂の発言の「不適切性」が強調されていることがわかるだろう。

そして、ニュースでは、最後にいったんスタジオに戻ったあと、福島からの中継映像がはさみ込まれている。そこでは、「怒りすら感じる」「がっかりした」といった内容が、現地の声を伝えるということで紹介されているが、同時にこのあとの特集として取り上げる内容の予告にもなっている。ここで予告される地域医療の問題は、まさにこのニュースの冒頭で示されたような、「周辺に住む人たちの生活」にとって「暗い影」にほかならない。つまり、震災から半年を迎えようとするなかで、被災地が直面している困難と鉢呂の「死のまち」発言とがニュース番組の全体の構成のなかで結びつけられて、その発言の不適切であることがさらに強調されているのである。

こうした構造は、福島の地域医療について取り上げたTBSの「NEWS23X」にとどまらない。さきの「ニュースJAPAN」についても、「死のまち」発言のニュースに続いて放送されたのは、「大震災から半年『地元で働きたい……』就活高三生の今」という南三陸町の高校生の就職活動を取り上げたトピックであった。地元での就職問題を取り上げたうえで、ナレーターは「復興を担う若者たちの雇用。被災地には大きな課題が横たわっている」とこのリポートを締めくくっている。このような点を考えてみると、フジテレビのニュースで見た「女子高生の思いはあっさり踏みにじられた」という直接的な鉢呂発言に対する言及とはなっていないナレーションも、単に前後の映像の構成やナレーションによって批判的な意味が付与されていただけではないことがわかる。ニュース番組全体の一連の流れのなかであらためて見直したとき、「女子高生の思い」は、次の話題へのブリッジという点で重要なポイントにもなっている。つまり、この過程では被災者の声が紹介されるなかで、そこで表明された怒りや失望、そして震災半年という節目において山積みとなっている問題に対する不安といったものが描き出され、鉢呂の「失言」がいかに問題であるのか提示されているのである。

進退問題への接続①――一〇日朝のニュースから

翌日一〇日朝のニュースになると、その語りはどのように変化していったのだろうか。二つの相次ぐ「失言」によって大臣としての適格性が強調された結果、「進退問題」へとトピックが移っていくのを確認することができる。

まず朝のＮＨＫニュースを確認してみよう。ニュースのトピックを示すテロップには「鉢呂経済産業大臣の発言　進退論議呼ぶ」と表示され、ニュースキャスターは「鉢呂経済産業大臣が、福島県の被災地の視察後記者の身体に触れるようなしぐさをしながら、『放射性物質がうつった』などという趣旨の発言をしていたことが明らかになりました。これについて民主党内では、福島の再生を妨げる発言で進退問題になりかねないと懸念する声がある一方で進退に発展する問題ではないという意見もあって論議を呼んでいます」と述べている。ここでＶＴＲに切り替わるが、ここで使用されている映像は午前〇時のニュースに用いられていた映像とまったく同じものである。キャスターが読み上げる原稿も変わらない。しかし、そのあと、新しい映像が追加され、「進退問題」へと問題が発展していることが示される。

鉢呂「被災地の皆さんに、あの……誤解を与える表現であったというふうに真摯に反省をしその表現を撤回させていただき、深く陳謝を申し上げるところでございます。大変申し訳なく思っております」

ナレーター「一連の鉢呂大臣の発言について、民主党内では、福島の再生を妨げる発言で被災地の反発は必至だとして、進退問題になりかねないと懸念する声がある一方で、発言の趣旨を十分説明すれば理解は得られるとして、進退に発展する問題ではないという意見も出ています」

鉢呂の発言のあとに追加されているナレーションのＶＴＲ部分では、民主党内で進退が問題になりつつあるという説明に合わせて民主党の建物の看板が映し出されている。看板を映している映像は二種類あり、ひとつは看板をその近くから撮影したもので、看板へと徐々にクローズアップしていく。もうひとつは看板を遠くから撮影しており、陽炎のように民主党の看板の文字がゆらめいている様子である。前者の映像は民主党内の「進退問題になりかねないと懸念する声」の部分で用いられ、「進退に発展する問題ではないという意見も出ています」という部分で後者の映像へと切り替わる。ここにおいて民主党内部での議論と看板の撮影の仕方が重ね合わされていることを読み取ることができる。つまり、党内で進退問題になることを懸念する声が高まっている状態と、クローズアップする党の看板とが重ね合わされているのである。このように前日のニュースに新たな語りと映像を加えることによって、進退が焦点となりつつあることが指し示されている。

続いて、TBSの「サタデーずばッと」の映像について取り上げる。この映像ではスタジオ内のキャスター、ゲストのやりとりのなかで、進退が問題化されていく模様が確認できる。このスタジオでのやりとりについて、詳しく見ていこう。番組の冒頭、番組のメインキャスターであるみのもんたはこの問題について次のように語っている。

みの「まぁ、私も、しゃべる仕事をやりまして、もう四六年になるんですよ。さっきしみじみ、しゃべってきたけど、まぁ、ずいぶんいろんなこと言っちゃって失敗したなぁなんて。くちびる滅びて歯が寒いことがたくさんありましたが」

このように自身の「しゃべる仕事」での数々の「失敗」を、鉢呂の失言に重ね合わせようとする。また「くちびる滅びて〜」の故事成語については、元来の意味と異なっているが、失言のことを匂わせる表現として用いられている。続けて、鉢呂が映されたフリップ、当日の朝刊トップのフリップを紹介しながら、以下のように述べる。

みの「この方、誰かというと、今をときめく、まぁいいやね、ね。（フリップをめくって）福島視察したあと、この鉢呂さん、経済産業大臣がですね、こういうこと言ったっていう。放射能うつしてやる。なんでこういうこと言ったっていう。（新聞各社の朝刊がまとめられたフリップを参照しながら）新聞を見ますとですね、はぁ、毎日新聞、『放射能つけた』。朝日、『放射能つけちゃうぞ』。読売、『ほら放射能』。朝毎読で微妙にニュアンスが違う。ねぇ。日本経済新聞、『死のまち』、うわぁ。産経新聞、『死の町』、『放射能うつしてやる』。東京新聞、『放射能うつす』。その隣、防災服をすりつけたという。まぁ、記者団に取り囲まれてということなんでしょうけれども、これはねぇ。まぁ、その真意はどうなのか。

堀井君」

鉢呂を紹介する際に「今をときめく」といった皮肉を入れ、ひとつひとつの紙面を紹介するなかで、「うわぁ」といった言葉をはさみながら、この発言がいかにひどいものであったかといった判断を表明している。そして、そのあとに別のアナウンサーによって鉢呂の失言に関するニュースが伝えられる。用いられている映像は、NHKのときと同じように前日の深夜に放送された内容、つまり「NEWS23X」の映像を再利用したものである。ただし、若干の再編集が施されており、その違いとしては自民党大島が発言を批判する模様、藤村官房長官が政権内部から不適切であったということを述べる模様、「子どもかなって（思う）」と述べた街の声が削除されている。テロップは、鉢呂の謝罪会見以降に変更が加えられ、「『死の町』『放射能を…』　鉢呂氏発言に広がる波紋」という形になっている。そして、いったんCMをはさみ、スタジオにいるゲストの紹介とともに、各人のこの発言に対する意見が表明されている。

まず、政治評論家の岩見隆夫が野田政権発足直後にもかかわらず、問題発言、失言が多発していることに触れ、とりわけ鉢呂の発言が前面に躍り出たとしている。そして、「で、けっきょくね。野田さんは適材適所だということを言った、人事のあとにね。どう見ても適材適所じゃないですね。この内閣はね」と述べるが、このときの映像がきわめて特徴的である。それまでは岩見のアップでとらえていたカメラが、いったん引いて、隣にいた人物、民主党の議員である福山哲郎を映し出している。つまり、スタジオにいる議員が野田政権、与党民主党への批判の矛先とされているのである。さらに岩見は以下のように続けている。

岩見「総理大臣もやっぱり反省してもらわにゃ困るんで。んー。ここはあの一括して失言問題を政治的に処置せざるを得ない。そうじゃなきゃ、とてもついて行けないですよね」
みの「どういう処置の仕方です」
岩見「それはあのー進退問題について……」
みの「あ、進退になって」
岩見「えぇ、真剣に考えなきゃならないと思いますね。みんな釈明だけで潜り抜けるわけにはとてもいかない。とくにこの鉢呂さんの発言は、まぁなんかふざけて言った話でしょうけど、ふざけちゃいけない問題ですから、これはね。釈明のしようがないんじゃないでしょうか」

ここで引用している「総理大臣も～」の部分では、内閣発足時に赤絨毯を降りてくる野田の映像にゲストたちの様子がはめ込まれている。そして、キャスターとのやりとりのなかでより踏み込んだ発言として、進退の問題へと言及されている。とりわけ、みのが「あ、進退になって」と相槌を打つことによって、そこが強調されていることがわかるだろう。

この語りと用いられている映像によって、進退のみならず、野田の任命責任という側面も打ち出されている。

こうした鉢呂や野田内閣に批判的なコメントを受けて、次にコメントを求められるのが、民主党の福山である。

みの「福山さん、おはようございます。政権を支える立場にいなきゃいけない方にこういう質問もあれですけど」
福山「あの私一週間前まで官邸にいましたけど、ほんとにお久しぶりでございます。あの半年たちまして、やはり放射能の汚染の除染ていうのはこれからが本番です。やはり住民の皆さんは一日も早く自分の村、町に帰りたいという状況のなかで、まだじっと避難されているわけですから。まぁ発言としては、総理がおっしゃるように、不穏当だったと思いますし、鉢呂経産大臣はあのほんとにお人柄のいい方で、私もよく存じ上げてますが、まぁ趣旨としてはそんな思いではなかったんだと思いますが、不適切だったと思いました。残念です」
みの「だいたい党としては、民主党としてはどう、どう対処するんですか。こういう場合」

福山「いや、私はまだ党のなかで……昨日私は東京にいませんでしたので議論しておりませんが、まぁこれからいろんな議論が起きてくるかもしれません」

このやりとりでは与党民主党の議員という立場ゆえに慎重なコメントになっているのがわかる。首相が表明したように被災者の人々に対して配慮が欠けていたとして「不穏当」であったことを認めながら、一方で鉢呂は「ほんとにお人柄のいい方」と述べて、この発言の趣旨は異なっていたのではないかということも指摘している。また、前のゲストの発言を受けて、みのが民主党内での対処について質問しているが、自分が前日に東京にいなかったということを理由として、「いろんな議論が起きてくる」可能性を指摘したのみで、今後に関する積極的な言明を避けていることもわかるだろう。こうした歯切れの悪いコメントは次に発言を求められる自民党の山本一太ときわめて対照的である。

山本「はい。あの昨日ちょっとこの話を聞いたんですけど、もうサタずばに毎回出るたびにこういうこと言いたくはないんですが、鉢呂経済産業大臣すぐやめていただきたいですね。あのこの話たぶん大きくなります。死のまち、この放射能をうつしてやるといった趣旨の発言、けっきょく私は、経産大臣やめざるを得なくなると思いますから、自らその前にですね、えー辞任をされたほうがよいと思います」

「鉢呂経済産業大臣すぐやめていただきたい」と、発言が進退に値するものだと断言している。野党の議員の立場からして、まさに格好の追及材料になっているというのがわかるだろう。そして、さらに次のように述べる。

山本「で、野田大臣がですね、あ、野田総理がですね、この内閣はがけっぷち内閣、日本ががけっぷちなんだから、あの、死に物狂いでやれと、本気でやれと言ってるわりにはですね、やっぱり緊張感がないですね」

この場面において、山本のコメントに合わせて、鉢呂らが現地の首長たちと会談している模様が映されている。そこに山本の映像がはめ込まれているが、「やっぱり緊張感がないですね」の発言の直後、民主党の福山の顔が映し出される。前述した通り、ここでもゲストの民主党議員を映し出すことによって、野田内閣、あるいは民主党に対する野党側からの批判の構図を作り出しているのである。こうしてみると、「ＮＥＷＳ23Ｘ」から「サタデーずばッと」にかけてＶＴＲのなかで削除された批判がスタジオのなかで行われているといえるだろう。

さらに続けて、もうひとりのゲストである田丸美寿々も、鉢呂に対して信頼できないというコメントを行うが、ゲストの各発言を受けて、みのは次のように述べる。

みの「いやぁ、ほんとねぇ、鉢呂さんの肩をもつわけじゃないけど、あの方は福島に行って、一〇km圏内、二〇km圏内、三〇km圏内、野生化した牛が走り回っている姿を見て、人っ子一人いない町を見て、どっかで、あぁ、これはゴーストタウンになっちゃったな、いやぁ、死のまちなんだなって思いが強かったんじゃないかと思うんですよ。ただね、ただね、立場が立場ですから。ねぇ。そういうときの発言というのは大変だったと思うんですけども」

ここでは鉢呂の立場に対して、いったんは同情的な部分も示されているが、直後に大臣として不適切であったことがあらためて強調される。みのの発言を受け、岩見が新聞記者への対応の仕方が問題であったとし「鉢呂さんもね、こんなこと報道されるとまったく思ってないと思いますよ」と述べ、「報道されちゃったらしょうがないわけで。やっぱり報道陣ていうのを軽く見ないほうがいいんですよね。言った以上はね、必ず活字になりますから」と指摘するが、これに対してみのもんたは、あらためて民主党の福山に対して、「そういうもんですか」と投げかける。菅政権の内閣官房副長官でもあった福山は「そうですね、やはり番記者の方とのやりとりもですね、やはり言葉を間違えると、それはやはり書かれる可能性も出てきますので」と応じているが、ここでもやはり、鉢呂の対応がまずかったことが上書きされていくのである。

以上のようなやりとりがスタジオでなされ、この話題についてまとめる最後の言葉もまたこの鉢呂発言に対する位置づけをするという点で特徴的な語りになっている。

みの「そりゃまぁ、その昔、バカヤローって言った人がいて解散しちゃったそうです。バカヤロー言っただけじゃなくて、コップの水をかけたっていうんですよ。そうかと思えば、貧乏？　貧乏人は麦を食えってすごいこと言った人がいた（笑い）。いろいろありますけどね」

ここで持ち出されるのは、過去に問題となった失言である。それぞれ吉田茂、池田勇人といった当時の政治家が発言したものである。このような過去の失言と並置されることによって、鉢呂の一連の発言もまた「失言」として位置づけられているのである。

進退問題への接続②――辞任に至る流れ

一〇日朝のニュースに見られるような進退問題への焦点化は昼以降の報道でさらに前面化していく。そこでは与野党を問わないさまざまな政治家、そして街の声を引用することによって、報じられていくことになる。

たとえば、鉢呂の失言が進退問題へと焦点化していく過程において、自民党の石破茂が批判的なコメントを行う人物としてたびたび登場している。一〇日の日本テレビの昼のニュースでは、「放射能をうつしてやる」という趣旨の発言があったことに対し、「政治家以前の問題だ」、「人間としてどうなんだいと思う」と批判したことが取り上げられている。石破のこのコメントは他の報道でも登場し繰り返し用いられている。一方、鉢呂に対して擁護的な立場をする人物に関しては、具体的な映像が用いられることはない。同じニュースのなかで「原発の視察から帰った際のプライベートでの発言だ。いちいち揚げ足をとられていたら、口もきけなくなると辞任の必要はないとの考えを示しました」とのコメントが民主党幹部からなされたことも伝えているが、具体的な映像は登場せず、「民主党幹部」という形で処理されている。発言に対する批判的見解を述べる人々の姿は、囲み取材などの映像とともに伝えられるにもかかわらず、「進退に発展する問題ではないという意見」に対しては、映像は用いられず発言者も明らかにされない。この批判と擁護の非対称性が鉢呂の失言が不適切であることや、その責任を問いただすような語りを生み出している。そうしたなかで進退問題の前面化が進み、辞任に至る流れが報道のなかで際立っていくのである。

こうした辞任への流れがどのように描かれているのか、一〇日夜のNHK「ニュース7」を詳しく見ていこう。このニュースでは鉢呂の発言・しぐさをめぐって、その真意を確認するために野田総理大臣と会談をもつ予定であることが報じられている。テロップでも「鉢呂経済産業相〝発言〟野田首相が今夜会談　真意を確認か」とされているが、以下で見ていく構成からはまさにこの場で進退が議論されるであろうことが示されている。

VTRを見てみると、冒頭の部分は簡略化されているものの、やはり使用される素材はこれまでのものとほぼ変わらない。そして、それに続くのは民主党前原誠司・枝野幸男の囲み取材の模様である。前原は「ご発言が事実とすると大変由々しき問題だというふうに思います」と発言に対する遺憾の意を表したうえで、「まあ、どういう文脈でお話しされたのかによってまた違うとは思いますし、今日中にどういう真意だったのかということをご説明されることが大事だと思います」と判断を留保している。枝野は「原発によって被害を受けられて今も厳しい状況にある皆さんの心情を著しく害する発言になってしまっていると言わざるを得ないと大変残念に思っています」とし、発言に対する否定的な意見、被災者に対する謝罪を述べる。そして、こうした発言を紹介したうえで、語気を荒くして自民党の石原伸晃が「万死に値する」と鉢呂を批判し、野田の任命責任を追及する場面へと接続されていく。石原の批判に続いて映像は、野田が南三陸町の視察において、鉢呂自身から「しっかりとご説明をいただきたい」とコメントする場面へと移り変わる。さらに、それを受ける形で、一〇日の昼過ぎに鉢呂自身があらためて「国民の皆さん、とりわけ福島の被災されている皆さんに大変なご迷惑をおかけし不信の念を与えたとすれば心からおわびを申し上げたい」と謝罪する模様が取り上げられている。

映像は与党内部や野党からの批判的な声に対して、野田と鉢呂が対応に追われていることを伝えるものである。ニュースの最後の部分では、「今夜六時半過ぎ、野田総理大臣は宮城、岩手の視察を終え、国会近くの港区赤坂の議員宿舎に入りました。この議員宿舎にはすでに鉢呂大臣も入っており、野田総理大臣は今夜、鉢呂大臣と会談することにしています。会談で野田総理大臣は発言の真意を確認し、鉢呂大臣はみずからの考えを説明するものと見られます」と締めくくられているが、このようなニュースの構成からは、この会談において今後の進退が問題になることが示唆されているといえるだろう。

そして、実際、この会談において鉢呂は辞意を表明し、それを野田は受理することになる。その第一報はNHKが放送していた震災に関する生放送の番組内で伝えられている。スタジオでの速報のあと、ライブ中継でゲスト出演していた東日本大震災復興対策担当大臣の平野達男に辞任に関するコメントを求めるが、この際にアナウンサーの問いかけは、一連の失言問題において何が問題とされてきたのかについて、きわめて象徴的な一言になっているといえる。

アナウンサー「今、鉢呂大臣、経済産業大臣が辞表を提出というニュースが入ってきましたけれども、平野さん、平野大臣、あの、えー今、鉢呂大臣が辞表提出というニュースなんですけれども、これは復興が進まないなかでこういう大臣が辞表を提出ということで、またさらに被災地ではですね、政治に対する不信感がまた高まってしまうということがあると思うんですけれども。この辞表提出について、平野大臣どのように受け止められますか」

この問いかけは、失言問題が「政治に対する不信感」を賭金として展開されてきたということを示している。直接的には「街の声」として被災者自身が語り、また与野党の政治家たちが問題としてきたのは、このような被災地に対する配慮の欠けた「死のまち」「放射能をつけてやる」という発言であり、まさにそのことをめぐって、「失言」の問題が構成されてきたのである。

3　ニュースが伝える失言、ニュースが組み立てる失言

以上、「死のまち」「放射能をつけてやる」という鉢呂経済産業大臣の発言の問題化について時系列的に取り上げながら、それが「失言」となっていく過程を確認してきた。

鉢呂の発言は、「人っ子一人いない町を見て、どっかで、あぁ、これはゴーストタウンになっちゃったな、いやぁ、死のまちなんだなって思いが強かったんじゃないか」という鉢呂の感情を代弁したかのようなみのもんたの発言が示すように、福島の現状をきわめてストレートに表現したものだったのかもしれない。しかも、第一報の報道で見たように、この発言に続いて「福島の汚染が経済産業省の一つの原点ととらえ」たうえで、「福島の再生なくして日本の元気な再生ないということで取り組んでいる」「政府は全面的にそれ（除染対策）をバックアップしていきたい」と述べたように、単に被災地の復興に対して悲観的な見通しを示そうとしたものではなかった。

にもかかわらず、このなかの「死のまち」という言葉だけが焦点となり、野党からの批判の声が上がったことで発言の撤回・謝罪を余儀なくされ、さらなる発言も報じられるに至って大きな問題として発展していくこととなる。そこでは何よりも、「被災地の人々に対する配慮が欠けていること」が強調され、発足直後の政権運営においてマイナスになりかねない要因となりうるといった指摘、さらには福島の被災者たちからの「そういう言い方はない」「何のためにその仕事に就いているのか」といった批判的な声がメディアによって選択され、取り上げられた。こうした過程のなかで大臣としての適格性に疑問が付され、進退問題となり辞任に至る流れが作り出されていったのである。

さらにこの過程で、メディアによって取り上げられた「希望を被災者の皆さんから奪う」「被災者の心を傷つけた」「原発によって被害を受けられて今も厳しい状況にある皆さんの心情を著しく害する」といった語りや、発言に対する批判の映像が組み合わされていくなかで、鉢呂のみならず政権に対する「不信感」も描き出されていた。

加えて、震災から半年という節目の時期になってもなお「福島第一原発の事故は周辺に住む人たちの生活に暗い影を

落としています」「被災地には大きな課題が横たわっている」「復興が進まない」などといった語りや、被災地に住む人々の映像を通じて「不安」が描き出された。政治に対する「不信感」、震災以降の社会における「不安」、こうしたものを賭金として、直接的には被災者からの声が取り上げられ、またそれを代弁しながら政局にしようとする野党側の追及や、問題の収束を図ろうとする与党側の政治家の発言がニュースとして映像化されるなかで、今回の「失言」は作り出されたのである。

しかしながら、このプロセスは一方で「不安」を打ち消していく過程でもあったと見ることもできる。つまり、「死のまち」という言葉が、原発事故による放射能に対する不安や、被災住民たちが帰還できないかもしれないような地域へと化してしまったことへの「不安」を直截に表象する言葉であったからこそ、その発言を打ち消し、「失言」問題へとシフトさせることで、「不安」をニュース空間から消し去っていくプロセスでもあった。ニュースのなかでことさらに「死のまち」に対する批判がなされたのは、まさにこうした過程を示すものだといえる。

ここから見出すことができるのは、震災後の人々の「不信感」や「不安」を「失言」という問題と結びつけ、規定していく枠組みである。それは語り、映像、テロップといったさまざまなモードが接合され、ニュースが伝える「失言」、ニュースが組み立てる「失言」として構成されるものであった。アルセイドは「リスクや潜在的な危機に万能サイズの不安という覆いをつけるような、一般に普及している他者や出来事の見方に枠組みを与える言説を同定すること」[Altheide 2002: 196] こそ、問うべきであると述べているが、まさに鉢呂の「失言」がどのように構成されてきたかという問題は、まさに震災後の「不安」を形作るフレームワークを反映しているのだ。

以上のように、今回取り上げたようなニュースが伝える「失言」、ニュースが組み立てる「失言」の問題に注目することは、ニュースのテクストが単にマスメディア上で流通していくだけにとどまらない、社会的な「不安」の表象、その解消といった力学をめぐるきわめて重要な事例となっているように思われるのだ。

第Ⅲ部　ニュース経験の多層性

第8章　危機における言説の力を分析する
――「直ちに人体に影響を及ぼす数値ではない」を事例に

藤田真文

第一原子力発電所について御報告を申し上げたいと思っております。／（中略）本日測定をされ、発表をされた数値については、直ちに人体に影響を及ぼす数値ではないというのが、現在の概略的な御報告でございます。

（二〇一一年三月一六日（水）午後「官房長官記者発表[1]　東京電力福島第一原子力発電所について」より抜粋）

東日本大震災発生の翌日二〇一一年三月一二日午後に、福島第一原発一号機の水素爆発によって建屋が破壊された映像が伝えられると、にわかに原子力災害に対する危機感が増した。人々はテレビニュースを常に注視し、インターネットを検索しなんとか正確な情報を得ようとしていた。そのような状況の中で三月一六日一七時五五分から行われた枝野幸男官房長官の記者会見で、「直ちに人体に影響を及ぼす（ような）数値ではない」という発話が二回、「直ちに人体に影響を与えるような数値ではない」「直ちに危険であるという数値ではございません」との発話がそれぞれ一回なされた。

三月一六日の時点で枝野長官はどうして、「直ちに人体に影響を及ぼすような数値ではない」と発話することができたのか。枝野長官の発話は、発話を聞いた者にどのような影響を与えたのか。この問いに、コミュニケーションの観点から答えていくのが言説分析である。原子力災害という危機における「直ちに人体に影響を及ぼす数値ではない」との政府の発話の意味について、言説分析は何らかの知見を提供することができるのであろうか。言説分析の可能性について考えてみたい。

1　言語行為の累積としての言説

言説とは何か

「言説」について、国語辞典では「意見を言ったり物事を説明したりすること。また、その言葉」と解説する。[2]「言説」は、discourse〔英〕、discours〔仏〕の訳語である。英英辞典で discourse は、「written or spoken communication or debate（書かれた、または話された情報または討論）」とされる。[3] 別に辞書の定義によって「言説」という概念を説明しきれると思っているわけではない。ただ一般の用例として、「言説」や discourse が話す・書くという行為と結びついていることは把握しておきたい。

日本では言説分析というと、『言葉と物』『知の考古学』といったフーコーの業績と結びつけて語られることが多い。M・フーコーは、言説を作り上げる基本単位は「言表（énoncé）」だとする。

> 言表の分析は、言われた事、現実的に発音されあるいは書かれた文、跡づけられるあるいは分節化された能記の諸要素にしか、決して、基づきえない。（中略）言表の分析は、それゆえ、一つの歴史的分析である。〔フーコー 1969＝1981：166〕

言説の基本単位になっているのは、ある時点、ある場所（それが「歴史」である）で、具体的に話されたり書かれたコト（「現実的に発音されあるいは書かれた文」）である。そして、フーコーは、ある主体が話しまたは書き、また別の主体が話しまたは書くというふるまいが積み重ねられることによって「言説」ができ上がるとする。フーコーがいう「言説」とは、個々バラバラになされた言表が、同じ対象について、類似した考え方やテーマで語るようになることをいう。

諸々の対象、言表の類型、概念、主題の選択、などの間に、一個の規則性（さまざまな相関関係、位置、作用、変換にかんする一つの秩序）が明確化されうる場合には、〈言説の形成＝編成〉にかかわる、と、慣習上、言われるであろう。［フーコー 1969＝1981：60］

例えば、「狂気」とは「狂気」の概念が確立する以前に、「正常」から画然と分かれているわけではない。むしろ、「狂気」は、「狂気」についてあれこれと語り、定義していくさまざまな言表の積み重ねの中でこそ確立されるのである。

ところで日本の社会学者の中には、近年「言説分析」を標榜した著作が増え、一種の流行語になっていることを批判する向きがある。佐藤俊樹は、『言説分析の可能性』と題した共著の中で、次のように指摘する。

今や「言説」は便利な専門用語になっている。いや専門用語ですらなくなっているというべきだろう。「社会意識」や「知識」とはちがう、新しめでかっこいいお飾り（クリシェ）として、そして「資料」（データ）とはちがって、厳密な意味同定手続きをはぶく免罪符として、「言説分析」の名が使い回されている。［佐藤俊樹 2006：4］

佐藤は、日本の言説分析研究が言表を取り扱う方法論的な厳密性を欠いているとする。

確定した意味内容を前提することから遠ざかるほど、より言説分析的になる。だから、ウェーバーでもフーコーでもバトラーでもいいが、大学者（ビックネーム）の学説を日本語の文献に当てはめて「日本でも…」とする議論は、言説分析から最も遠い。それに対して、日本語の文献資料にあてはめることで、もともとの「禁欲」とか「言説／身体」という言葉の意味がゆらいでくれれば、言説分析に近づく。［佐藤俊樹 2006：17-18］

フーコーの「言説の形成＝編成」の趣旨からすれば、「狂気」や「身体」について語る言表がどのような事態をさして「狂気」「身体」といっているのかは、あらかじめ自明ではない。フーコーの「狂気」「身体」概念を、そのまま日本の「狂気」「身体」の説明に持ち込むことは、もっとも反フーコー的である。日本語文献の「言表」の中で、どのように「狂気」「身体」が語られているかについて問うべきだというのである。

もし、言説分析を自らの研究アプローチとして選択するならば、言説分析と社会意識論や知識社会学には、どのような差異があるのか。また、「社会意識」や「知識」ではなく、「言説」を問題にすることには、どのような研究上の意味があるのかについて、明確に答えられなければならないであろう。

言語行為論から見る「言説」

筆者は、言説分析を研究アプローチとして選択することの意味は、社会意識論や知識社会学とはちがい、言説分析が言表を「書き・話す者」と「読み・聞く者」との相互行為（コミュニケーション）を問題にしている点にあると思う。というのもフーコーの言説分析は、単に「狂気」の概念が学問上どのように変遷したかを思想史的にたどるのではなく、ときどきの「狂気」の概念が人々を振り分け・管理する、人間主体に直接かかってくる言説の「力」を問題にしているからだ。

そして筆者は、言説の「力」を考えるうえで、Ｊ・Ｌ・オースティンやＪ・Ｒ・サールが提唱した「言語行為論（speech act theory）」の観点から「言説」を考えることが非常に有効であると考える。「言語行為論」では、人々は何かを言うことで、「言う」以外の別の行為も同時に行っている場合があるとする。次の会話を見てほしい。

①Ａ：この部屋寒いね。
　Ｂ：本当だ。零下二度になってる。

②A：この部屋寒いね。
　B：あ、ごめん。窓が開いてた。

③A：この部屋寒いね。
　B：（窓を閉める）

言語行為論では、Aの「この部屋寒いね」のように語を発話することを「発話行為（utterance act）」と呼ぶ。そして、①の会話では、Aは「この部屋寒いね」という発話で、「寒い」という状態を「叙述」している。②と③の会話では、Aは「この部屋寒いね」という発話で、「寒い」と「苦情」を言うことを同時に行っているとする。この「叙述」「苦情」のように発語に含まれている別の行為を「発語内行為（illocutional act）」と名づけた。さらに、③の会話のように、Aが「この部屋寒いね」と発話した結果、Bが行った窓を閉めるという行為を「発語媒介行為（perlocutionaly act）」と呼ぶ［サール 1969＝1986：41–43］。

言語行為論は、ある時点、ある場所で話され書かれたコトが、送り手と受け手の相互作用（コミュニケーション）によって、Aの発話をBが検証しようとしたり（①の文）、Bが謝罪したり（②の文）、Bが窓を閉めたり（③の文）という「力」を持つことがあることを指摘している。フーコーが『知の考古学』で、歴史性（一回性）を持った「言表」が言説の基本単位であると強調したことの意味はここにある。[4]

フーコーは、『知の考古学』で次のように述べている。

（言表という行為は）英国の言語分析派の人たちが言うところの、「言語行為《スピーチ・アクト》」、「発語内行為《イロキュトワール》」のようなものである。（中略）人々が記述するのは、明確な表現それ自身によって、その現出のうちで、つまり約束、命令、政令《デクレ》、契約、誓約、確認、などにおいて、実現された作用である。発語内行為とは、言表の瞬間前に（作者の思考のなかで、あるいはその意図のなかで）展開されたものではない。（中略）まさに、言表があったという事実そのものから生じたものである。［フーコー 1969＝1981：125］

つまりフーコーは、言説分析によって、歴史のある時点、ある場所で、何かが話されたり書かれたりしたまさにその「瞬間」に、話され書かれたものが持つ力を明らかにしていこうとしている。だからこそ言説分析は、枝野長官の「直ちに人体に影響を及ぼす（ような）数値ではない」という発話が、二〇一一年三月一六日というまさにその歴史の「瞬間」に、発話を聞いた者にどのような影響を与えたのかを解明していくために有効な方法なのである。そして、福島原発事故に関する政府関係者の、東京電力の、あるいは原発建設に反対する科学者や市民の、ある瞬間瞬間での発話の積み重ねによって、「原子力」「原子力発電」に関する言説が作られていくのである。

２　言説分析の実践――「直ちに人体に影響を及ぼす数値ではない」を対象に

言説空間の仮設

次に、Ｒ・ヴォダックとＭ・マイヤーの編著『批判的談話分析入門――クリティカル・ディスコース・アナリシスの方法』（2001＝2010）のいくつかの論考に依拠しながら、言説分析を実践してみたい。

「Critical Discourse Analysis」（批判的談話分析、以下ＣＤＡと略す）は、「すべての談話が歴史的なものであり、それゆえ、コンテクストを参照しなければ理解できない」と仮定する。つまり言説分析では、談話（話されたり書かれたりしたコト）が「いつ・どこで行われたか」というコンテクスト（文脈や場面）を重視する。また、「ＣＤＡは、間テクスト性と間談話性という概念を用いて、他のテクストとの関係を分析する」とも言う。間テクスト性や間談話性とは、一つの談話は単独で行われるわけではなく、他の談話と関連した形で存在するものだと考える［マイヤー 2001＝2010：28-29］。複数のテクストや談話が相互に影響を及ぼしあって（まさに「間《あいだ》」で）作り上げられる意味を問題にしているのである。

表8－1　想定される言説空間――福島原発事故がもたらした放射線による健康被害

行為の領域	ジャンル
政府の意思決定	委員会での討議，政府要人の発言……
政党内部・政党間での検討	政党の声明，国会での論議……
世論形成	プレスリリース，記者会見……
関連した情報の流通	マスメディアの報道，ネットへの書き込み，集会での発言，書籍の出版……
放射線が人体に与える影響の医学的検討	学会報告，医学論文，医学書，医学関連の啓蒙書……
……	

CDAの研究者S・イェーガーは、一つのテーマにまとめられるさまざまな談話を「談話の束」と呼ぶ。またあるテーマについて語る一つのテクストまたはテクストの一部は、「談話の断片」と名づけた。イェーガーがテクストではなく「談話の断片」という用語を使うのは、一つのテクストがさまざまなテーマに言及している場合があり、さまざまな談話の断片が含まれていることがあるからである。一つのテクストに異なる複数の談話の断片が含まれる場合に、あるテーマと別のテーマが一つのテクスト中で関連づけて語られていることになる。イェーガーは、それを「談話の束のもつれ」と呼んだ［イェーガー 2001＝2010：72-73］。イェーガーの「談話の束」はフーコーの「言説」、「談話の断片」はフーコーの「言表」とほぼ同じ概念と考えてよい。

CDAの研究者ヴォダックは、現実社会の中で談話が形成される「言説空間」の見取り図を描こうとしている。「言説空間」の中には、「立法のための政治的手続き」「世論形成と自己呈示」など、談話の「枠組み」を形作るのに貢献するさまざまな「行為の領域」がある。さらにそれぞれの行為の領域（例えば「世論形成と自己呈示」）は、ある談話が行われている慣習的な言語使用の仕方である「ジャンル」（「世論形成と自己呈示」であれば「報道発表」「記者会見」「インタビュー」など）を持つとされる。ある「行為の領域」において、ある「ジャンル」の言語形式をとって、談話の話題が呈示される（表8-1参照）。

以上の点を踏まえると枝野官房長官の「直ちに人体に影響を及ぼす（ような）数値ではない」という発話は、言説空間の中に次のように位置づけることができる。枝野長官の発話は、「福島原発事故がもたらした放射線による健康被害」という

「談話の束」の中の一つの「談話の断片」である。枝野長官の発話は、「世論形成と自己呈示」という「行為の領域」において、「記者会見」という言語使用の「ジャンル」の中で行われたと言える。「福島原発事故がもたらした放射線による健康被害」という「談話の束」は、「福島原発事故が住民に与える（健康被害以外の）影響（例えば避難勧告）」や「（福島原発事故以外の事故（例えばチェルノブイリ原発事故）を含む）放射線による健康被害」という「談話の束」と重なりあっている。

ここでヴォダックにならって、「直ちに人体に影響を及ぼす（ような）数値ではない」という発話を取り巻く言説空間を「仮設」してみたい。ここで「仮設」というのは、分析を進める中で最初に想定していない「言説の断片」どうしが結びつくことで、言説空間がさらに拡張されることもあるし、さらには個々の「行為の領域」が細分化されることもあるからである。ただ、仮設ではあれ言説空間の見取り図を持つことで、言説分析の作業を始めることができる。逆にもし言説空間の見取り図がなければ、ある「言説の断片」を有意味なものとして拾い上げることもできないであろう。

言説単位の設定と分析法

(1)曖昧さ・受け身・モダリティ・言語行為——文単位での分析と不確定性　この章の冒頭で触れたように、「直ちに人体に影響を及ぼす数値ではない」という趣旨の発話は、三月一六日夕方の枝野長官の記者会見で四回繰り返されている。まず、この発話を「文」の単位に分解して考察してみたい。最初は以下のような文によって発話されている。

> 本日測定をされ、発表をされた数値については、直ちに人体に影響を及ぼす数値ではないというのが、現在の概略的な御報告でございます。

「本日測定をされ～数値ではないというのが」という引用句が、この文の主部である。また述部は、「現在の概略的な御報告でございます」となる。この文の性格を、P・グライスの「会話の協調原則（Cooperative Principle）」から評価してみたい。

グライスの「会話の協調原則」では、「言葉のやり取りはふつう、少なくともある程度まで、その協調的な企てである」「会話者が（特別な事情がないかぎり）遵守するものと期待されるおおまかな一般原理」があるとする。つまり、会話とはこう行うものだという原理にしたがって、協力的に会話をしなさいという原則である。協調原則から評価すると、枝野長官の発話は引用句が主部である点などから、協調原則の一つである「様態の格率（＝曖昧さを避けて簡潔に順序だてて述べよ）」を逸脱した非常に意味が取りにくい文である。「様態の格率」を意図的に守らない理由の一つに、はっきり言うことで相手の感情を害してしまうことを避けるなどの配慮（ポライトネス）が働いているとされる［グライス 1989＝1998：53-54］。

主部になっている引用句（「本日測定をされ、発表をされた数値については、直ちに人体に影響を及ぼす数値ではない」）をもう少し詳しく分析したい。この引用句の中の主語は、「本日測定をされ、発表をされた数値」である。主語が無生物＝数値で、さらに「された」という「受け身（受動態）」で修飾されている。

マイヤーは、ＣＤＡの特徴として「言語学的カテゴリーを特殊なやり方で分析に組み込んでいる点が挙げられる」としている［マイヤー 2001＝2010：29］。ＣＤＡの初期の研究では、「動作主」「受動態」という文法用語を有効な分析カテゴリーとして使っていた。「A police shot Sam.」という文を「Sam was shot by a police.」と受け身にすると撃った動作主の印象が薄まる。さらにby以下を削除すると「Sam was shot.」、さらに動作主は曖昧になる。ＣＤＡは、新聞の見出しなどで受動態が用いられるのは、動作主を隠すことを意図しているからだと指摘する［Fowler 1991：70-80］。ここで分析している枝野長官の記者会見のコンテクストからすると、数値を「測定し発表した」のは文部科学省なのだが、この文では「測定された」「発表された」という受け身によって「動作主」への言及を避けている。

次に、引用句の述部「直ちに人体に影響を及ぼす数値ではない」をモダリティ論から分析してみたい。益岡隆志によれば、「日本語は判断・表現主体の主観的側面が高度に文法化された言語」だと言う。先に示したように、欧米語をベースとしたＣＤＡでは「動作主」「受動態」への言及が多いが、日本語で話し手の意図などの分析を行う場合には、モダリティ論が有効である。欧米の研究成果をただ輸入するだけではなく、言語の特徴に合わせた方法論の選択も必要となるであろう(5)［益岡 1991：30］。

「直ちに人体に影響を及ぼす数値ではない」という文の構造は、「（本日測定をされ、発表をされた数値は）人体に影響を及ぼす数値（であるコト）」という「命題」部分と、それに対する話し手の判断を表す「直ちに」「ではない」（否定）という「モダリティ」部分に分かれる。益岡隆志は、「命題」部分を「客観的に把握される事柄を表す要素」、「モダリティ」部分を「表現者の主観的な判断・表現態度を表す要素」と説明している［益岡 1991：33］。

この文を肯定文にすると、「本日測定をされ、発表をされた数値は」という主題に対して、「直ちに人体に影響を及ぼす数値だ」という断定（真偽判断のモダリティ）となる。さらにそこに「ではない」という、「事態が成り立つか成り立たないかの判断」、すなわち、肯定・否定の判断を表す「みとめ方のモダリティ」がかぶさる［益岡 1991：56］。記者会見において枝野長官は、「人体に影響を及ぼす数値（であるコト）」という「命題」に対して「ない」という否定の判断をくだしたことになる。

「直ちに」という副詞はどうだろうか。試しに肯定文に「直ちに」を付けてみると、「直ちに人体に影響を及ぼす数値（だ）」となる。この場合、「直ちに」がない場合よりも人体への影響が差し迫っているという「急迫性」の表現となる。ところが「直ちに」が否定文に付くと、「将来はともかく、今のところは」というニュアンスが加わり、逆に「人体に影響を及ぼす数値ではない」よりも断定が弱まる（断定保留に近づく）(6)。

さて、最後に「本日測定をされ～御報告でございます」という枝野長官の発話を言語行為という観点から分析してみたい。枝野長官の発話はどのような「発語内行為」を含み、どのような「発語媒介行為」を誘発する効果を持つのだろうか。モダリティ論からすると枝野長官の発話は、「本日測定をされ、発表をされた数値」（主題）について「人体に影響を及ぼす数値ではない」という否定の判断をくだしたことになる。少なくとも、「何かについて述べる（陳述 state）」という言語行為を行い、その発話は真偽判断（たしかに人体に影響を及ぼさない／いや人体に影響を及ぼすという判断）が可能なものとなっている。枝野長官は、単に測定値が人体に影響を及ぼさない値だという事実について述べたかったのだろうか。それとも「陳述」以外の言語行為が含まれているのだろうか。この点は、文単位の分析だけでは確定できない。さらに分析を進めたい。

(2)テクストとテーマ、テクスト構造　フーコーは、ある言表の意味は他の言表との「関係」において、初めて確定することができるとする。これが先ほど言ったCDAが問題にする「間テクスト性」と「間談話性」である。

> 地球は円い、あるいは種は進化する、といった断定は、コペルニクスの前と後、ダーウィンの前と後では、同一の言表を構成しない。それは、このように簡単な定式的表現にとって、語の意味が変化したのではない。変容をとげたのは、これらの断定の他の諸命題との関係である。［フーコー 1969＝1981：157］

ある言表をその言表がなされた時点と場所に戻すこと。そして、言表がなされた時点・場所でのさまざまな言表どうしの関係の分布を示すこと、それがフーコーの『知の考古学』の趣旨である（「必要なことは、一つの言表が一つの実体、支え、場所、日付を持つことである」［フーコー 1969＝1981：154］）。

言説分析の具体的な作業としては、言表のコンテクストを明確化することが必要となる。ヴォダックは、「コンテクスト（context）」の四つのレベルを呈示している[7]［ヴォダック 2001＝2010：99-100］。

①直近の、言語ないしテクスト内の共テクスト co-text
②発話、テクスト、ジャンル、談話間の間テクスト的、間談話的関係性
③言語の外にある、特定の「状況的コンテクスト」の社会的／社会学的変数と制度的枠組み（中間域理論）
④談話実践が埋め込まれ、関連づけられているより広い社会政治的、歴史的コンテクスト（「グランド」セオリー）

このうち「①テクスト内の共テクスト」は、文の前後関係というコンテクスト本来の意味に近い。すでに述べたよう

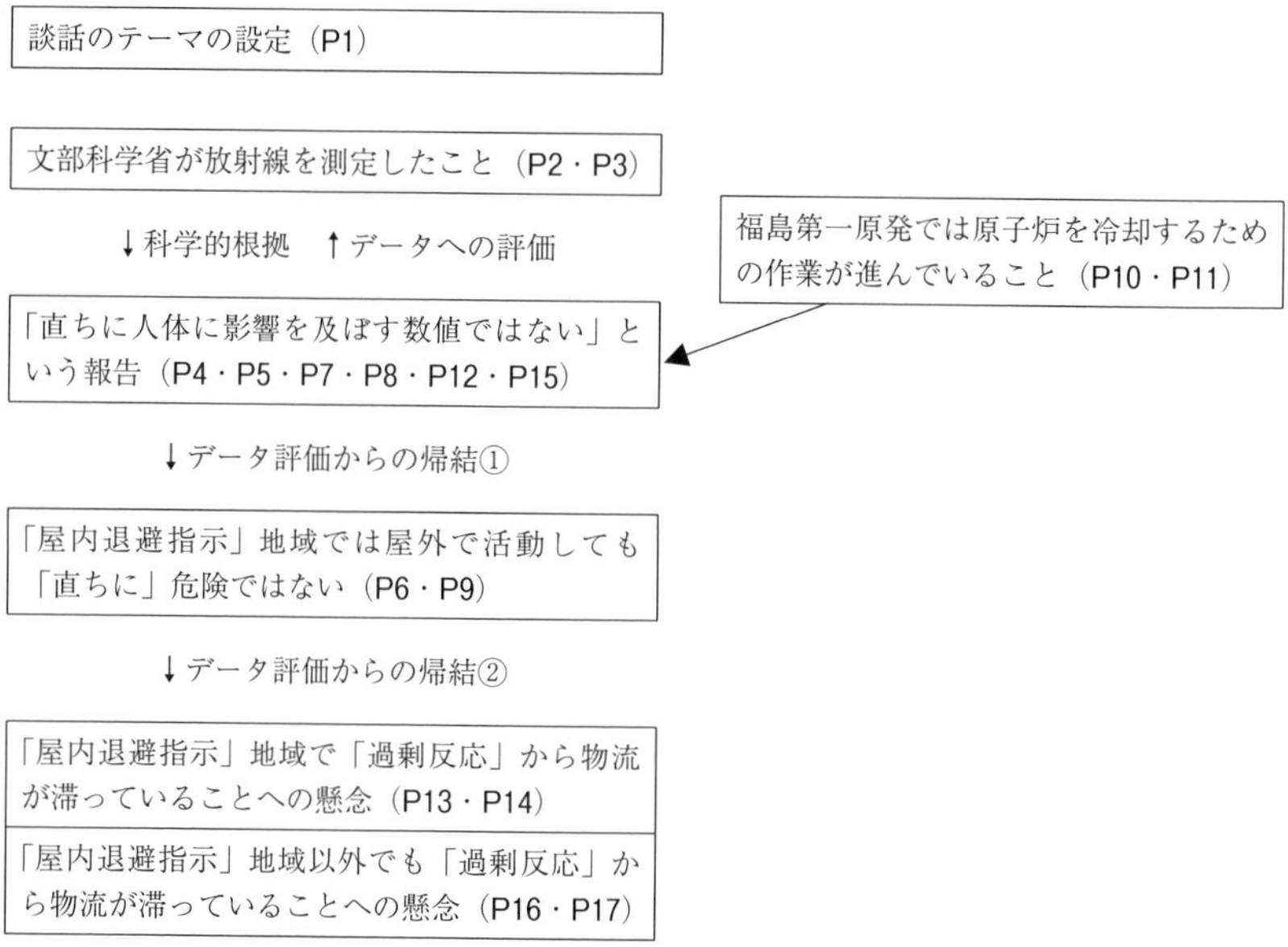

図８－１　「東京電力福島第一原子力発電所について」のテクスト構造

に言説は、一つのテクストを超えて間テクスト、間談話的に「談話の束」として形成されるものである。またイェーガーの言う「談話の束のもつれ」など、一つのテクスト内でも言説の形成の萌芽をたどることもできる。また、間テクスト、間談話性を意識しつつも、実際の言説分析は一つのテクスト分析から始まり、その積み重ねによって可能となる（「私たちができるのは、非常に部分的な分析にすぎないということは、強調するまでもない」［ヴァン・ディク 2001＝2010：141-142］）。

ここでは、枝野長官の「東京電力福島第一原子力発電所について」と題された記者会見のテクスト構造を分析したい（章末に全文を掲載）。「東京電力福島第一原子力発電所について」のテクスト構造は次のように分析できる（図８-１参照。Ｐは章末の資料の段落番号を示している）。文部科学省が「屋内退避指示」地域でモニタリングを開始した（科学的根拠）↓そのデータは「直ちに人体に影響を及ぼす数値ではない」（データへの評価）↓したがって「屋内退避指示」地域では、屋外で活動しても「直ちに」危険ではない（データ評価からの帰結①）↓したがって「過剰反応」から「屋内退避指示」地域やその外で物流が滞っているのは遺憾である（データ評価からの帰結②）。

このテクストの特徴として、第一に「直ちに人体に影響を及ぼす数値ではない」という言表が繰り返され、あらゆる帰結を導く根拠となっている点。第二に「福島第一原発での冷却作業の進行」が、「従いまして」という接続詞で結合されることで（P12）、「直ちに人体に影響を及ぼす数値ではない」という言表の根拠となっている点が挙げられる。

(3)間テクスト・間談話分析

「直ちに人体に影響を及ぼす数値ではない」という言表を三月一六日の時点に置き直すとき、テクスト構造の分析からするとこの言表は、単なる医学的な真偽判断を問題にした意見の「陳述」ではない。そこにはさらに原発周辺住民への「冷静な行動の要請」、という言語行為が含まれていることがわかった。さらにこの言表の前後に続く別の日に行われた枝野長官の記者会見を間テクスト的に再布置する（もう一度並べる）ことで、どのような言説編成がなされているかが明らかになろう。

現在のところ、放射性物質による施設の外部への影響は確認されておりません。したがって、対象区域内の居住者、滞在者は現時点では直ちに特別な行動を起こす必要はありません。（二〇一一年三月一一日（金）午後「原子力緊急事態宣言について」）

なお、今回、検出された放射線物質濃度の牛乳を仮に日本人の平均摂取量で1年間摂取し続けた場合の被曝線量は、CTスキャン一回程度のものであります。（中略）この暫定的基準値は、国際放射線防護委員会の勧告に基づき設定したものでございますが、当該物を一生飲食し続けることを前提として人体に影響を及ぼすおそれのある数字として設定をされた数字〔であり〕、（中略）直ちに、皆さんの健康に影響を及ぼす数値ではないということについては、十分御理解をいただき、冷静な対応をお願いしたいと思っております。（二〇一一年三月一九日（土）午後「ホウレンソウ・牛乳の放射線量について」）

ここには三月一六日の記者会見と同じく、「（測定値が人体に影響を及ぼさない値だという事実についての）陳述」と「（冷静な行動の）要請」が結合されている。なお「直ちに人体に影響を及ぼす数値ではない」との表現は、二〇一一年四月に入り「計画的避難地域」が設定されたあたりで、枝野長官の記者会見では使われなくなる。

のちに枝野は二〇一二年五月二七日の国会事故調査委員会で、「直ちに人体に影響を及ぼす数値ではない」との表現が「急性障害という意味で言っていたのか」という崎山比早子委員の質問に対して、「いいえ、ちがいます」と否定したあとに、次のような三つの意図で発言したと説明している[8]。

①食品について……食品の放射性物質の暫定規制値は、一年間なり一生なりとり続けた場合にリスクがあるのかどうかということで基準値がつくられているので、「もし基準値を超えたものを何度か口に入れることがあったとしても、そのことで、急性であれ、それから長期間低線量被曝の影響にしろ、どちらにしてもないという認識のもとに、直ちにと使った」

②屋内退避区域の物流について……屋内退避区域の外部から物資を運び入れて荷物の積みおろしで外に出ても、健康には被害はないという意味で使った。

③福島県北西部の高濃度汚染地区について……「最初、モニタリングの箇所が少なかったことと、それから、だんだん下がっていたということがあったので、ここについては、少なくとも急性被曝の問題にはならないのと、中長期の低線量被曝のことについてもすぐには問題にならないというようなことで、直ちにと使った」

この証言の中で枝野は「急性障害という意味で使っていたのではない」と最初に答えながら、①と③については「急性障害がない」という意味で使ったと述べ、さらには「長期の低線量被曝の健康への影響もない」という意味で使ったとしている。国会事故調査委員会で行った枝野の証言という一つのテクスト内部でも矛盾があり、この証言から枝野の言表の「意図」を確定することはできない。

福島原発事故独立検証委員会（民間事故調）の報告書では、「政府は、枝野長官を筆頭に、放射線の人体の健康への影響につき、『直ちに影響を及ぼすものではない』という表現を繰り返していた。しかし、その後この表現の多義性を理由として、長期的な放射線による健康への悪影響の有無につき、国民の間で議論が起こるに至った」と指摘している［福島原発事故独立検証委員会 2012：126］。

この章では枝野長官の記者会見の間テクスト的比較を行ったが、表8-1に示した言説空間からすれば極めて限定的な分析にとどまっている。そもそも枝野長官が「直ちに人体に影響を及ぼす（ような）数値ではない」という発話を単なる事実の陳述を目的にしていたとしても、それを真なる発話であると保証する「放射線が人体に与える影響の医学的検討（学会報告、医学論文など）」の支えが必要であったであろう。また、枝野長官の記者会見での発話に対する「関連した情報の流通（マスメディアの報道など）」との間テクスト的な比較が必要となる。

言説の確定

以上のような言説分析を引き続き行うことで、「直ちに人体に影響を及ぼす数値ではない」という枝野長官の発話を中心に形成＝編成される言説をどのように確定することができるだろうか。ここでは、第1節の理論編（言語行為の累積としての言説）とつなげながら、暫定的な見通しを示しておきたい。

①言表のメディア特性はどのように影響しているのだろうか。「直ちに人体に影響を及ぼす数値ではない」という枝野長官の発話を、多くの国民はテレビやネットの「生中継で」視聴していた。なぜなら三月一六日当時、福島原発事故の展開が予測不可能な中で、人々は自らの生命健康の危機を感じ、より多くの情報を求めていたからである。もちろんテレビやネットの映像は録画によって、いつでもどこでも反復可能なものである。しかし一方で、枝野長官という明確な言表の主体と、枝野長官の発話をテレビやネットというメディアに媒介された「対面での発話」として受容した視聴者を、「二〇一一年三月一六日夕方」の時点に歴史的に位置づけることが可能である。

②「言説とは何か」（191ページ）で述べたように、フーコーの言説概念の基本単位になっているのは、ある時点、ある場所で、具体的に話されまたは書かれた言表である。「直ちに人体に影響を及ぼす数値ではない」という枝野長官の発話を中心に形成＝編成される言説には、「言語行為論から見る『言説』」（193ページ）で述べたように、「社会意識」や知識社会学が扱う「知識」とはちがう、「人間主体に直接かかってくる言説の力」を見いだすことが可能となるであろう。

③この章で試行的に行った言説分析によれば、「直ちに人体に影響を及ぼす数値ではない」という枝野長官の発話は、

単なる医学的な真偽判断のための意見の「陳述」ではなく、原発周辺住民への「冷静な行動の要請」という「発語内行為」を含んでいる。ただし、それが受け手の「冷静な行動」という「発語媒介行為」をもたらしたかについては、マスメディアの報道、ネットへの書き込み、集会での発言など周辺住民の発話との間テクスト・間談話的な分析が必要であろう。

［資料］平成二三年三月一六日（水）午後　枝野幸男官房長官会見　全文（／は段落、Ｐは段落番号を示す）

内閣官房参与の人事について

まず、私の方から御報告をいたします。一点は人事案件であります。／本日付で、東京大学大学院教授である小佐古敏荘氏を内閣官房参与に任命することとして、決定をいたしました。／小佐古氏は放射線安全学の分野において優れた識見を有しておられることから、今回の原子力発電所事故に関して、総理に対し情報提供や助言を行っていただくこととといたしております。／この件については、原子力安全委員会あるいは保安院の専門家の皆さんはもとより、この間も大学の先生方始めとして民間の皆様方の様々なお知恵もお借りをして対応してきているところでございますが、そうした皆さんの知見をしっかりと生かしていくということの中で、官の立場をお持ちをいただいた方がいいだろうという御判断であったと伺っております。

東京電力福島第一原子力発電所について

Ｐ１それから、第一原子力発電所について御報告を申し上げたいと思っております。／Ｐ２まず、原子力発電所の周辺、退避の外側二〇㎞から外側の近い部分について、文部科学省がモニタリングを開始していただきました。／Ｐ３その具体的中身については文部科学省から発表していただいているかと思っております。／Ｐ４また、詳細な、具体的な評価は、原子力安全・保安院あるいは原子力安全委員会の皆様の専門家の方の立場から御報告をしていただくべきかと思いますが、本日測定をされ、発表をされた数値については、直ちに人体に影響を及ぼす数値ではないというのが、現在の概略的な御報告でございます。／Ｐ５直ちに人体に影響を及ぼすような数値ではないというのが、現在の概略的な数字の状況でございます。／Ｐ６建物の中にいてください。あるいは二〇㎞より内側については外側に出てくださいという状況の指示をいたしてはおりますが、現時点では、ここで観測されている数値は、そこの地域で外で活動をしたら直ちに危険であるという数値ではございません。そのことは是非、多くの皆さんに御理解をいただければと思っております。／P7繰り返します。／P8現在、特に二〇～三〇㎞の圏内において、本日文部科学省においてモニタリングをいただき、文部科学省から公表される数値について、専門家の皆さんのまずは概略的な分析の報告に基づきますと、直ちに人体に影響を与えるような数値ではない。／P9こうした地域で、例えば三六五日二四時間、屋外でこの数値の場所にいた場合に問題が出るかもしれないといったようなレベルでありまして、短時間こうした地域で、外で活動する、あるいはこうした地域に数日という単位でおられるということで人体に影響を及ぼすといった数値ではないということでございますので、その点については御安心をいただければと思っております。／P10こうした中で、当該原子力発電所における冷却に向けては、今、関係機関の御協力もいただきながら、今日の夕方から一部放水等も始まっているという報告も受けております。／P11一刻も早く冷却を安定的に行える状況に入っていくべく、現地の皆さんに御努力をいただいている状況でございます。／P12従いまして、先ほど申しましたとおり、二〇～三〇㎞の地点のモニタリングの数値は、当該地域において、例えばその地域の中に入ること等が人体に影響を及ぼすような数値のモニタリングはできておりません。／P13大変過剰反応が生じておりまして、福島県の知事からは、緊急要望といたしまして、しっかりと物流等について実施を行っていただきたい。／P14民間の皆さんを中心として、実は屋内退避地域の外側であるにもかかわらずそうしたところに物流が届かないといった状況が報告されております。／P15是非御理解をいただきたいのは、屋内退避の出ている地域においても、当該地域で屋外で一定の活動をしても、それが直ちに人体に影響を及ぼすような数値ではありません。／P16ましてや、その三〇㎞から越えている地域、例えばいわき市は大部分の地域が三〇㎞から越えている地域でございますので、そうした意味では過剰な反応をすることなく、しっかりとこうした地域の皆さんに物流で物を届けていただきたい。／P17今、自衛隊の皆さんを始めとして、震災・津波による被災地に対して物資の直接的な補給に全力を挙げておりますが、民間の皆さんによって物流を確保していただけるし、そのことに問題のない地域について、こうした事象が報告されているのは大変残念なことでございますので、是非御協力のほどをお願い申し上げます。

注

（1）「首相官邸ホームページ」http://www.kantei.go.jp/jp/tyoukanpress/201103/16_p.html（二〇一一年六月六日取得）、／は段落を示す。

（2）小学館『デジタル大辞泉』

（3）*Oxford Dictionary of English*, Oxford University Press, 2003.

（4）桜井哲夫は、フーコーの著作を伝記的にたどるうえで、言語行為論と『知の考古学』でのフーコーの言説論に共通した観点があるとしている［桜井 2003：190–195］。この節の論述は、桜井の指摘に多大な示唆を受けている。

（5）この点については、藤田［1995：39–42］を参照されたい。

（6）CDAや日本語のモダリティ論では、文全体を修飾するcertainly（たしかに）、probably（おそらく）などの文副詞がモダリティ要素を持つことに言及している。文副詞以外の副詞への言及は少ない［Fowler 1986：131–132；澤田 1993：225–228］。

（7）このうち③の「中間域理論」は社会学の通常の訳語としては、「中範囲理論」と訳されるべきであろう。

（8）『東京電力福島原子力発電所事故調査委員会会議録第一五号平成二四年五月二七日』http://www.naiic.jp/wp-content/uploads/2012/06/8cdbdb49a06fc6c3fc61a8fc9b205c26.pdf、http://www.naiic.jp/wp-content/uploads/2012/06/324ba11c58a7792eb4005c2310432a04.pdf（二〇一二年六月六日取得）

コラム3

三・一一原発事故のテレビ報道

——放射能の危機とニュース

東日本大震災と東京電力福島第一原子力発電所事故が発生した二〇一一年三月一一日には、地震直後の混乱の中、自宅や避難所といった様々な場所で、携帯電話やスマートフォンを使ってテレビやインターネットの情報に接触する人々が多くみられた。甚大な被害が出た地域ではラジオに対する評価が高かったとはいえ［木村他 2011］、テレビ視聴が可能だった地域や被災地ではテレビに対する評価が高く、テレビメディアは災害時の重要な情報源として現在でも高く位置付けられていたといえる［関谷他 2012；情報通信政策研究所 2012］。

その一方で、福島第一原発の過酷事故に関するテレビ報道を検証すると、テレビジャーナリズムが抱える問題点が示されたといえる。この点について、地震発生直後から原子炉に対して注水・放水作業という具体的な措置がとられた三月一七日までの七日間の初期報道（NHK、日本テレビ、テレビ朝日、TBS、フジテレビ）に注目して検討を加えよう。

まず、地震発生から一時間は、全てのテレビ局で地震と津波の被害が中心的に伝えられた。原発関連の情報が伝えられたのは一三時を過ぎた頃で「女川原発一～三号機自動停止」が伝えられた。福島第一原発と第二原発に関する情報が伝えられたのは一五時以降である。その後「一〇条通報」「三～一〇キロ圏内屋内退避指示」といった事態が速報や中継で伝えられる。震災直後の政府による発表はテレビを通して直接国民に伝えられた。この時期のマスメディアは、地震直後の混乱の中で情報収集に徹する段階にあったといえる。

一二日「一〇キロ圏内退避指示」が出された頃から、政府や東京電力の会見の中継直後にスタジオで解説を行うという報道パターンが定着する。スタジオ解説では、原子炉構造の説明や会見内容を整理したフリップが活用され始め、視覚的に「分かりやすい」報道が行われたが、解説内容は政府や東京電力の会見内容に沿ったものが中心となり、多元的な情報収集が困難であることが露呈した。原子炉の状況説明やその時点での安全性が強調される一方で、天気予報に風向きの予報も加えられ、海外で起きた原発事故と比較するコメントがみられた。

一四日の「三号機水素爆発」や一六日の「四号機火災」といった第一原発各号機の異常が相次ぎ、事態が悪化する中で、スタジオではキャスターが事故の深刻さを専門家に投げかけるやり取りがみられるようになる。例えば、一六日A局では、キャスターが「最悪のシナリオについて」、「（現段階の放射線値が）人体に影響がないとされる根拠」を専門家に問いかけた。この問いに対し専門家は、「断定はできない」「まだ分からない」「可能性がある」という言い回しで回答を行い、噛み合わないやり取りがみられた。そうした専門家とテレビ局との齟齬やズレが存在しながらも、放射線の防護方法や他の原発事故との比較、その時点での安全性の強調、そして人々の不安を煽らない言説の前景化という、全ての局に共通した報道姿勢が形づくられた。バラエティ番組などの通常番組が再開され始めたのも、過酷事故がどう推移するかが不確定で、いまだ不安が続く一五日の時期であった。

検証すると、原発事故の初期報道には、第一期「情報の混乱・収集期」、第二期「報道パターンの形成・確定期」、第三期「画一的な報道期」の大きく三段階が存在することが浮かび上がる。刻一刻と変化する事故にテレビは対応しようとしたのだ。

だが、報道内容の検証から多くの問題が指摘される。特に避難者に関する情報は極端に不足していた。スクリーニングの様子や避難所中継も行われていたが、その報道量は少なかったし、原発周辺地域で起きている事態に情報も限定されていた。

さらに、初期報道の段階から、「発表ジャーナリズム」[原 1979] という、公的機関の発表に依存して報道が行われる日本のジャーナリズムの特徴が表れたといえる。予測不可能な自然災害や原子力発電所の事故といった、情報が錯綜する緊急事態において、事実確認や検証の作業が困難を極めることは容易に想像できる。しかし重要なのは、この時期の報道が人々の命や健康に直接的に関わっており、その責任をメディアは果たしたか、という問いに真摯に向き合うことだろう。

震災や原発の過酷事故をめぐって、速報性を求められるテレビメディアは、それまでにない大きな課題を突き付けられた。大震災や過酷事故が発生した「非日常空間」では、極度の不安や悲観的な感情が人々の間に生じるだろう。そのような状況下で、刻一刻と変化する情報を絶えず伝達することを求められるテレビメディアは、情報の選択とその提示の仕方について、通常以上に厳しい選択の前に立たされる。今後、テレビの現場も、またテレビ研究も、過酷な状況でテレビがいかなる対応を取りうるか、より研究を進める必要がある。

最後に、大震災と原発事故後に、テレビをはじめマスメディアとソーシャルメディアの関係性の構築が重要な課題として提起された。テレビ局とインターネットの動画配信サービスの連携という新たな報道体制に対する検証も今後すすめられるべきだろう。また、震災後にＴＢＳを中心としたニュースネットワークＪＮＮの「ＪＮＮ三陸臨時支局」が設置されたことも看過すべきではない。

（福田朋実）

第9章　テレビニュースの「水俣」
――「豊かさ」への不安の潜在化

小林直毅

1　メディア環境における「水俣」の空間と時間

「水俣」の唐突さとその人為性

新聞やテレビのようなマスメディアであれ、ネット系とよばれるメディアであれ、人びとは多かれ少なかれ、メディアによって描かれ、語られた出来事を、見たり、聴いたり、読んだりすることで出来事を経験している。人びとのこのような出来事の経験によって構成される世界こそが、メディア環境である。

メディア環境で人びとが経験する出来事は、みずから当事者として直接的に経験できるものに比べて、空間的にも時間的にも圧倒的な広がりがある。だれかが何かを出来事として認知し、名指し、それを描き、語ることによってメディア環境ではじめて出来事が生ずる。そのような意味で、メディア環境では出来事は人為的に生じているのだ。

逆に、何かが生じていても、それがだれかによって描かれることも語られることもなく、メディア環境の出来事としては立ち現れないという事態も人為的なものである。そう考えると、とりたてて描かれも語られもしなかった出来事が、何かのきっかけで突然に新聞やテレビのニュースとなって現れるその唐突さも、人為的なものといえるだろう。

水俣病事件は、水俣病「公式確認」から数えただけでも半世紀以上の時間が経過している。その間、事件史上のさまざまな出来事が、沈黙ののちに突然、マスメディアによって全国規模で報道されるという歴史が繰り返されてきた。もちろん、この事件のあらゆる局面が毎日のように報道されることなどありえない。しかし、新聞やテレビのニュースでは、水俣病事件のある特定の局面が突然に報道され、それが水俣病事件の「現にある（actual）」姿、言い換えるならこの事件の時事性となって唐突に現れることが多い。

長い歴史を重ねながら、水俣病事件は敗「戦後」日本社会を特徴づける出来事のひとつになった。しかも、この事件はいまなお解決にはほど遠い。むしろ、長い時間の経過のなかで、水俣病事件は政治によって複雑化の一途をたどって今日に至っている。そうなることで、この事件はますます解決から遠ざかり、同時に、敗戦後日本社会の在り様をますます鮮明に映し出すようになったとさえいえる。

こうした水俣病事件のどのような局面が、マスメディアの突然の報道によって顕在化されてきたのだろうか。それが、人びとの経験する水俣病事件を、どのように複雑で分かりにくいものにしてきたのだろうか。このような問いから、水俣病事件報道の人為的な時事性の特徴を明らかにしていこう。

水俣病事件が意味する不安

水俣病が「公式確認」されたのは一九五六年五月一日である。しかしこの出来事も含めて、約三年以上もの間、水俣病事件が全国報道されることはほとんどなかった。水俣病によって働き手を奪われた患者の家族は、極貧ともいえる生活を余儀なくされていた。水俣病の原因のひとつが有毒化した魚介類の摂食であることは、事件の初期段階の一九五六年一一月には明らかになっていた。さらにもうひとつの原因として、魚介類を有毒化させているのがチッソ水俣工場の排水であることも当初から指摘されつづけた。「水俣の魚は危ない」といわれ、それが漁業に深刻な打撃を与えてもいた。ところが、水俣病事件を特徴づけるこれらの出来事は、『熊本日日新聞』のような地方紙や『西日本新聞』のようなブロック紙、あるいは全国紙の地方版で報道されても、全国報道されることはほとんどなかった。

熊本大学医学部水俣病研究班が、水俣病の病因物質はチッソ水俣工場の排水に含まれる有機水銀であるとする「有機水銀説」を発表したのは一九五九年七月である。これは、チッソ水俣工場の排水が魚介類を有毒化させていることを明らかにするものだった。すでに国会でもチッソ水俣工場の排水停止、操業停止が水俣病対策として取り沙汰されていた。「有機水銀説」は工場の操業停止に現実味を帯びさせるものであった。しかしこの重要な出来事も全国報道されてはいない。

「有機水銀説」の発表を契機に、漁民はチッソ水俣工場にたいする抗議行動を繰り広げるようになる。それが、当時普及の緒についたばかりのテレビのニュースで報道され始めていた[1]。漁民の抗議行動は拡大し、一九五九年一一月には、不知火海沿岸一帯の漁民が水俣工場の排水停止、操業停止を求めるところにまで発展した。しかし工場側が面会すら拒否する態度を示したために、激しく反発した漁民と工場との間で多数の負傷者、逮捕者を出す大規模な衝突事件が発生する。これが、「不知火海漁民騒動」といわれる事件である。そして、これが新聞やテレビの全国報道で大きく取り上げられるに至った。まさに「不知火海漁民騒動」こそが、全国規模のメディア環境に水俣病事件が生じたときの姿であり、その唐突さにほかならない[2]。

メディア環境にこうして現れた水俣病事件の「現にある」姿は、ある不安を意味する出来事となって構築される。それは、端的には、チッソ水俣工場が「暴徒」に襲われたという不安である。同時に、漁民と工場との衝突事件は、「水俣」の地域経済にとっての不安を意味する出来事としても構築されていく。「水俣」は一九〇八年にチッソが創業した地であり、地域経済の大部分をチッソ水俣工場に依存してきた。「暴徒」はその工場を破壊して損害を与えただけでなく、操業停止までも要求していたからである[3]。

じつはこの不安は、さらなる広がりをもっていた。高度経済成長を下支えした重要産業のひとつは化学工業である。チッソ水俣工場は、わが国の化学工業の発展にとって不可欠の位置を占めていた。漁民はこの重要工場の操業停止を要求していたのである。「騒乱事件」となって現れた水俣病事件は、この国の化学工業と経済の発展を滞らせかねないという不安を意味する出来事でもあった。

地域向けの報道にとどまっていた水俣病事件が全国報道されるようになったことは、この出来事の生ずるメディア環境の空間的な拡大にほかならない。そうなることで、水俣病事件は一化学工場とその立地地域を経て、敗戦後日本社会の「いま」にとっての不安を意味する出来事として構築される。逆に、チッソ水俣工場、「水俣」の地域経済、高度経済成長という国策の「いま」にとっての不安を意味する出来事として構築されることで、水俣病事件の生ずるメディア環境は空間的に拡大したともいえる。いずれにしても、ここに、一九五〇年代末の水俣病事件の全国報道における人為的な時事性が見出される。

水俣病事件の生ずるメディア環境が空間的に拡大し、「不知火海漁民騒動」となって唐突に現れたとき、そこに至るまでの時間は語られもしなければ、描かれもしなくなる。つまり、全国向けのニュースにおける水俣病事件の「いま」、「現にある」姿が、この事件の持続的時間を消し去り、けっして見逃されてはならない不安を潜在化しているのである。それこそが、この国の経済発展を可能にし、「水俣」の地域経済を支えるチッソ水俣工場の操業がつづくかぎり発生しつづける水俣病患者とその家族の不安なのだ。

水俣病事件報道の構造的問題として、地域向けの報道と全国向けの報道との乖離がしばしば指摘されてきた。それは、水俣病事件のさまざまな局面が地域向けの限定的なメディア環境では持続的に立ち現れているが、全国規模のメディア環境ではこの出来事が生じてすらいないという問題として考える必要がある。そして、空間的に拡大したメディア環境で水俣病事件が生ずるときには、往々にしてその唐突さが出来事の持続的な時間を消し去る。水俣病事件報道は、出来事が生ずるメディア環境の空間的な広がりと時間的な広がりとのディレンマを初期段階から抱えていたのである。

ふたたび唐突に現れた「水俣」

水俣病事件がメディア環境に唐突に現れるなかで、患者と家族の不安と生活の危機は見失われていった。越年の生活費にすら事欠くほどに追いつめられた患者と家族は、補償を要求して一九五九年一一月二八日にチッソ水俣工場正門前で座り込みに入る。それから半月以上が経った一二月一五日の「ＮＨＫニュース」が、「水俣病家庭互助会、チッソの門前に座り込み」というニュースを伝えている。しかし、これ以外の全国報道はほとんどなく、患者補償という重要な問題の報道もまた地域向けのものにとどまった。

患者と家族の窮状に乗ずるかのように、チッソは一二月三〇日に「見舞金契約」を締結させて患者補償の「解決」と水俣病事件の「終息」を図った。この契約は、チッソがみずからの加害責任をまったく認めないままに金銭を支払う、文字どおりの「見舞金」の支払契約であった。しかもその金額は、大卒初任給が一万三〇〇〇円程度の時代にあって、死亡者への弔慰金三〇万円、成年患者の年金一〇万円、未成年患者の年金三万円、成人に達した後も五万円にすぎなかった。

問題は、この驚くべき低額の「見舞金」だけではなく、第五条として、つぎのような条項が付け加えられていたことにある。「乙（患者とその家族）は将来水俣病が工場排水に起因することが決定した場合においても新たな補償金の要求は一切行わないものとする」。チッソは、同じ年の七月に工場排水を混ぜた餌を猫に与える「猫四〇〇号実験」を始め、一〇月にその猫が水俣病を発症したことで、工場排水が水俣病の原因であることをすでに確認していた。「水俣病が工場排水に起因すること」を知りながら、チッソは第五条を加えた契約を患者、家族に結ばせたのである。

ところが、「見舞金契約」の締結も地域向けに報道されたにすぎない。しかもそこでは、座り込みをつづけて患者と家族が要求した補償が、この契約をもって「円満解決」したとされ、「報われた患者の努力」とまで語られていた(4)。以後、水俣病事件は「解決」したという物語が広範に共有され、一九六〇年代には全国規模の報道は空白期を迎える。経済発展に邁進する時代のメディア環境に水俣病事件はほとんど現れなくなった。

水俣病「公式確認」から一二年後の一九六八年九月、政府はようやく「水俣病の原因はチッソ水俣工場の排水に含まれるメチル水銀化合物である」とする公式見解を発表し、水俣病を公害病と認定する。NHKは、この時期にはまだ多用されていないカラー映像の同時録音で、園田直厚生大臣の公式見解の発表を収録した。こうした撮影、収録の方法は、政府公式見解の発表が重要なニュース価値をもっていたことを示している。

政府公式見解の発表を転機に水俣病事件は新たな局面を迎える。患者補償も、事件そのものも「解決」したとされ、水俣病の原因も責任も明確にされないまま、患者と家族はその存在すら潜在化され、抑圧され、「棄民」と化していた。そうした彼ら、彼女らの、人間の尊厳を問う「水俣」の闘いが始まったのである。

ベトナム反戦運動が世界的規模で繰り広げられたのが、一九六〇年代末から七〇年代初頭である。このほかにも、第二次世界大戦後の世界システムのさまざまな矛盾が表面化した欧米諸国と日本では、広範な「異議申し立て」の時代を迎えていた。日本各地で顕在化するようになった公害事件は、高度経済成長がもたらした生活の危機であり、このまま経済発展を追い求めていくことに不安を抱かせる出来事であった。(5) こうした時代の文脈のもとで、「水俣」の闘いは、人びとの身体、生命、生活よりも経済発展を優先させてきた敗戦後日本社会にたいする象徴的な「異議申し立て」になっていく。そして、それを水俣病事件の「現にある」姿とするマスメディアの報道が、全国報道の長い空白期が経過したのち一九六〇年代末に、またも唐突に始まったのである。

2　テレビニュースにおける「水俣」の情動と時間

「一任派」と「訴訟派」

水俣病患者と家族は「奇病」患者とその家族といわれ、長く抑圧されつづけてきた。彼ら、彼女らにとって、水俣病の原因にかんする政府公式見解の発表と公害病認定は、病の原因とともに、忍従の生活の責任を負うべき者を明確にするものだった。政府公式見解を受けて、当時のチッソ社長、江頭豊は菓子折を手に患者宅を詫びてまわった。患者と家族はチッソに誠意ある謝罪と再度の補償を要求した。

しかしチッソは、患者補償については「見舞金契約」によって民事上の和解がすでに成立しているという立場を崩さず、「補償」額を改定するにしても、その基準を第三者機関が設定すべきであると主張した。これに呼応するかのように、厚生省は第三者機関の設置に向けて動き、その人選にも、結論にも異議なく従うとする確約書の提出を患者と家族に求めた。チッソが直接交渉には応じない姿勢を示すなかで、確約書に署名、捺印しなければ補償交渉そのものができなくなるところにまで患者と家族は追いつめられる。患者と家族は、確約書を提出して厚生省が設置する第三者機関の斡旋に一任するほかはないとする「一任派」とよばれるグループと、あくまでもチッソとの交渉を重ねるべきとするグループに分断されてしまった。その後、直接交渉を拒否された後者のグループはチッソを被告とする損害賠償請求訴訟の提起を決意し、「訴訟派」とよばれるようになる。

厚生省が設置した「水俣病補償処理委員会」は、一九七〇年五月に斡旋案を患者と家族に提示した。しかしそれは、民事上の和解は「見舞金契約」によって成立済みとするチッソの主張に沿って、「補償」額を物価スライドで増額したものにすぎなかった。「見舞金契約」によって患者補償は「解決」したとされ、長い忍従の生活を強いられてきた患者と家族からすれば、この斡旋案は到底受け入れられないものだった。何より、斡旋案ではチッソの賠償義務を認めていないことが決定的な問題であった。厚生省で補償処理委員会の斡旋に臨んだ「一任派」の代表たちの強い抵抗によって斡旋案の調印は難航した(6)。

厚生省庁舎の内外に支援者がつめかけ、補償処理委員会会場も一時占拠されるが、警官隊が排除し、一三名の逮捕者が出る。「訴訟派」の代表も、橋本龍太郎厚生政務次官と面会して、「政府は人命は尊いというが、これでは全然尊重していない」と斡旋案の見直しを求める。しかし、当時三二歳の橋本は「政府が人命を大事にしなかったことがあるか。いまの言葉を取り消せ」と言い放った。「一任派」代表は庁舎内で軟禁状態に追い込まれて調印を迫られ、とうとう五月二七日に斡旋を受け入れる苦渋の決断をした。

テレビは、この時期にはマスメディアのなかで中心的な位置を占めるようになっていた。その全国向けのニュースではこうした経緯が映像によって克明に描き出されている。斡旋案調印に先立つ五月二五日には、交渉の難航を伝える「ＮＨＫニュース」が放送された。その素材映像では、警官隊による排除や日比谷公園での集会、胎児性患者の写真を高く掲げたデモ行進などが撮影されている。支援者のゼッケンには、「ゴマカシ処理をゆるすな」、「一任派の患者さん、われわれがついている」、「チッソは水俣病の責任を認めた補償を」などと書かれていた。庁舎内に閉じ込められた一任派患者の代表たちが、「レクリエーション室」に並べられた布団で仮眠をとる姿も撮影されている(7)。

「訴訟派」とよばれた患者と家族たちは、チッソを被告にした損害賠償請求訴訟の原告として法廷での闘いを繰り広げることになった。熊本水俣病第一次訴訟は一九六九年六月一四日に提訴された。それに際して、原告団長渡辺栄蔵は、「今日ただいまから、私どもは国家権力に立ち向かう」と発言した。原告となった坂本フジエは胎児性患者の坂本しのぶの母として、「この子よりも、一分でも長く生きなければならない」と訴えた。やはり胎児性患者上村智子の父母は智子を抱いて法廷に通う。原告団と支援者の集会には、家族の遺影を抱いた原告もいれば、胎児性患者の写真を掲げた支援者もいる。テレビニュースは、こうした原告団と支援者の姿を数多く描き出していった。

法廷にはチッソの責任ある者が出廷するはずだから、人間として詫びさせることもできるだろうというのが患者たちの思いだった。(8) しかし法廷では代理人弁護士や専門家による審理がつづく。そうした司法の言葉では語り尽くせない「水俣」の闘いを描こうとするかのように、テレビニュースの映像は原告となった患者や、支援者の抗議行動を描き出している。訴訟の経過を伝える「ＮＨＫニュース」の素材映像のほとんどが、歩行も困難な身体で入廷する原告患者の姿、遺影を抱いた原告、胎児性患者の写真を掲げた支援者たちの集会やデモ行進の映像であった。

東京丸の内に出現した「自主交渉派」のテント

医療機関が患者を水俣病と診断しても、それだけで患者が補償の対象となるわけではない。公害健康被害補償法に基づいて設置された認定審査会に患者がみずから申請をして、そこで「その病は水俣病である」と認定されて、はじめて補償を受けるべき水俣病患者になる。これが水俣病認定制度である。その出発点は、「見舞金契約」の定める「補償金」の受給者を認定するために一九五九年一二月に設置された水俣病患者診査協議会にある。こうした出自からも分かるように、認定制度とは患者を医学的に診断するものではなく、補償金の受給資格者を決定するという政治性の上に成立している。

認定制度のもとで水俣病患者とは認められず、何の補償も受けられないおびただしい未認定患者が生み出されつづけてきた。患者を「棄民」化するこのような認定制度こそが、今日まで持続する水俣病事件の中心的な問題にほかならない。これに立ち向かったのが川本輝夫たちである。

熊本県公害被害者認定審査会は、一九七〇年六月、川本らの水俣病認定申請を棄却処分とする。これにたいして患者たちは行政不服審査請求を行う。そして川本は、水俣病とは認められないまま放置されている潜在患者の発掘を進める。そこで彼は、声もあげられず、何の支援の手も差し伸べられないままの数多くの患者に出会った[9]。

環境庁は、川本らの審査請求にたいして、翌七一年八月、「熊本県知事の行なった水俣病認定申請棄却処分は、これを取り消す」とする裁決を行う。同時に、「公害に係る健康被害の救済に関する特別措置法の認定について」という事務次官通知を出す。そこでは、水俣病に特徴的な症状が一つあればそれで水俣病と認定できるとされ、疫学的判断条件も加えられた。これが、「七一（昭和四六）年判断条件」ともいわれる次官通知である。

環境庁の裁決によって水俣病患者と認定された川本らは、一九七一年一〇月、斡旋や裁判によらずにチッソに補償を求める直接交渉を水俣で始める。「自主交渉」とよばれる「水俣」の闘いがこうして始まった。同年一二月からは、舞台を東京丸の内のチッソ本社に移し、本社前にテントを張って長期間の座り込みをつづけながら「自主交渉」が行われた。

高度経済成長による物質的繁栄を象徴する大都市の中枢で川本たちが挑んだチッソとの直接交渉は、七三年七月に補償協定が調印されるまで、じつに一年七ヵ月に及んだ。その間、さまざまな出来事が経過していく。チッソは鉄格子を設けて川本たちの入室を阻もうとするが、患者たちはその前に水俣病犠牲者を慰霊する祭壇を設けて追悼式を行う。川本がチッソ社員を殴ったなどとして傷害容疑で起訴されたこともあった[10]。

「自主交渉」とよばれる「水俣」の闘いは、患者を潜在化させる地域社会と、そのような力学を作動させて患者を「棄民」化しつづけることで経済発展を遂げたこの国の、抑圧と排除の構造に立ち向かう闘いだった。列車が絶え間なく行き交う東京駅の目の前の、勤め人が慌ただしく行き交うオフィス街に、患者と支援者たちが座り込むテントが出現する。この光景が、当時のテレビニュースに何度となく描き出された。チッソ本社での直接交渉が始まってから補償協定が調印されるまでの間、水俣病事件を取り上げた「ＮＨＫニュース」の多くは、自主交渉とそれをめぐる出来事で占められていたのである。

「異議申し立て」の時代のテレビニュースは、「一任派」であれ、「訴訟派」であれ、「自主交渉派」であれ、「水俣」の闘いを顕在化させつづけた。その映像は、高度経済成長という国策を推進した政治や経済発展を支えた大企業と対峙する患者と家族、支援者たちを、水俣病事件の「現にある」姿として描き出している。こうした映像によって、テレビニュースは水俣病事件の生ずるメディア環境を空間的に拡大させていった。逆に、このような時代に水俣病事件の生ずるメディア環境が拡大していくとき、テレビニュースの映像は「水俣」の闘いを描き出すようになったともいえる。いずれにしても、水俣病事件の「現にある」姿として「水俣」の闘いを描くことが、「異議申し立て」の時代の広範なメディア環境に水俣病事件を生じさせる人為的な時事性だったのだ。

見失われる患者　「棄民」化の力学と構造

「水俣」の闘いを描き出すテレビニュースの映像の流れには、「一任派」代表の山本亦由の疲労した顔のクローズアップが現れる。「訴訟派」の渡辺や坂本、上村親子の顔のクローズアップも現れる。また、「自主交渉」の長い闘いを描く映像の流れには、チッソ社員に迫る川本や、病身の妻に代わって交渉を重ねる佐藤武春の顔のクローズアップも現れる。

顔一般のクローズアップのほとんどに見出されるのは感情イメージ（image-affection）であり、それは運動イメージを形成する情動（affection）でもある［Deleuze 1983：102＝2008：125］。テレビニュースは、「水俣」の闘いのイメージを、人間の尊厳を問う闘いを繰り広げる患者たちの情動、すなわち顔のクローズアップによって形成していった。

また、情動は、それを「表現する何らかのものからまったく区別されるにもかかわらず、情動を表現するその何らかのものから独立して存在しているわけではない」［Deleuze 1983：138＝2008：173］。「水俣」の闘いの情動は、それを表現するクローズアップの顔とは区別される。しかし、メディア環境における「水俣」の闘いの情動が、それを表現するクローズアップの顔から独立することはできない。テレビニュースの映像の流れのなかの山本亦由、渡辺栄蔵、坂本フジエ、上村好男、川本輝夫、佐藤武春らの顔のクローズアップは「水俣」の闘いの情動なのだ。

抑圧されてきた情動が顕著に立ち現れた。長く潜在化されてきた感情イメージが「水俣」の闘いを描くようになることで、水俣病事件の生ずるメディア環境が空間的に拡大されたともいえる。ここに、水俣病事件の「現にある」姿として「水俣」の闘いを描こうとするテレビニュースの人為的な時事性の問題が浮き彫りになる。

患者たちの顔のクローズアップは、「いま、ここ」に現れる情動である。しかし、彼ら、彼女らは、「いま、ここ」で、にわかに患者になって立ち現れたわけではない。彼ら、彼女らが水俣病患者となって生きることを余儀なくされてきた時間こそが、みずからの存在が潜在化され、抑圧され、排除される時間でありつづけてきた。ところが、長い報道空白期を経て、全国向けのテレビニュースの映像の流れに「水俣」の闘いの情動が現れた唐突さが、この情動を患者「棄民」化の歴史的時間に接続することを困難にする。[11]

胎児性水俣病は一九六二年一一月に確認された。この出来事は、母胎で生命を育んでいたときから水俣病を生きてきた患者の存在を意味する。ところがそれが、地域向けのメディア環境ではつぎのように語られた。「（胎児性患者の確認は）とくに患者血縁者たちに反響を呼び、水銀廃出元であるとされる新日窒水俣工場にたいし補償金を期待する空気が早くも生じている」（『西日本新聞』一九六二年一一月二六日付）。「患者家族の間にはいまは恥や外聞などにかまってはおられない、早く水俣病と決定して補償なり国家的な医療保護などの手を打ってほしいという声が強い」（『毎日新聞』一九六二年一一月二七日付）。

胎児性患者の存在は、チッソ水俣工場が生命の始原を蹂躙する危機を生じさせていたことを明らかにしている。にもかかわらず、水俣病事件は「見舞金契約」によって「解決済み」とされ、胎児性患者とその家族が、こうまで愚弄して語られたのだ。工場は操業をつづけ、この国は高度経済成長を突き進んだ。そうした時代の地域向けのメディア環境には、「補償金」による事態の決着を語り、胎児性患者と家族を抑圧する言説が編制されていたのである。しかし、「異議申し立て」の時代のテレビニュースに、支援者の掲げる胎児性患者の写真は見出せても、このような抑圧の歴史的時間は容易に見出せない。

熊本水俣病第一次訴訟の原告となった「訴訟派」の患者たちは、「水俣」の住民の激しい攻撃にさらされた。「会社が金を出してくれるというのに、裁判をするのか」。「そうまでして、金がほしいのか」。「普通の人間が一生働いても手にできないような金を吹きかけて、会社をつぶす気か」。水俣で直接交渉を始めた「自主交渉」派の患者たちも、水俣「市民」を名乗る数多くの住民から激しく攻撃された。「新認定」患者が「水俣のイメージを悪くし、水俣の発展を阻む」。「市民に愛される患者さん」であれ［石牟礼 2006：88］。

患者潜在化の力学は、こうした憎悪を意味する言語によって発話されている。病の責任を問うことを抑圧し、人間としての要求を排除しつづける構造も、同様の言語によって構築されている。しかし、全国規模のメディア環境で「水俣」の闘いを描き出すテレビニュースには、こうした力学と構造の歴史的時間は見出せない。

「一任派」の患者に新たな「補償金」が支払われたのは、一九七〇年六月である。小切手を受け取った患者を待ちかまえていたのは地元の金融機関の職員だった。患者は笑顔で迎えられ、タクシーでつぎつぎに連れて行かれ、預金口座を開設させられる。これが、裁判などはせずに、会社が出してくれる金を受け取り、会社をつぶすようなことをしない「市民に愛される患者さん」の姿なのだ。この場面を撮影したテレビニュースの素材映像が、熊本放送で保存されている。患者を潜在化する力学と、彼ら、彼女らを抑圧し、排除する構造の具体的な時間のひとつがここに現れているといえるだろう。

露骨な攻撃と金銭による慰撫によって患者と家族を潜在化する力学も、患者がみずからの病を語り、その責任を問うことを抑圧し、救済を求める患者と家族を排除する構造も、たしかに地域社会に顕著に現れている。しかし、この力学と構造こそが、チッソ水俣工場の操業の継続と拡大を可能にし、国策としての高度経済成長を可能にしていたことを忘れてはならない。「異議申し立て」とは、こうした経済発展を何よりも優先させてきた敗戦後日本社会の在り様に向けられていたのではなかったのか。

地域向けの限定的なメディア環境には、患者を潜在化しつづけ、抑圧し、排除しつづける力学と構造の時間が具体的、かつ持続的に現れている。全国規模のメディア環境には、水俣病事件の「現にある」姿として、「水俣」の闘いの情動が際立って生ずる。このような地域向けのメディア環境に現れる「水俣」の持続的時間と、全国規模のメディア環境に現れる情動との間の断絶が、高度経済成長を国策として推進し、経済発展に邁進する敗戦後日本社会を成り立たせてきた水俣病患者「棄民」化の力学と構造を見失わせているのだ。これこそが、「異議申し立て」の時代における「水俣」のテレビニュースの人為的な時事性が孕む核心的な問題にほかならない。

「水俣」の混迷とは何か

熊本水俣病第一次訴訟は、一九七三年三月二〇日に原告勝訴の判決が言い渡された。この判決で、「見舞金契約」は公序良俗に反して無効であると宣告された。直後の二二日、原告患者と「自主交渉」を進めてきた患者が合流して水俣病東京交渉団が形成され、生涯にわたる補償を要求して、チッソとの直接交渉が始まった。そして七月には、患者とチッソとの間で補償協定が結ばれる。これによって、訴訟に加わった患者も、加わらなかった患者も、そして、将来認定される患者も、補償金、医療費、生活年金が支払われることになった。当時のチッソ社長、嶋田賢一は、「会社の支払い能力を考えれば、会社はつぶれる」から、「決定する金額は、国民の血税から支払われることになるだろう」と漏らしたという［後藤 1995：245；石牟礼 2004：596］。

患者救済の途が拓かれたように見えたなかで、認定申請は増加した。「七一年判断条件」に基づいて認定も増加する。ところが、認定業務を担う認定審査会が政治的混乱をきたし、一九七〇年代半ばには認定業務が遅滞するようになる。さらに、補償金負担によってチッソの経営も悪化し、嶋田の予想どおりにその存続すら危ぶまれる状態になった。

認定制度が動揺するなかで、環境庁は水俣病の判断条件そのものを大きく後退させる通知を一九七七年七月に行う。これが、いわゆる「七七（昭和五二）年判断条件」である。そこでは、水俣病に特徴的な症状の複数の組み合わせが認定の要件とされた。これによって認定件数が激減し、申請棄却件数は激増する。他方で政府は、経営の悪化するチッソを支援するために熊本県債を発行する金融支援策を一九七八年一一月に定めた(12)。

判断条件の後退は、水俣病の定義を政治的に変更することによってなされる、患者潜在化の力学の強化にほかならない。それは、みずからの病を水俣病であると語ろうとする患者を抑圧し、救済を求める患者を排除する構造の強化、再生産も意味している。チッソ支援は、国が加害企業を支援し、存続させる施策である。ここで見逃してはならないのは、高度経済成長に不可欠であったチッソ水俣工場の操業を継続、拡大させた国もまた、水俣病事件のまぎれもない加害者であり、原因者だということである。しかし、国は補償責任をチッソに負わせ、チッソがそれを果たすことが困難になると、患者「棄民」化の力学と構造を強化、再生産して、患者の拡大を抑制する。同時に国は、チッソを支援して補償を継続させ、国策が引き起こした水俣病事件の責任をみずから負うことを回避していく。これが判断条件の後退とチッソ支援の実態なのだ。(13)

判断条件を狭めた認定制度のもとで申請を棄却された数多くの患者たちは、チッソだけではなく、国と熊本県も被告にして、みずからが患者であることの確認と賠償を求める訴訟をつぎつぎに提起する。水俣病事件ではじめての国家賠償請求訴訟となる熊本水俣病第三次訴訟（第一陣）は一九八〇年五月に提訴された。法廷での「水俣」の闘いがふたたび始まる。それは一〇〇〇人規模の原告による訴訟となって全国各地で提訴された。

相次ぐ訴訟によって、この時期の全国規模のメディア環境における水俣病事件の「現にある」姿は、司法ニュースとして描かれ、語られるようになる。チッソを被告とする訴訟でしかなかった熊本水俣病第一次訴訟の原告団長渡辺栄蔵が、「今日、ただいまから立ち向かう」とした国は、被告として法廷に立たされた。しかし、加害者でありながら患者「棄民」化の力学と構造を強化、再生産していく国の「現にある」姿は、司法の場でその賠償責任が判断される被告としてしか描かれない。

水俣病であることすら認められない患者たちによる裁判では、原告勝訴の判決がつづいた。しかし、国と県は控訴を重ね、裁判は長期化する。患者の高齢化も進み、控訴審では和解も勧告されるが、国はそれを拒否する。そうしたなかで、「水俣病事件四〇年」が目前の一九九五年九月、政府は水俣病問題の「最終解決」案を患者団体に提示した。

この「最終解決」案は、未認定患者による訴訟や認定申請の取り下げを条件に、一時金と医療費、医療手当を支給するというものだった。金銭的支払いの条件からも明らかなように、これは認定制度も判断条件も何一つ是正するものではなく、救済を求める患者たちを水俣病患者と認めるものでもなかった。逆に、「生きているうちに救済を」という声が漏れる状況に乗じて、わずかな金銭で患者たちを黙らせて「解決」を図ろうとするのがこの「解決」案であり、その点でこれは、一九五九年の「見舞金契約」と同質のものである。患者たちは苦渋の決断を迫られ、翌九六年五月までに、水俣病関西訴訟原告団を除くすべての患者団体がこの「解決」案を受け入れた。

水俣病関西訴訟は、二〇〇四年一〇月一五日に最高裁判決を迎える。ここでも、原告勝訴の判決が言い渡され、原告三七名が水俣病患者と認められ、国と熊本県の責任も認められた。この最高裁判決は、認定制度と認定基準にたいする事実上の破綻宣告に等しい。しかしそれでも国は、これらを改めようとはしない。

最高裁判決以降、認定申請者は激増し、判決前の二〇〇三年には八人だったのが、二〇〇七年二月には二〇〇四年からの累計で五〇〇〇人を超えた。患者「棄民」化の力学と構造がこれほどの患者を潜在化させていたのだ。行政が認定した患者、「患者ではない」とされながら「最終解決」のために金銭が支払われた患者、司法が認定した患者と、水俣病患者は多重化されていく。さらに、声をあげられない膨大な患者が潜在化されている。

メディア環境の出来事としても、「解決」、「最終解決」が語られ、司法の判断がなされるたびに水俣病事件は混迷を深めていく。そこには、敗戦後日本の経済発展が水俣病患者を拡大的に生み出し、その患者の「棄民」化によって経済発展が可能になったという歴史的時間は容易に見出せない。そして、この「棄民」化の力学と構造が今なお作動し、成立しているという水俣病事件史に持続する時間も、ますます見失われていく。

3　「水俣」の時間を見失ったテレビニュース

「最終解決」策の唐突さが見失わせるもの

二〇〇九年六月三〇日、全国規模のメディア環境に水俣病事件はまたも唐突に現れた。『朝日新聞』（東京本社版）夕刊一面につぎのような記事が掲載されたのである。「手足がしびれるなどの症状がありながら水俣病と認定されない被害者らの救済をめぐって与野党が進めている法案の修正協議に関連し、民主党幹部は30日、原因企業チッソの分社化について、『補償金が出るのであればのまざるを得ない』と記者団に述べた」。

突然語られる、「水俣病と認定されない被害者」の「救済」、「チッソの分社化」とは、どのような出来事なのだろうか。記事では、「救済」の対象を未認定患者にも広げ、それに必要な資金をチッソが捻出するために分社化すると説明はされている。しかし、水俣病事件がこのような「現にある」姿に至るまでの時間は、十分には語られていない。

じつは、当時の与党水俣病問題プロジェクトチームは、これに先立つ三月に、「水俣病被害者の救済及び水俣病問題の最終解決に関する特別措置法案」（「水俣病特措法案」）を衆議院に提出していた。この法案は、つぎの三つの方法で「水俣病問題の最終解決」を図ろうとするものだった。第一に、水俣病認定基準を充たさないとされる「被害者」を「救済」の対象とし、一時金、医療手当を支給する。第二に、加害企業チッソの補償会社（本社）と事業会社（子会社）への分社化を認め、補償完了後は本社を清算、解体する。そして第三に、この法案による「救済」と、現行制度下での認定、関西訴訟最高裁判決以降の訴訟が終了したのちは、水俣病発生地域の指定を解除する。

なかでも、チッソ分社化と地域指定解除は大きな問題として受け止められた。分社化は加害企業の消滅を意味し、地域指定解除は解除後の新たな患者の認定も、補償も、一切行われなくなることを意味していたからだ。地元紙の『熊本日日新聞』は三月四日に、こうした問題点を大きく報道していた。しかし、これが全国報道されることはなかった。

そもそも、「水俣病被害者の救済」と「水俣病問題の最終解決」のための「特別措置法案」が、なぜ必要とされたのか。政府が一九九五年九月に「解決案」を提示し、ほとんどの患者団体にそれを受け入れさせた「政治決着」をもって水俣病事件の「最終解決」といわれた。しかし、二〇〇四年一〇月の水俣病関西訴訟最高裁判決以降、認定申請者が激増する。そのような患者を「被害者」とよんで、一九九五年の「政治決着」と同じ手法でふたたび「最終解決」を図ろうとするのが、この「水俣病特措法案」なのである。

三つの方法のなかでも、とりわけチッソ分社化は、最高裁判決の直後から政府与党によって手回しよく検討が始まっていた。これを、やはり『熊本日日新聞』が、二〇〇四年一一月一四日朝刊の一面トップで報道している。記事はつぎのように語っている。「チッソの公的債務については現在、二〇〇〇（平成十二）年の閣議了解に基づき、国が順次、無期限無利息の融資に置き換えていくことで、事実上肩代わりしている」。同紙は、こうした状態にあるチッソを「究極の国策会社」という。そして、政府与党の姿勢がつぎのように述べられている。「水俣病の被害拡大に対し、国と熊本県の行政責任が最高裁で確定したことから、政府・自民党は『国として被害拡大の責任を果たすためにも、さらに抜本的な再生計画に踏み込む必要がある』（政府、自民党幹部）と判断した」。

国は、加害者であるにもかかわらず、「汚染者負担原則」を理由にして、みずからの補償責任をチッソに負わせつづけてきた。チッソがそれを果たすことが困難になると、国は判断条件を後退させ、患者の拡大を抑制しながら、チッソを支援して補償を継続させた。最高裁判決によって判断条件の誤りが明確にされると、国は早手回しに、みずからの加害責任をチッソに負わせたまま補償をつづけさせる方策として、チッソ分社化の検討に着手していたのだ。地域向けのメディア環境では、患者「棄民」化の力学と構造の強化、再生産をつづける国のこのような姿勢が現れていたのである。

相反する感情イメージに当惑するスタジオ

『朝日新聞』の報道から二日後の二〇〇九年七月二日、「水俣病特措法案」の与野党合意成立が各局の夜のニュース番組で伝えられた。夜九時からのＮＨＫの「ニュースウオッチ９」では、熊本県芦北町に住む七〇歳の未認定患者、阪口昇の映像と声が流れていく。そこには、彼の小刻みに震える手や、「びりびりしている」という足が映し出される。阪口は、「特措法」による救済に期待を寄せている。「ここまでこぎつけられて、たいへんうれしく思います」と語る彼の顔のクローズアップが現れる。通院する彼の映像には水俣病を生きてきた半生を語るナレーションが重なる。今は年金生活を送る阪口だが、四〇年近く症状に苦しみつづけながら、差別を恐れる家族を思って認定申請を見送ってきたという。

「特措法案」に反対して、国会前で座り込みをつづける未認定患者たちの映像も流れる。そのなかのひとりで、「加害企業を救済するような合意に怒りを感じる」と語る山口広徳の顔もクローズアップになる。

スタジオではキャスターの青山祐子と田口五朗がトークを進めていく。青山は、「救済策について賛成している人もいれば、反対している被害者もいるんですよね、複雑ですね」と問う。田口は、最高裁判決後も国は認定基準を見直さず、司法と判断が分かれるなかで、高齢化が進み早期の救済を求める声を受けて法案が合意されたと説明した。

「ニュースウオッチ9」は、過去の資料映像を用いずに、「いま、ここ」にある出来事の映像の流れを形成している。そのなかの阪口の顔のクローズアップは、彼の半生を語るナレーションや、「いま、ここ」に現れている症状の映像と接続される感情イメージである。それは、四〇年を経ても病は癒えないが、それでも「特措法」を「たいへんうれしく思います」と語る患者の情動になっている。

しかし、症状に苛まれる患者が何の救済もないまま過ごした四〇年とは、患者を潜在化し、抑圧し、排除しつづけてきた国の責任が問われる時間であることはいうまでもない。ところが、「特措法案」の与野党合意を水俣病事件の「現にある」姿とするテレビニュースでは、患者の苦難の時間は描かれても、それを強いてきた政治の責任は描かれてはいない。早期の救済を求める高齢化した患者の情動が、水俣病事件に持続する政治的責任の時間に接続されないのだ。

「特措法案」に反対する山口の顔のクローズアップは、この法案を批判する彼自身の発話や、彼が向き合う国会議事堂の映像と接続される感情イメージである。たしかにそれは、症状に苦しむ患者を水俣病患者とは認めないまま、「加害企業を救済するような合意」をもって水俣病事件の「最終解決」を図る政治に立ち向かう、「水俣」の闘いの情動である。しかし、山口らが「加害者の救済」というチッソ分社化は、「いま、ここ」で、にわかに現れた「最終解決」策ではない。二〇〇四年の最高裁判決以降、補償のための資金をチッソに捻出させ、水俣病事件を「解決」させる方法として、分社化は検討されていた。それが、先に見たように、地域向けのメディア環境では最高裁判決後の水俣病事件の「現にある姿」のひとつとして語られていたのである。さらに遡れば、国は判断条件を後退させて患者の拡大を抑制し、チッソを支援して補償をつづけさせてきた。

「特措法案」に期待を寄せる情動も、反発する情動も、一見すると「複雑」だが、どちらも患者「棄民」化の力学と構造の歴史的時間がもたらしたものである。だからこそ、たとえ相反する情動であっても、こうした時間に接続されることによって、それぞれが水俣病事件に持続する政治的責任の「現にある」姿となって現れてくる。

しかし、一連の映像の流れからは、患者「棄民」化の力学と構造の歴史的時間が見失われている。そのようなテレビニュースは、相反する感情イメージを、結局のところは複雑さや混迷、当惑を意味する映像や語りに接続させ、それを水俣病事件の「現にある」姿として描き出すことしかできない。それがスタジオのキャスターをして、「特措法案」にたいする相反する受け止めを、「複雑ですね」といわせてしまうのだ。

交換され、還元される苦難の時間

民放各局の夜のニュース番組は、スタジオ映像と取材映像に過去の資料映像も交錯させて「特措法案」の与野党合意を描き出した。テレビ朝日の「報道ステーション」の冒頭のシーンでは、スタジオに据えられた大きなモニターの画面に土本典昭制作のドキュメンタリー映画『水俣病――その三〇年』（一九八七年）の映像が映し出された。

つづけて、「水俣病被害者芦北の会」会長の村上喜治の取材映像が流れる。村上は漁師だったが、足がもつれるようになり、手の感覚がなくなって船を降りた。これまでに数回の認定申請をしてきたという。彼は、両親が認定患者で、母は患者連合に加わって「水俣」の闘いを担ってきたことも語る。「そういう思いを患者の皆さんに少しでもさせたくない」、「年金生活の方々が増えていますから、高齢の方々も早く（救済）してもらえればうれしい」と語る村上の顔がクローズアップになる。

その後は、土本のドキュメンタリー映画『水俣――患者さんとその世界』（一九七一年）のなかの胎児性患者のシーンが流れる。一九九五年の「政治決着」や二〇〇四年の最高裁判決にかんする資料映像も現れる。こうした映像の流れに、半世紀を超える水俣病事件史を説明するナレーションが重ねられていく。

キャスターニュースでは、「カメラが生《なま》で映し出しているスタジオの〈いま・ここ〉のなかに視聴者の〈あなた〉も想像的に組み入れられることになる。スタジオは〈いま・ここ・わたしたち〉の〈ダイクシス〉空間として成立する」［石田 2003：258］。「特措法案」の与野党合意を伝えるテレビニュースのスタジオの映像も、「いま、ここ、わたしたち」

のダイクシス空間である。そこに据えられたモニター画面に、ドキュメンタリー映画の「かつての、『水俣』の、彼ら、彼女ら」の映像が現れる。両者は、時間的にも、空間的にも、人称的にも隔たりがあるが、それを患者たちのライフストーリーが埋めていく。

村上が漁師をやめた経緯や、両親が認定患者で、母が「水俣」の闘いをつづけてきたことが語られる映像の流れは、「いま、ここ」に至るまでの苦難の時間を表象する。彼の顔のクローズアップは、これに接続される感情イメージである。それが、家族とともに苦難の半生を過ごしてきた水俣病患者の早期救済を切望する情動となる。

しかし、漁業を断念させるほどの症状がある村上の認定申請を棄却してきた認定制度の問題は語られもしなければ、描かれもしない。そこで見失われるのが、村上の母も加わった「水俣」の闘いが立ち向かった政治であり、村上を患者とは認めない政治の責任が問われる時間なのだ。早期救済を求める患者の情動は、患者に苦難を強いてきた政治的責任の時間には接続されなくなってしまう。

土本のドキュメンタリー映画から引用した胎児性患者の映像や、そのほかの資料映像は水俣病事件史を描き出している。たしかに、こうした映像と語りの流れは、患者を拡大的に生み出した国策の一面を表象している。しかしそれは、患者を潜在化し、抑圧し、排除する力学と構造が、この国の経済発展を可能にしたという国策のもう一面を表象してはいない。ドキュメンタリー映画に記録されている胎児性患者が、かつて地域向けのメディア環境でどのように語られていたのかを想起すればよい。あるいは、地域社会では、憎悪、反感、偏見をないまぜにした発話によって患者が抑圧され、排除されてきたことを想起すればよい。すさまじいまでの患者「棄民」化の力学と構造が持続することによって、チッソも国も責任を問われないまま、この国は経済発展を遂げたのである。

スタジオでは、アンカーの一色清が、「国が初めて水俣病を確認したのが一九五六年で、私が生まれた年なんです。ですから、五三年もたっている」と語る。キャスターの古舘伊知郎も、「五三年の月日のなかで苦しみながら亡くなっていった方」がいるという。こうしたスタジオの映像と語りは、水俣病事件の時間の長さだけを茫漠と表象しているにすぎない。しかし同じニュース番組では、患者が苦難の半生を語る取材映像やドキュメンタリー映画によっても水俣病事件の時間が表象されている。テレビニュースが水俣病事件の「現にある」姿とする半世紀以上の時間は、これほどまでに非対称な映像と語りの間で置き換えられ、交換されているのだ。

今日の広範なメディア環境に水俣病事件を生じさせるテレビニュースの人為的な時事性は、この出来事の時間の長さを強調し、作り出す。しかしそれは、水俣病事件に持続する、他に還元不能な時間ではありえない。これこそが、スタジオという装置によって水俣病事件を生産し、選り分け、遂行的に解釈するテレビニュースの人為的な時事性の核心的問題である。そこでは、患者「棄民」化の力学と構造の政治的責任、そしてその持続的時間という、水俣病事件が「最終的に保っている還元不能なもの」［Derrida et Stiegler 1996＝2005：21］が見失われていくのである。

4　「水俣」と「福島」に見るテレビニュースの課題

水俣病事件は、そのさまざまな局面を全国規模のメディア環境に唐突に現してきた。今日のテレビニュースは、その唐突さを埋め合わせるかのようにして、深まる混迷に戸惑うスタジオの映像と語りを、この出来事の「現にある」姿にする。あるいは、今なお解決に至らない時間の長さを際立たせるスタジオの映像や語りが、水俣病事件の「現にある」姿になる。こうして、この出来事が「最終的に保っている還元不能なもの」が見失われ、水俣病事件が「歴史」化されていく。

はたして、「特措法案」の与野党合意を伝えるテレビニュースに、水俣病事件が「最終的に保っている還元不能なもの」は見出されるのだろうか。じつは、同じ日のＴＢＳの「ＮＥＷＳ23」に、それを垣間見ることができる。この番組でも、スタジオ映像と資料映像と取材映像が交錯する流れが水俣病事件の歴史を描き出している。そうしたなかで、水俣病事件の「現にある姿」として「特措法案」の与野党合意が語られていく。そして後半では、キャスターの膳場貴子が、熊本放送の牧口敏孝記者とスタジオトークを進めた。

牧口は、水俣病事件の取材経験が豊富な記者である。膳場が、一九九五年の「政治決着」後にさらに新たな救済策が必要になった理由を問うと、彼は、患者が「隠れていた」からだと応じた。牧口は、「政治決着」の時期に、「子どもさんが結婚や就職の時期にあたっていた人たちは、偏見と差別を恐れて救済を受けていない」と説明する。これに膳場が、「当時、声をあげられなかった人たち」は、「今度こそ、救済されると考えていいんでしょうか」と問う。牧口は、「全面的な救済には至らないだろう」と答え、その理由をつぎのように語った。「救済の仕組みが、本人に手を挙げさせるという方法なんです。この方法ですと、水俣病の偏見と差別は根深いものがあり、これを恐れる人たちはやはり手を挙げず、隠れてしまうということになってしまいます」。そして彼は、「不知火海沿岸の住民の健康調査、これが併せて必要になってきます。救済策とともに被害の全貌を把握する対策、これも併せてやっていく必要があると思います」と指摘した。

差別と偏見を恐れて患者が「隠れる」のは、まさに患者潜在化の力学の帰結である。それはたしかに、地域社会「水俣」で顕著に現れ、そこで生活する患者は、みずから手を挙げて救済を求めることを躊躇する。患者潜在化の力学は、具体的にはこのようなものとして作動しつづけているのである。

スタジオでは、患者が差別と偏見を恐れて「隠れる」から、「本人に手を挙げさせる」方法では、すべての患者は救済されないと語られる。そのとき、みずからの病が水俣病ではないかと問うことすらできずに生きてきた患者の苦難の時間が、救済の方法の問題となって、「いま、ここ、わたしたち」の空間に現れようとしている。それは、水俣病事件史の時間の長さだけには還元されない、潜在化された患者が生きてきた時間である。またそれは、水俣病事件に持続する患者「棄民」化の力学と構造が、具体的な姿となって現れ、持続している時間でもある。

さらに、このような苦難の時間がつづいているからこそ、患者救済のためには、「不知火海沿岸の住民の健康調査」という「被害の全貌を把握する対策」が不可欠であると語られる。これもまた、患者潜在化の時間が具体的に現れることで明確になる、国が果たすべき患者救済策のひとつである。それが、全国規模のメディア環境における水俣病事件の「現にある」姿となって語られているのである。

「ＮＥＷＳ23」における「特措法案」与野党合意をめぐる映像と語りの流れは、わずか四分三〇秒とあまりにも短い。

にもかかわらず、救済の方法の問題や「不知火海沿岸の住民の健康調査」という対策の指摘から、患者潜在化の時間が垣間見られたのはなぜだろうか。地域向けのメディア環境では、水俣病事件の歴史的時間をつうじて患者を潜在化し、抑圧し、排除する力学と構造が持続的に現れている。その一端が牧口によって語られ、「いま、ここ、わたしたち」の空間としてのスタジオの映像と語りに接続されたからなのだ。

ここに、水俣病事件が生ずるメディア環境を空間的にも、時間的にも拡大させていくために、テレビニュースがなすべき試みが見出される。水俣病を背負わされ、潜在化され、抑圧され、排除されながらこの病を生きつづける人びとの時間は、さまざまな映像や語りとなって地域向けのメディア環境で持続的に現れてきた。このような時間を、テレビニュースの「いま、ここ」にある出来事の映像や語りに接続することで、水俣病事件の生ずるメディア環境は空間的にも、時間的にも拡大していくことができるだろう。

不知火海沿岸一帯には今もなお、水俣病に特徴的な症状がありながら、それを水俣病ではないかと問うことさえできない膨大な人びとがいる。いうまでもなく、彼ら、彼女らも、敗戦後日本の「豊かさ」が、水俣病患者を潜在化しつづけることで可能になったという、いわば「豊かさ」への不安を意味する存在である。

東日本大震災からの復興が目指される今日、幾多の矛盾を棚上げにして、敗戦後のこの国の「豊かさ」への自負とともに、そうした「豊かさ」の持続が自明視されようとしている。このような時代にあって、声をあげることもできない水俣病患者の生活の不安は、その存在が意味する「豊かさ」への不安とともにさらに潜在化されかねない。

東日本大震災はまた、水俣病「公式確認」とほぼ同じ時期に第一歩を踏み出した経済発展のための原子力開発というもうひとつの国策が、「福島」で暮らす人びとの不安を潜在化させてきたことを露わにした。今、「福島」も、国策が導いてきた「豊かさ」が、国策のもたらす危機を潜在化しつづけることで可能になったという不安を意味している。

原田正純は、つぎのように述べている。「責任の所在を明らかにすることと被害の全貌を明らかにすることは別の問題ではない。被害の全貌が明らかでないこと自体が水俣病事件における行政、専門家の重大な責任であり、全貌が明らかになればなるほどその責任は重大になる」［原田 2004：163］。この指摘は、「水俣」だけではなく「福島」にも当てはまるだろう。そこには、東日本大震災後のジャーナリズムとしてのテレビニュースの取り組むべき課題も示唆されている。それこそが、「水俣」、「福島」の被害の全貌解明からは遠ざかり、不安を潜在化しつづける時間の具体的な姿をメディア環境に生成し、国策の負うべき責任を明らかにしていくことにほかならない。

注

（1）ＮＨＫアーカイブスには、一九五九年七月一六日の「ＮＨＫニュース」が「水俣で奇病」のニュースを、そして同年八月一九日には同じ番組が、「水俣漁民がピケ、新日本窒素に強い抗議」のニュースを放送した記録が残されている。
（2）水俣病事件の全国報道として、この「不知火海漁民騒動」の語るメディア言説の特徴を、山口仁は『朝日新聞』の記事に注目してつぎのように指摘している。「初めての全国報道にもかかわらず、すでに『水俣病』という言葉が使われているなど、水俣病事件に対する認識がなかったわけではないのだが、この報道に関していえばむしろ『漁民騒動』としての意味合いのほうが強かった」。それは、「水俣病とはいかなる病気か、またその被害にあっているとされる漁民の生活に対する言及はほとんどなかった」ことに現れている。つまり、「『漁民騒動』の表層を記述するだけで、その騒動が発生する背景や要因についてはほとんど関心を払っていなかった」のである［山口 2007：133-134］。
（3）「不知火海漁民騒動」ののちに、熊本県知事にたいして水俣工場の排水停止の回避を求める大規模な陳情が行われている。この陳情は、水俣市長、水俣市議会、水俣商工会議所、水俣農協、水俣地区労によって行われた。そこでは、工場の排水停止は工場閉鎖を意味し、水俣市民全体の死活問題であると主張された。
（4）「見舞金契約」の締結を伝える一二月三〇日の『朝日新聞』の地方版と『熊本日日新聞』の記事や見出しに、こうした発話が配分されている。
（5）これに先立つ一九六五年六月には、新潟県阿賀野川流域で「第二水俣病」ともよばれる新潟水俣病が確認された。同じ時期には、富山県でも神通川流域でイタイイタイ病が確認され、三重県では四日市ぜんそくも発生していた。いずれも、高度経済成長の歪みが人びとの身体、生命、生活を直撃する公害事件として注目され、熊本の水俣病も含めたこれらの病が「四大公害病」とよばれるようになった。

(6) 当初提示された斡旋案では、死亡者への一時金が最高額で三五〇万円、生存者の年金は最高額で三八万円にすぎなかった。水俣に残っていた「一任派」の患者と家族からは、上京して交渉に臨んだ代表たちに「シンデモシニキレヌ」という電報が打ちつづけられたという［後藤 1995：132］。

(7) 同様の場面を撮影した熊本放送のニュースの素材映像も、現在、熊本放送の報道ライブラリーに保存されている。

(8) チッソの責任ある者に直接謝罪を求めようとする「水俣」の闘いのひとつが「チッソ一株運動」であった。これは患者と家族、支援者がチッソの一株株主となって株主総会に参加して、法廷には姿を見せないチッソの経営者たちと直接向き合うことを企図したものである。石牟礼道子はその発端となった思いをつぎのように語っている。「裁判に通いはじめてみると、それはそれで肝要なことだが、水俣から積年の思いをつのらせながら、はるばる病身を運ぶのに、法廷には目ざすチッソ幹部の姿はみえず、代理人やチッソ側弁護士が来るばかりである。のっぺらぼうの法廷用語はもどかしく、自分らの思いを直接表現できぬことに、患者たちはいささか気落ちしていた」［石牟礼 2004：322］。

(9) 後藤孝典は、川本の潜在患者、未認定患者との出会いを、つぎのように述べている。「ぞっとするほどの重症患者に出くわすこともあった。津奈木の築地原司は全く身動きができない。同じ津奈木で、生まれて一〇年間放置されてきた諫山孝子を見たときは衝撃で身がふるえた。胎児性患者の悲惨さは言語を超える。これほど重症であっても認定されていないのだ」［後藤 1995：126］。

(10) この事件の裁判は、一九七七年六月一四日、東京高裁が刑事訴訟法上初の公訴棄却判決を言い渡し、これが一九八〇年一二月一七日に最高裁で確定した。

(11) テレビ放送のテクノロジーは、一日の時間の流れに沿って、ニュース番組も含めたいくつもの番組が間断なく放送される番組編成の流れを作り出す。また、個々のニュース番組でも、いくつもの出来事が連鎖する流れを生み出し、さらに出来事を表象する無数の映像の流れを作り出してきた［Williams 1975/1990：99］。

(12) 酒巻政章・花田昌宣［2004］は、国のチッソ金融支援を、汚染者負担原則を堅持し、水俣病にたいして国は責任がないという立場での「レトリックを使った（あるいは、使わざるを得なかった）国家の水俣病責任遂行」ととらえ、そのメカニズムを詳細に分析している。

(13) 判断条件の変更によって露わになる認定制度のポリティクスを、原田正純はつぎのように指摘している。「行政が出す『通知』とか『判断基準』というものはその文言の比較では大した差がないように見えても文言の中に行政の意向（意志）が含まれているのであって、それは驚くほど忠実に具現化する。この事実が危険な政治的側面を生む。しかも、患者の数が少なく補償額が膨大でないと比較的簡素に容易に広く認定が行われる一方、患者数、金額ともに膨大なものになると認定は厳密かつ慎重になっていく。認定制度は結果的に行政の意志を代弁して政治的調整機能を果たしていることになる。また、チッソの支払い能力に応じて患者の数が設定されていた疑いもある」［原田 2004：178］。

第10章　政治を語るテレビニュースのことばと身体
――「ニュースステーション」から「報道ステーション」へ

伊藤　守

1　ニュースを見る経験の歴史性

ニュース経験の連続性と変化

多くの人たちに知らせたい情報をだれもが社会空間に発信できるメディア環境が構成される中で、ニュースそれ自体の輪郭が曖昧化し、ニュースとは何かを自明のこととして考えることが難しい時代に入った。そして、ニュースの輪郭の曖昧化や多様化は、ニュース（を見る）経験をも変化させている。とはいえ、テクノロジーの変化という側面からのみ、ニュース経験の変化を語るだけでは不十分だろう。

たとえば、個々のニュース項目の選択基準、提示の仕方、編集方法、報道の際に使用される語彙、そしてキャスターやアナウンサーの「読み」や「語り」の様式、スタジオの仕様等々、これら複数の要素から構成されたニュースの形式は、私たち視聴者が気づかないままいつの間にか少しずつ変化し、長いスパンで見れば大きな変容を遂げてきたと言える。また、これまで一般的であると考えられてきたリビングやダイニングで家族と一緒にニュースを見る経験も歴史的に変化してきた。こうしたニュースの形式や視聴様態や視聴空間の変化とも結びついて、ニュースに対する人々の複雑な態度――時にはニュースを真剣に見る経験、時には「このニュース番組はきまってこういう語り方をするよなぁ」といったメタレベルからニュースを評価して見る経験、あるいはもっと冷めたフラットなニュース経験等、様々な態度が折り重なり重層化した態度――が形成され、その延長上にいまの変化がある。こうした変化を看過してはならないと考えるからだ。

本章では、ニュース経験の歴史性を視野に入れて、「ニュースステーション」（以下、「Nステ」と表記）と「報道ステーション」（以下、「報道ステ」と表記）という二つの番組に焦点化し、マルチモダリティ分析の視点から分析を加えよう。特にニュース番組のキャスターの「語り」「身体的パフォーマンス」や「カメラアングル」などの諸要素に注目して分析を加えよう。一定の期間に限定した二つの番組の検証にすぎないが、分析を通じて「ニュース番組が語る〈政治〉」の変化の一側面を照射することで、ニュース経験の〈いま〉の特徴に光を当てることができるのではないだろうか。そうした期待を抱きながら、二つの番組の検討に進もう。

一つの歴史的転換をなした「ニュースステーション」

「Nステ」は一九八五年一〇月七日にスタートした。久米宏をメインのキャスターに据え、女性のサブキャスターと解説者を加えた三人で番組を進行するスタイルが採用された。久米宏とサブの小宮悦子（～一九九八年三月）そして小林一喜（～一九九一年一月）による初期の番組を懐かしく思われる読者も多いだろう。この三人を中心とした「会話」「語り」「読み」「解説」「コメント」を中心に番組が進行する形式が二〇〇四年三月二六日の番組終了時までほとんど変化することなく継続され、この形式が現在も多くのニュース番組に採用されている。このことからも、「Nステ」が日本のニュース番組に与えた影響の大きさが理解できる。

番組制作の際に掲げられた第一のコンセプトは「中学生にもニュースがわかるように、わかりやすく伝えること」であったという。[1]そのために、番組の「手作り感」を重視し、クリップボードによる手書きの図表の提示、事故・事件の際の現場模型の提示、視聴者の目線に立った「わかりやすい言葉づかい」が追求された。第二は、大物政治家や有名な

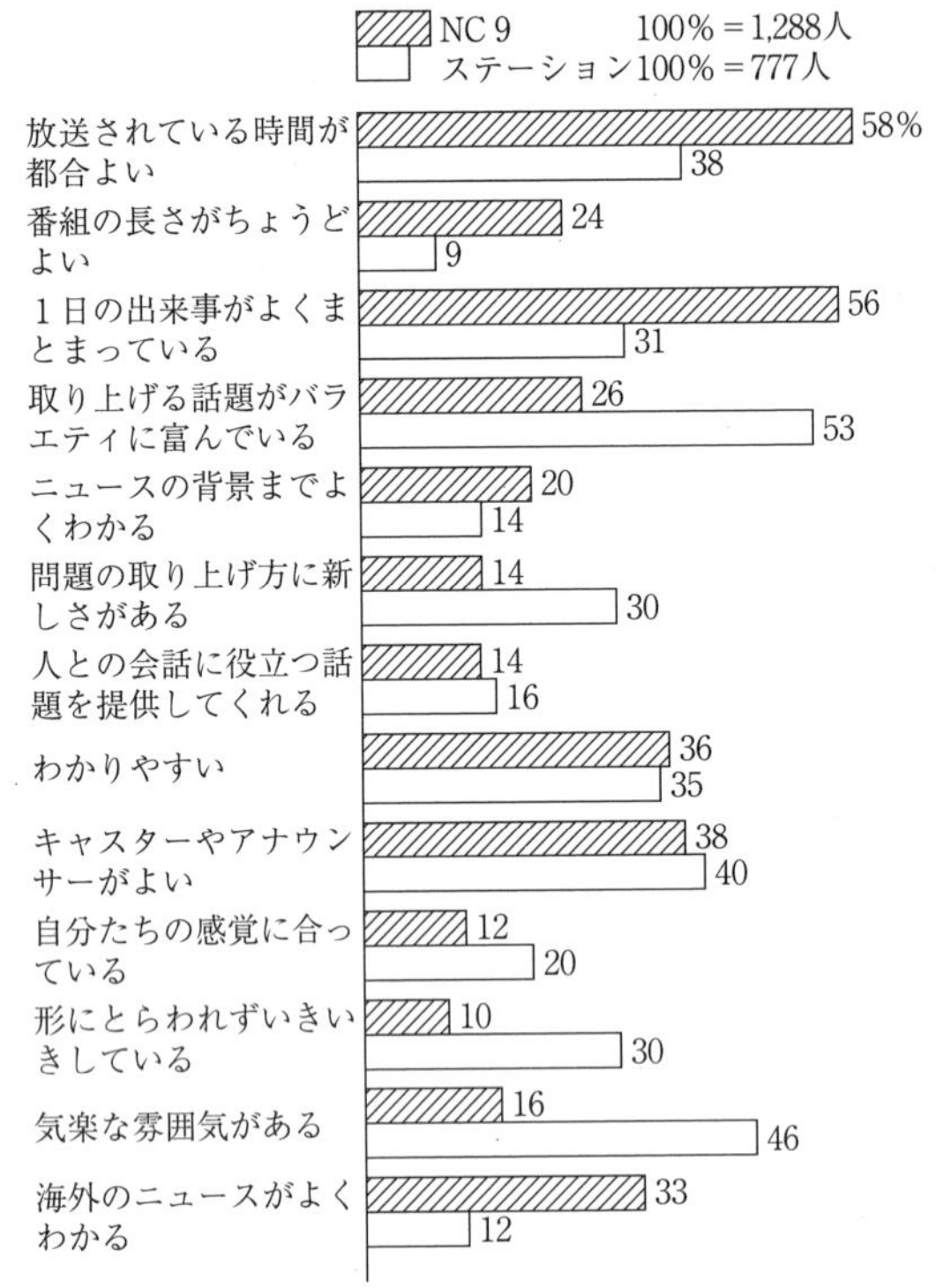

出所：藤原功達・三矢惠子［1987］
引用者注：この調査によれば，「人びとが特に気に入っているニュースをNHK，民放の中からひとつずつあげてもらったところ，NHKでは『NC9（ニュースセンター9時）』（24％），民放では『ニュースステーション』（18％）の率が最も高かった」という。

図10－1　NC9，ニュースステーションの感想

スポーツ選手や著名な音楽家などをスタジオに招いて生のインタビューを数多く行い、テレビのライブ感覚を強調したことである。久米のインタビューは、その軽妙な語り口とともに、物怖じせず事柄の核心に切り込むスタイルで、出演者の本音を引き出すものだった。とりわけ、後述するように、久米の質問にたじろぎ、怒りの表情すら見せる政治家の姿は、このニュース番組だからこそ可能な映像だった。

放送開始直後の視聴率は低迷した。しかし八六年一月のスペースシャトル「チャレンジャー号」の爆発事故報道、そして同年二月のフィリピン政変報道など、速報性と映像特性を生かした報道とともに、前述の複数の要因が作用する中で、二〇％前後の高い視聴率を安定して維持し、テレビ朝日の看板番組として、一九年間近く続いたのである。(2)

伊豫田康弘は、「Nステ」が三つのタブーへの挑戦——つまり第一はテレビ局の中でもっとも重要な報道分野へ外部の制作会社（オフィス・トゥー・ワンによる企画・制作協力）が参入したこと、第二はドラマやバラエティーなどが中心を占めていた午後一〇〜一一時台のプライムタイムに報道番組を投入した編成の独自性、第三は記者・ジャーナリストでは

ない芸能アナ・久米宏の採用――であったと指摘する［伊豫田 2004：27］。この挑戦によって日本のニュース番組のスタイル――とりわけ、感情を抑制して、淡々とニュース原稿を読み上げ、報道内容の多くが政府や官公庁の発表に依拠していたNHKのニュース番組――に大きなインパクトを与え、一時代を画したのである。図10-1からも、この時期に視聴者がこの番組のどこに魅力を感じていたがわかる。

2　「ニュースステーション」という番組の特性

「わかりやすく」伝えるための方法

一九八〇年代に始まった「Nステ」と、その後継番組として二〇〇四年四月に開始された「報道ステ」との差異を明らかにすることを念頭に置きながら、「Nステ」の特徴を検討してみよう。(3)

「Nステ」が多くの視聴者に支持された要因とは何か。前述のように、伊豫田をはじめとして、この点に関してはすでにいくつかの指摘がなされている。第一はNHKに代表される「発表ジャーナリズム」のスタイルを意識的に転換し、視聴者の疑問に応える「わかりやすい」解説、第二は同時性や速報性などテレビ的特性を生かす番組編成、第三は外国の有名な演奏家や音楽家さらにスポーツ選手の生出演などソフトニュースの重視、第四はスポーツコーナーの拡大、第五は女性キャスターの登用などである。こうした複数の要素が相まって、ニュース報道番組に縁遠かった若年層や女性を含めて、幅広い支持を集めたのである。

こうした諸要素の中でも以下では二つの点に注目しておきたい。第一はこの番組が当初からニュース項目の数を抑え、調査報道やルポそして企画特集を重視したことである。それは「わかりやすく」という番組のコンセプトと合致する。一つの事柄を深く掘り下げ時間をかけて伝えるスタイルである。「中立」「客観報道」という建前のもと、定型化した番組が視聴者に対する訴求力を失う中で、「今日の出来事」を流すだけではなく、様々な社会事象を深く掘り下げ、追跡取材を行った。(4)

当時、情報の選択肢が広がる高度情報化の中で、視聴者にアピールする付加価値のある情報をいかに生産するかという課題が「送り手」側に突き付けられていた。その課題への対応の一つが「Ｎステ」という番組のスタイルだった、とみなすことができる。トップニュースを一〇分から、場合によっては一五分近い長い時間枠を割いて詳細に伝える形式の採用である。

第二は久米の「語り」のスタイルである。藤田真文は、現在のニュース番組のキャスターやアナウンサーの行為の重点がニュース原稿を「読む（read）」から、スタジオ内の解説者やサブキャスターとの「語り（talk）」、さらにカメラの向こう側にいる視聴者への「語り（talk）」へとシフトしていると指摘し、その上で「語り」のモードとして、言語、非言語、カメラワークの位相があると述べている［藤田 2006：41］。この視点から言えば、他のキャスターと比較しても、かなり早いスピードの「語り」、一つのフレーズで事柄の核心を伝える簡潔な久米の「語り」は、番組全体に軽快なリズムを構成し、問題の核心を短時間でズバッと伝えてほしいという視聴者の意識に応えるものだった。

このことをいくつかの具体的な番組に即しながら検証してみよう。番組のスタイルが完成し、すでに円熟した時期の――久米が一時降板した（一九九九・一〇・七～一九九九・一二・二三の期間）後の――二〇〇二年六月一〇日に放送された「Ｎステ」である。

「Ｎステ」のわかりやすさ――ワールドカップ対ロシア戦

この時期の「Ｎステ」は、初代のサブキャスターであった小宮が渡辺真理（一九九八・五～）に代わって四年が経過し、スタジオサブに上山千穂、スポーツアナに角澤照治が入り、番組の構成やスタイルが完成の域に達していた。また対象とする二〇〇二年六月の時期は日韓ワールドカップが開催された時期でもある。スポーツを重視し、とりわけＪリーグ、サッカーを重視する「Ｎステ」にとって、ワールドカップ報道はきわめて重要な番組の構成要素であった。その意味では、二〇〇二年六月の報道はやや通常とは異なる。とはいえ、「Ｎステ」の特徴が逆にもっともよく現れていたと位置づけることもできる。日本がロシアに「歴史的勝利」をおさめた翌日の報道を見ておこう。

ワールドカップが開催された週ということもあって、この日も冒頭から日韓ワールドカップのロゴマークの映像、日韓の国旗の映像、そしてワールドカップの試合の印象的なシーンをつないだ映像が次々に流れ、その後に「Nステ」というタイトルバックが映された。そしてスタジオに切り替わる。

久米「こんばんは。一対〇で、日本がロシアに勝ちました。私は、本日、おめでたモードです。日本のサッカーにあらたな日が書き加えられたその日は、こんな一日でした」

この冒頭の久米のコメントの後、ナレーションと映像が次々に繰り出されていく。ロシアのビール会社の抽選で「日本行き」をつかみ、日本にサッカー観戦に来たロシア人一一人が「もう一つのロシア・イレブン」と紹介され、彼らの日本滞在風景や観戦に向かうバスの中で気勢を上げる映像が流れ、さらに会場付近で日本人ファンがgoと書いたパンツをはいて腰を振るシーンが映し出され、最後にスタジアムで大歓声を上げる観客の映像が三秒ほど続いた。ここでCMが入る。ここまでで、二分四〇秒が経過している。

CMを挟んで、ニュースが再開されるやCM前に流れたスタジアムの観客の映像がふたたび流れ、その後に閑散とした静岡の繁華街の映像、小樽港でテレビ観戦するロシアの乗組員の映像、新潟ロシア村で働くロシア人ダンサーのテレビ観戦シーン、横浜のスポーツバーの映像、ピザ屋が「いつもの二倍の売上です」と忙しく働くシーンが次々に映し出され、そして、ようやく試合のシーンが流れた。

ナレーション「後半六分、ゴール」
映像　稲本のゴールシーン
映像　スタジアムで観戦する小泉純一郎首相が喝采するシーン

この二つの短いシーンが挿入された後に、ロシア村のダンサーが落胆する映像、小樽にいるロシア船員の「日本はやるな、いいシュートだった」と話すシーンが流れた。そしてふたたび、小泉の映像が流れる。

映像　笑顔で話す小泉首相のミディアムショット

小泉首相「中田選手がね、総理、感動しましたかと。感動しましたよ、ワーワーって熱気がムンムンだよ」

その後、大阪道頓堀の橋から川に飛び込む興奮した若者の映像、東京渋谷で興奮し気勢を上げている若者に対して、警察官が「今日はこれくらいにして、今日はお帰りください」とスピーカーで呼びかけている映像が流れた。

画面は一転してスタジオに戻り、久米が「緻密な計算、戦略、スポーツは似たところがあります。今日は、そのロシアの極右、大物政治家がやってきました」と紹介し、ロシアの政治家（ウラジーミル・ジリノフスキー、ロシア下院副議長）が新幹線から降り立つ映像や観戦する様子が映し出され、そして最後に街頭スクリーンで約八〇〇〇人が観戦していたモスクワの広場前で、日本戦で負けたために混乱が発生した映像を挿入し、日本人の学生五人が襲われ負傷、全体で一〇〇人が負傷したシーンを解説した。ここまでで、冒頭から約二八分が経過している。ここで一旦CMに入る。

CM終了後、視聴者から見て、出演者の右手後方の約三メートル上から、楕円のテーブルの後ろに座る久米、渡辺、萩谷順（朝日新聞解説委員）を捉えたロングショットの映像が流れ、次第にカメラが下がり、出演者の左側からの水平ショット、その後カメラが切り替わり久米のバストショット映像へとつなぐスタジオの映像が続いた。そして最後のバストショットで久米の顔がしっかり捉えられた。

久米「ワールドカップを開催するのは、日本も韓国も初めての体験なんですけれども、思った以上に、日本、韓国、姿勢を正して、整然と行われているという印象なんですけれども……」

萩谷「そうですね……。モスクワで騒いでいる人たちは、お金がなくて来られなかったのかもしれないですけれど、日本の警察が考えている以上に、日本、韓国、礼儀正しい民族ですよね。……私もヨーロッパで何度かサッカーの試合を見ましたが、フランスやドイツというとイメージがありますが、スタジアムに行くと『おい、こんな国なのか』と思うことがありますよね。礼儀正しい人もいれば、そうでない人もいる。平均的な人を見せてくれるのがサッカーなんですね」

久米「昨夜、私は横浜で観戦したんですが、左後ろはみんなロシア人で国旗を巻きつけて、騒いでいましたが、終了後はみなさんガクッとしておとなしく帰って行きましたけどね」

この最後のコメントの際に、久米は、自ら肩を「ガクッと」落として、萩谷が座る左方向に目線を投げた。このシーンまで冒頭から約三三分、ワールドカップの報道が続いたことになる。視聴者にもっともアピールできるニュースを最初にかなりの時間を割いて報道する、これが「Nステ」の特徴とするスタイルである。

まず、最初の久米の発言に注目しよう。「こんばんは。一対〇で、日本がロシアに勝ちました」「日本のサッカーにあらたな日が書き加えられたその日は、こんな一日でした」という、簡潔で、まったく無駄のない、リズム感に満ちた「語り」である。これこそ、久米の語りの特徴と言える。このスタジオの映像に続いて、ロシアから来たサッカーファンの追跡映像やスタジアムの周りで気勢を上げる日本のファンの映像、そしてスタジアムの中の観衆が総立ちで声援する映像が流れ、CMが挿入される。これも、番組の特徴をなす、きわめて上手い、円熟した映像の編集である。ファンの映像を通じて前日の盛り上がりの様子に輪郭を与え、もっとも高揚したスタジアムのシーンでカットする。CMが入ってもチャンネルを変える気にはならない。昨日のこととはいえ、私たち視聴者もこうした映像を見ることでふたたび気持ちが高揚し、ゴールシーンをまた見たいと思ってしまうからである。CM挿入の巧みさ、これがこの番組の特質でもある。

さらに注目したいのは、カメラの位置の移動と久米を捉えるカメラアングルである。ニュース番組では多くの場合、フレームサイズのバリエーションは少ない。藤田によれば、NHKのニュースでは、「大型モニターでの説明が必要なときはバストショットとフルショットの中間（ミディアムショット）で、大型モニターでの映像の説明を必要としないときにはバストショットという、二つのパターンしかない」〔藤田 2006：50〕と述べている。しかし、こうした一般的なパターンとは異なり、「Nステ」では多様なフレームワークとカメラポジションやアングルが採用されている。もう一度、検証してみよう。

久米の身体の動きをキャッチするカメラ

番組が二八分経過した時点のCMの後、番組は、ハイポジションで、ハイアングルで出演者全員を右手後方からカメラに収めるフレームワークから始まる。徐々にカメラのポジションが下がり、水平ポジションから解説者をバストショットで捉える滑らかなカメラ移動の中に私たちは置かれるのだ。解説者の話が終わると、今度は、ややローアングル、ローポジションで久米がアップショットで映し出され、その数秒後にカメラはゆっくりと水平ポジションにかわり、アップショットのまま、久米の「なんとも言えず可笑しげな」表情を見せる顔と、カメラ目線からやや上半身を右に傾けながら首を傾げて久米の左側に座る解説者に視線をなげる身体的動きを捉えるのである。この映像とともに、「昨夜、私は横浜で観戦したんですが、左後ろはみんなロシア人で国旗を巻きつけて、騒いでいましたが、終了後はみなさんガクッとしておとなしく帰って行きましたけどね」と久米は語り出すのだ。

もちろん、「Nステ」でも、バストショットとフルショットが基本的に採用されている。とはいえ、ロングショットからアップショットまでそれぞれの場面に応じて多様なフレームワークが流れるように編集される。そして、重要なのは、この細かなフレームワークの切り替えの中で、画面の連続的な動きの中で、久米の顔の表情と身体的動作が的確に捉えられていることだ。久米の「語り」のみならず、久米の表情、久米の身体の動きが視聴者に何かを伝え、訴えかけていく。

つまり、何よりここで確認すべきなのは、久米の「語り」によってではなく、映像のなめらかな動きが捉える久米の表情やしぐさから、様々な意味の束が視聴者に届けられているということだ。

意識的になされたか、あるいは無意識的なものか、顔の表情、顔の傾け方、目線、うつ向き加減、上半身を傾けたり、腕を上げたりする身体的な動き、これらの運動は「いま伝えている情報」について、久米自身がそれをどう認識しているか、ことばが指示する意味以外の意味を伝える術、より正確に言えば非言語的な「語り」による「クリティカルな批評」とも見なしうるものである。

こうした顔の表情やしぐさを通じて、「語り」や「読み」といったことばが発する意味を飛び越えて、視聴者に、ニュアンスに富む、しかし久米が伝えたいと考えたであろう意味をダイレクトに届ける技法がもっとも効果的に発揮されたのは、大物政治家をスタジオに向かえた時だった。政治家の発言に対して、久米が、声を発することなく顔を背けて薄笑いの表情や困ったという表情を浮かべる時、あるいは手に持っていた鉛筆をかざしたり、左右に振るしぐさを行い、ことばを通じてではなく、その発言に対する応答――それは発言に対する揶揄、批判、疑念、驚き、あるいは共鳴や共感――が行われた時である。

たとえば、一九八六年「絶対解散しない」と述べていた中曾根首相が抜き打ち解散を行い、自民党が圧勝した後の七月七日、党総裁候補として立候補するかどうかが注目されていた宮沢喜一、竹下登の、両氏をスタジオに迎えて、宮沢に「宮沢さんはまだ総裁選立候補、正式に立候補されていないわけですが、闘志はおありですよね」と述べ、竹下には「竹下さん、いつも手順が決まったら手順が決まったら、あんなこと言っているうちに下から追い越されてしまいますよ」と述べる久米の「語り」は、それまでの定型化され、政治家のスムーズで無難な発言を引き出すように工夫された質問やインタビューの形式とはまったく異なるものだったし、その時の久米の顔はやや笑みを浮かべ、時にはかっと眼を開き、時には一瞬眼をつぶるなど、彼の身体は政治家の発言に敏感に反応していた。それが画面を通じてクリアに表現されているのである。

視聴者は、歯切れのよい、リズミカルな久米の「語り」と、こうした久米の非言語的なしぐさや表情から発する「意味」を読み取ることに、番組を視聴する「面白さ」を感受し、それとともに「久米に対する共感」さえ抱きながら番組を視聴したのではないだろうか。これが、この番組の最大の魅力、最大の特徴の一つであり、視聴者のニュース経験であった。
いま述べたような「Nステ」の特徴がこの日のニュースに限定されるようなものではなく、この時期の同番組の特徴であることを示すために、翌日の番組も見ておこう。

3　テレビの中の〈政治〉、〈政治〉を語る「ことば」

二〇〇二年六月一一日　防衛庁問題

ワールドカップ開催中とはいえ、翌日六月一一日のニュースはほぼ通常の編成であった。冒頭にワールドカップ日韓大会のロゴの映像、続いてブラジル選手のプレーの映像が続いた後、スタジオ映像に切り替わり、久米、渡辺、萩谷の三人をフルショットで映し出す。

久米「こんばんは。ワールドカップ情報は一〇時二〇分過ぎから詳細にお伝えしたいと思います」

この発言の直後に、国会内で記者の質問に応じる小泉首相のバストショット映像が流れ、この映像に合わせて久米が次のようにコメントした。

映像　スタジオの久米のバストショット
久米「行きたいな、行きたいね……でも、行かせてくれる?」
一瞬の間を置いて、
久米「私は明日、大阪に行きますから、ぼやいているのは私ではありません。ぼやいているのは、我が国の総理大臣、でもやっぱりダメでした」

ここで久米から渡辺にカメラが切り替わる。

映像　渡辺のバストショット

渡辺「防衛庁が作成した調査報告書の全文公開を見送った責任はだれにあるのか。この問題をめぐって今日一日、国会が空転しました。野党四党は責任の所在が明らかにならない限り、国会の審議には応じられないとして、一部を除いて両院の委員会を欠席しました。与党三党は、与野党幹事長会談で、意見を言うのは自由だし、公開を見送ったのは防衛庁の判断だとして説明しましたが、野党側はまったく納得せず、会談は決裂しました。また、与党側は、健康保険法改正案の委員会採決を明日、与党だけで行う方針です」

ここでふたたび小泉首相が「しょうがないなぁ～、出てくればいいのに」と述べる映像とコメントが挿入され、さらに局の記者のぶら下がり取材の際の映像が映し出された。記者が「明日はテレビで観戦ですか」と質問し、それに小泉首相が「見たいなぁ、現場で。行けないけど、テレビで見ます。応援します」とコメントする映像である。

こうして、サッカー観戦に行きたいが、行けないと述べる小泉首相の映像とともに、「防衛庁のリスト作成問題」というトップのニュースが報じられる。ここまで、二分三〇秒である。CMが入り、CM終了後、画面はふたたびスタジオを映し出す。

映像　久米のミドルショットからバストショットへ

久米「防衛庁リスト作成事件は、実は、絶妙なタイミングで起きてくれたと言えます。国会で審議されている個人情報保護法案は、役人には都合がよいザル法だとわかったからです。今日の防衛庁の処分は甘い上に、まだごたついています」

福田康夫官房長官の会見映像「早急に、かつ厳正に処分していただきたい」

この福田の発言を受けて、防衛庁の映像とともにナレーションの声が挿入される。「と言ってみたものの、処分どころではありません。本来であれば、防衛庁は今日処分する予定だったのですが、報告書全文を隠して、概略だけの公表で済まそうとした疑惑があるからです」。続いて山崎拓議員が国会を出る際の映像が流れ、ふたたび「政府が圧力を認めないので、防衛庁は調査報告書の公表の経緯も調査して職員を処分することにしました。また、辻褄合わせにならなければよいのですが」とのナレーションが重ねられた。

さらに防衛庁伊藤事務次官会見の映像の後、報告書らしき書類の映像が流れる中、ナレーションは次のように説明した。「一体、防衛庁のみなさんの処分はどうなるんでしょうか？　今回、対象になるのは、『行政機関の保有する電子計算機処理に係る個人情報の保護に関する法律』です。法を犯した者は罰せられるのが世の常。しかし、この法律では罰しません。否、罰することができないのです」。ここで真っ黒な画面に、白文字で、「なぜ」のテロップが入る。

福田会見映像「行政機関については罰則がないということですが、（中略）そもそも行政機関はそういうこと（法を犯すようなこと）はしないことになっている」

映像　防衛庁の門の入口の映像

ナレーション「そう、お役所のみなさんは、悪いことはしないから、罰則は決めなかったんです」

映像　四年前の防衛庁の捜査の際の映像

ナレーション「しかし、四年前、防衛庁は天下りの関係資料を隠して証拠を隠滅しました。……悪いことはするみたいです」

テロップ「悪いことはします」と表示

ナレーション「法を犯しておとがめなしでは法治国家の滅亡です。そこで今回は、自衛隊法を適応して、懲戒減給処分をおこなう予定です。いま、国会では、個人情報保護法案が二つ提出されています。一つは民間、つまり私たちを対象にしたものと、行政を対象にした個人情報保護法の全面改正案です。民間の個人情報保護法には罰則規定があります。行政を対象にした個人情報保護法の改正案には罰則規定がまったくないのです」

このトップニュースはここまでで一八分が経過している。前の項で、最初のニュース項目に時間をかけて重点的に報道するスタイルが「Nステ」の特徴であると指摘したが、その特徴がこの日にもよく現れている。スポーツニュースであれ、政治ニュースであれ、その日のトップに伝える項目に時間をかけて報道する。したがって相対的にニュース項目の数は少なくなる。

さて、この日のトップニュース防衛庁関連の報道には、いま述べた点以外の特徴もよく現れている。

ニュースの「物語化」の前景化

その一つは、ニュースに視聴者を導く仕掛けの「巧みさ」であろう。書き起こしてみるとその「巧みさ」がよく理解できる。冒頭の久米の最初の発言は、「行きたいな、行きたいね……でも、行かせてくれる?」である。意表を突く、驚くべき導入部である。「Nステ」でなければ、久米でなければ、けっしてできないような導入部である。そしてそれに続いて小泉首相のコメント映像が流された。

前日もサッカーを観戦し、コメントを求められ、興奮した小泉の表情が番組に登場している。視聴者は、その映像シーンを思い起こしながら、首相がサッカー好きであること、公務で観戦には行けない、「首相といえども一般市民と同じだなぁ〜」と思いながらこの映像を視聴したのではないだろうか。テレビ局側から言えば、政治とは無関係なサッカー観戦という切り口で、国民の支持が集まっていた小泉首相の発言と映像を伝えることは、インパクトのある、もっともよい映像素材であったはずだ。また政府側から見ても、一般の人々と同じように「できれば仕事を休んででもサッカー観戦に行きたい」という小泉の私的な思いをテレビが伝えることは、むしろ小泉支持を拡大する上で歓迎すべき映像であっただろう。番組の冒頭で視聴者を引き付ける編集の巧みさが確認できる。

トップニュースの伝え方にも特徴が見られる。防衛庁リスト作成事件、そして個人情報保護法という二つの問題が相互に関連づけて報じられた。渡辺キャスターが述べたように、「防衛庁が作成した調査報告書の全文公開を見送った責任はだれにあるのか」が大きな争点であった。この防衛庁リスト作成事件と個人情報保護法の問題とは本来異なる問題であり、それぞれ個別に議論されねばならない性格のニュースである。にもかかわらず、二つのニュースは関連づけて報道される。そのために二つの補助線が引かれる。一つは、防衛庁による調査報告書の全面公開見送りという問題を、隠蔽体質が一向に改善されない身内に甘い官僚組織という問題に一般化する論理の展開である。そして第二は、身内に甘い官僚組織を象徴的に示す事例として、「行政を対象にした個人情報保護法の改正案には罰則規定がない」ことを強調する展開である。こうした編集のために、両者が抱える個別の論点や問題点は深められることなく、焦点は「官僚組織一般に対する批判」へと収斂する。それは「論理」というより「物語化」とでも形容すべきものだろう。たしかに単純化した図式で事態を説明する「物語化」が視聴者にニュースの本質を「わかりやすく」伝えることにつながる場合もある。しかし、このケースでは、個々の論点が錯綜し、映像がコマ切れに挿入され、二つの問題について視聴者が十分な理解を得られるような構成にはなりえていない。「物語る」行為だけが前景化しているのだ。(5)

このニュースを見終わった後に、視聴者が抱く印象は、防衛庁による調査報告書の全面公開見送りという問題でもなく、個人情報保護法の改正案でもなく、「身内に甘い官僚組織」「官僚組織はどうなっているの？」という「官僚組織」と「官僚」に対する不信感だろう。

もう一つの特徴を挙げておこう。それは、久米や渡辺の「語り」とともに、ナレーションで語られる「ことば」である。きわめて辛辣な「ことば」が多用されている。「辻褄合わせにならなければよいのですが」「お役所のみなさんは、悪いことはしないから、罰則は決めなかったんです」「……悪いことはするみたいです」といった話法は、口調は「やわらかい」とはいえ、事態の核心を形容する言表である。さらに久米の使用した「ザル法」という表現も注目される。つまり、キーワードや、その事態に対する評価を交えた「ことば」を多用することで、問題の核心を伝えようとする発話行為がなされているということだ。それは、事態を、一切の評価や価値判断を交えない（と私たちに思わせるような「ことば」を駆使した発話行為による）「客観的」なニュース報道ではないし、後述するような、ある出来事や事態に対する感情的な表現でもない。その発話行為は、ある出来事や事態の特性や性格に対する一定の価値判断を含む「評価」の言表である。無味乾燥とも思える淡々とした報道ではない。一方で出来事が孕む特性や問題に対する感情的・情動的な反応を表す発話でもない。両者の発話行為から一線を画して、この番組がいかに事態を「表現」するのか、いかに「評価」するのか、久米の「語り」や身体的動作を含めて、それら諸要素を楽しみながら見る欲望に駆り立てられ、視聴者はテレビ画面を見つめていたのだ。

4　ポストテレビ時代のテレビニュース

古舘の饒舌な「語り」

テレビニュースを取り巻く環境は二〇〇四年前後から大きく変化した。パソコンやモバイル端末に接続したインターネットの利用が一般化し、メディア環境に占めるテレビ自体の位置が変化したからである。若年層を中心にテレビを見ない世代が生まれ、既存のテレビ番組への出演を取りやめ、ネットテレビに大物政治家が登場する時代である。

この「ポストテレビ」時代において、ニュース番組は自らの立ち位置をいかに作り出そうとしてきたのか。「Nステ」の後継番組である「報道ステ」の特徴を検討してみよう。「報道ステ」を分析するのは、「Nステ」の後継番組として、「Nステ」の位置からの移行・移動の距離を計測する格好の対象だ、という理由もあるが、この番組が開始されてから一〇年近く経過したいまも、夜のニュース番組の中ではもっとも高い一四～一五％の視聴率を維持し、現在の代表的な日本のニュース番組の一つだからである。

番組が開始されてから五年が経過した二〇〇九年五月二五日のニュースは次のように始まった。この時期、「報道ステ」のスタジオは、現在（二〇一四年時点）の木目調の重厚な、奥行き感がある配置ではなく、薄い緑色のパステルカラーを基調にしたものだった。軽快なテーマミュージックが流れ、左後方の高い位置からスタジオ中央に置かれた花瓶を映すカメラが次第に下がり、ミドルショットで古舘を捉えた。

この日のトップニュースは北朝鮮による二回目の核実験である。実験が行われたと推測される場所の衛星写真を交えて「先月の弾頭ミサイル発射」に続く「世界を震撼させる事態」であるとして二分八秒ほど伝えた後、CMが入り、その後に北朝鮮の政治状況や各国の対応に関する情報が続き、全体で約二〇分がこのニュースに充てられた。次にインフルエンザ予防薬の国内開発（約五分二〇秒）、続いて厚生労働省の分割案と幼稚園保育所の一元化に関するニュース（約九分四〇秒）、さらに東関親方（元関脇・高見山）の定年（約九分四〇秒）、板橋の資産家夫婦の殺害事件（約一分一〇秒）が続いた。これで約四六分が経過した。

翌日の二六日、さらに二七日も、トップニュースの頭出しで二〜三分を費やし、その後にCM、そして次にトップニュースに関する関連情報をかなりの時間を割いて伝えるスタイルが取られている。つまり「Nステ」のスタイルや番組編成の基本的な枠組みを継承していることがわかる。ではどこに変化が見られるか、古舘の「語り」に注目してみよう。

五月二六日に放送された年金制度に関するニュースは、年金負担額と給付額に世代間で大きな格差があることを報じた。厚生労働省発表のデータに基づく、このニュースに入る際の古舘の「語り」である。

映像　古舘のバストショット
古舘「年金を目的にした消費税を上げるという話は、一旦は、当面は、封印ということになっていますよね。それで肝心の年金というのは、すでに壊れているんじゃないか、この制度は、と思われている人は当然、圧倒的に多いと思います。そういうムードの中で、このタイミングで、やはり年金制度はぶっ壊れているんだ、というようなデータが出てきました。どうご覧になりますか」

この古舘のリードに続いて、参議院予算委員会で蓮舫（民主党）が厚労省年金局長にこのデータに関する答弁を求める映像が流れ、続いて、当時の自民党政権が「年金安心一〇〇年プラン」というスローガンの下で「年収の五〇％は保障する」と述べていた目標が、この試算によれば、達成不可能であることを報じた。

古舘「一色さん、だいたい『こんなもんだよ』と思っていらした方も、数字を見て『なんだよ』と思われた方も、多いと思いますが……」

一色「五割給付について二つのことを示していると思うんですね。一つは年金をもらい始めてしばらくすると、妻が専業主婦であるモデル世帯以外では、みんな、現役世代は五割を切っちゃうと。そして妻が専業主婦のモデル世帯でもしばらくすると五割を切ってしまうんですね。結局五割ということは、妻が専業主婦であるモデル世帯の、しかももらい始めのときだけなんですね。五割という、政府の公約みたいになっているんですが、誤解を与える数字だと思うんですね。五割は無理なんだと正直に言った方が、僕は、建設的だと思いますね」

古舘「五割というのはマジックだった、正直に言うべきだ、ではなぜこのタイミングで正直出てきたのか、ちょっと邪推しちゃうんですよ。たとえばですよ、とにかくいまの制度は崩壊しているんだぞ、とですね、この既成事実に、より根拠を与えて、ぱっと、いままでは社会保険庁の不祥事とか、責任を取っていないとか、この人にあるんじゃないかとか一切吹っ飛ばして、来年年金機構だとか、新しい制度設計だとか、移られちゃうと、ちょっと待てと、いままでのことをちゃんと総括してもらわないと困るよと、どうしてもそこに戻っちゃうんですけれどもね」

この発言を受けて、一色の解説は少子化と経済成長が低い国はどこでも年金問題を抱えていることを指摘し、少子化の対策と経済成長を進める必要性を示唆した。そして、古舘は以下のように締めくくった。

古舘「政治は安心を作るという文言の下、いったい現実はどれだけ不安感を煽っているか、よ〜く考えてもらいたいと思うんですけれどもね」

ここで特徴的なのは、古舘のコメントの長さであり、その饒舌さ、だろう。そして複数の論点をつなげる語り口の特異性だろう。しかも、論点をつなげる連結の仕方には奇妙な飛躍がある。「世代間で年金負担と給付の割合に差がある」

「五割給付はほぼ難しい」というデータの信頼性や根拠、そしてそのデータを「読む」際に視聴者が注意すべき点を検証しないまま、なぜこの時期にデータが発表されたかという論点に話題が移動する。古舘の「邪推」によれば、「五割給付は無理である」ことを政府が既成事実化していくことにデータ公表の狙いがあるのでは？ということになる。そして、この既成事実化の前に行われるべきことは、社会保険庁の不祥事とその責任の追及であることが示唆されるのだ。いつの間にか、年金問題は社会保険庁の責任問題へと「移行」する。書き起こしてみれば明らかなように、論点が絶えず移動し、その移動の論理は捩《ね》じれていく。

締めくくりの発言もまことに奇妙なものだ。「煽る」という動詞の主語が「現実」であるはずはない。好意的に解釈して、「この時期に『五割給付は維持できない』というデータを提示することで作り出された現実」は「不安を煽る」ことにつながる、という趣旨での発言であると解釈しても明晰さに欠けるコメントだろう。古舘の「語り」の特徴の一つは、饒舌で、説明過多、批判的な言表のスタイルを取りつつ、飛躍した論理の運び、ということになる。簡潔、明瞭に、伝えることに徹していた久米との相違がここにある。

五月二七日の報道も見ておく。トップは国会の党首討論だった。冒頭の「語り」に注目しておこう。

映像　古舘、市川、一色のロングショットから、古舘のミドルショットへ

古舘「こんばんは。しかしですね、いまの政治、経済状況、なんなんだと、これは、と思っていらっしゃる方が多いんじゃないでしょうか。それは、とりもなおさず、いままで、政治家、官僚が、国民のために働いてこなかったんじゃないか、と思っておられる方もすごく多いと思うんです。われわれ、政治を諦めることはできないんですから、ぜひ見ていただきたいんですが、今日国会内で、後ろにありますように、党首討論が開かれました」

映像　国会内の党首討論、安倍と鳩山の映像

テロップ「西松めぐり、非難の応酬」「麻生VS鳩山　初の党首討論」

この映像とテロップが流れ、ＣＭが入った。

情動と不安の喚起装置としてのニュース

スポーツアナウンサーを務めて人気を博し、その後「話法の魔術師」とも形容された古舘の、ニュースキャスターとしての「語り」のもう一つの特徴は、ストレートな感情表現にある。感情を表出する「語り」である。さきの「いまの政治、経済状況、なんなんだと、これは」という「語り」は、一見多くの視聴者の声を代弁する——自身の意見ではないかのような——装いを見せるが、それはあくまでいまの政治的な出来事から多くの視聴者が抱いているであろう感情を、「送り手」側が自ら想定し、それを代弁する、発話の位置からの「語り」と見ることができる。それは事態を「評価」する、あるいは生起した出来事の特徴や様相を特徴づける「語り」ではない。事態に即した、それに寄り添い、対象の特性を適切に表現する「ことば」ではなく、目の前の事象から触発された感情や情動を表現する「ことば」だろう。視聴者の感情を代弁するかのような感情表現がこの番組の基調音を構成しているのである。

番組で多用される「こんなことが許されていいんでしょうか」あるいは「絶対、許せないですよね」といった「語り」はこの種の典型的な「語り」である。あるいは、前日の番組で語られた「当然」「圧倒的に多い」といった語の使用に示されるように、データ的な裏づけがないまま、「断定的」な「語り」が行われることも特徴の一つをなしている。さらに留意すべきは、繰り返し指摘するが、「圧倒的に多い」と番組が想定する視聴者の位置に番組自体を仮託させ、その位置から発話行為が行われていることだ。

「当然」「圧倒的に多い」といった強い表現の語法や「国民のために働いてこなかった」といった短く印象に残るフレーズは、ニュースが伝える事態や出来事を視聴者に感情的な、情動的なレベルで受容する回路を押し広げていく。また一方で、多数派（と番組が想定する）の人々の視点を先取りし、それに同一化した（と思わせる）発話の位置の設定や、断定的で情動を触発するような番組の「語り」に対しては、「偏向」した、「左翼っぽい」言説であるとして、これまた多くの感情的な反発を招いている。[(6)]

ここで指摘したいのは、古舘の「語り」に対する批判ではない。キャスターの「語り」をキャスター個人の特性として見なすなら、久米と古舘との間に違いが生まれるのは当然のことだ。しかし、キャスターの「語り」が番組制作者全体で綿密に検討され、チェックされたものであることを考えれば、それを全面的に個人的な特性に還元してはならないことは明らかだろう。繰り返すが、古舘の、個人的な「語り」が問題なのではない。慎重な検討が必要なのは、「報道ステ」の特徴として浮かび上がる、説明過多、感情を喚起する「ことば」の多様、大多数の視聴者が共有すると想定する感情に発話の位置を設定する、といった要素がこの番組の特徴を作り出していることだ。新しいメディア環境が構成される中で、それが、テレビに視聴者を繋ぎとめておくために、ニュース番組を視聴してもらうために採用された（採用せざるをえない）戦略であるとするならば、その戦略は私たちをどこに連れていくのだろうか。

5　「テレビ政治」は何を帰結したのか

テレビ化する政治、政治を見ることの欲望の肥大化

一九九〇年代から二〇〇〇年代は、構造改革、赤字国債、借金財政、そして打開できない長期不況など、多くの政治的経済的論点が浮上し、かつ現在まで続く政治不信が高まった時期である。こうした中、「Nステ」は、前述したように、ニュースの中に政治家の「素顔」や「本音」を垣間見せるかのような数秒の映像を挿入する編集を多用し、一方ではスタジオに積極的に政治家を招いて、テレビ画面を通じて直接彼らの発言を報じた。ＮＨＫの日曜政治討論番組に各政党の代表者が登場し、それぞれの政党の「公式的」な見解を披露するスタイルではなく、政治家本人が何を思っているのか、それを久米が聞き出すスタイルは新鮮で、視聴者にとっても政治家の本音が聞き出せる（かもしれない）と期待させるリアリティを作り出していた。辛辣な質問やコメントを久米が大物政治家に浴びせる映像は、国会の中だけの「政治」、選挙だけの「政治」を、視聴者にとって身近なものに、より日常に開かれたものに組み立て直し

たとも言えるだろう。またすでに指摘したが、久米の「語り」とともに、その非言語的な身体的しぐさから発する意味作用は、時には政治家を苛立たせ、時には政治家の笑顔を引き出しながら、視聴者が番組を見る一つの「面白さ」を作り出していた。政治を見たい、あるいは政治家を見たい、といったこれまでにはない視聴者の欲望を構築したのだ。言い換えれば、「政治」をより公共的な空間に開いていくテレビ的な試みの一つとして、この番組は「テレビの中に政治（家）を引き込み」「テレビの中で政治が展開する」状況を拡大・深化させたのである。

この番組が一つの契機となり、政治家のテレビ露出度が劇的に高まっていく。それは「政治的なるもののイメージ」そして「政治家に対する視聴者の感覚」を変容させずにはおかなかったし、同時に、テレビでどう語るか、テレビでいかなるパフォーマンスを見せるか、これが決定的に重要であることを政治家自身が認識する契機ともなった。また一方で、テレビにとっては、政治家や「テレビ映像の中にセットアップされた政治過程」が視聴率を叩き出す有力な文化的資源となった。(7) テレビは、外在的な視点から、政治過程を客観的に映し出すような「鏡」あるいは「窓」などではなく――もちろんそれ以前にもテレビはもはや社会の外部に立つエージェントなどではなくなっていたのだが――、政治がテレビを取り込み、テレビも政治を取り込む、メビウスの輪のように表と裏が反転しながら接合する状況が成立したのである。ここでは、この事態を「政治のテレビ化」「テレビの政治化」と呼んでおこう。

そこから何が生まれたのか。一つは「政治家のタレント化」そして「タレントの政治家（化）」という事態の進行である。つまり、テレビで雄弁に語れる人物が政治家の重要な資質となり、ユニークな「語り」を売りにする人物の政治家への転身だった。橋下徹や河村たかしはその典型的な事例ではあるが、そのことをもっとも深く学んだのが実は小泉純一郎であったと言えるかもしれない。と言うよりも、一つの仮説として指摘すれば、「小泉純一郎が久米宏から学んだ」とさえ言えるのではないだろうか。ワンフレーズポリティクスと言われた小泉のメディア戦略は、テレビの特性を熟知した久米の「語り」「一つの短いフレーズで事柄の核心を伝える簡潔な言い回し」とどこかでつながっていたのではないだろうか。一瞬で、何かを伝え、人々の身体に何かを響かせる、その技法の巧みさ、である。

テレビニュースの進化形が帰結した意図せざる結果

「政治」をより視聴者にとってわかりやすく、身近なものに、という「ニュースステーション」の意図は、この時点で、番組制作者や久米の意図を超えて、意図せざる結果として、まったく別のフェーズへと転移していく。すなわち、「タレント化した政治家」がテレビにとって視聴率をアップさせる格好の商品となり、また逆に「タレント化した政治家」にとっては、テレビが所属政党や自身の政策や考えをアピールする有力な道具となることは、政治の透明化や可視化という狙いを超えて、意図せざる結果として、「テレビ」と「政治」の相互依存の関係を生成する。「テレビ政治」と言われる現象の、これが実相であった。

久米の「語り」の鋭さの先にあった対象自身がその「語り」を身にまとったとき、久米自身の「語り」は陳腐化し、番組の立ち位置は微妙に揺らいでいく。その意味で、二〇〇五年の総選挙で小泉率いる自民党が圧勝する前年の二〇〇四年に「Nステ」が終了したのは、きわめて象徴的な出来事であるように私には見えるのである。

「ニュースの大衆化」と「ポピュリズム」の境界、「わかりやすさ」と「単純化された図式」との境界、「政治のテレビ的ショー化」と「政治過程の透明化」の境界、これらいくつもの危うい境界を「Nステ」は構築し、その線上を「Nステ」自身が走り続けてきた。それはたしかにひとつの「テレビニュースの進化形」であった。では、「Nステ」が切り拓いた、こうした「テレビ的なジャーナリズム」の先に、テレビニュースは自らの新しい姿を構成できたのだろうか。「報道ステ」に限らず、日本のニュース番組は、「Nステ」が終了してからすでに一〇年が経過したいま、その新しい姿を提示できているのだろうか。インターネット上の情報が総体的に優位性を持ち始め、テレビの信頼性がこれまで以上に問い直されている中、不安を喚起し、感情を喚起する「語り」や「話法」をちりばめる手法で、視聴者をテレビに向き合わせることに収斂するならば、「テレビだからこそできるジャーナリズム」は今後ますます厳しい試練に立たされるのではないだろうか。

すでに述べたように、モバイルメディアによるニュース情報は、短いフレーズで、一目でわかる、一目でチェックできる様式へと変化している。それはたぶん、慎重に、じっくりと思考を起動させるものというよりは、本書の第1章で指摘されている通り、チェックという瞬時の身体動作、身体的反応を随伴し、その動作と一体化したニュース受容を強めていくだろう。それは一瞬の微細な情動的反応とも対となっている。

ネットを通じたニュースの消費は、これまでのテレビニュース番組の受容とはまったく異質のものと考えられるかもしれない。だが、二つの番組を対象にして歴史的な視野からニュースを考察した本章が示唆するように、こうしたモバイルメディアを媒介とする様々な断片化したニュース情報や私的な「つぶやき」情報を違和感なく受容する人々の欲求と経験は、一瞬の内にワンフレーズで「わかりやすく」伝えようと努めてきたテレビニュースの形式や、感情動員を一つのコアとするようなニュースの「語り」とどこかで接続している可能性すら考えうるのではないだろうか。メディア環境の総体の変化の中で、ニュース経験の連続性と不連続性について、さらなる分析が求められている。

注

(1) テレビ朝日の渡辺興二郎（当時：テレビ朝日報道局次長）、川村晃司（当時：テレビ朝日報道局次長兼解説者）の両氏に対して筆者が二〇〇四年に行った聞き取り調査での発言である。

(2) 「ニュースステーション」の登場以降、「金食い虫」と揶揄されたニュース報道番組は高い視聴率が取れるジャンルとしての評価が高まり、各局が競って新機軸のニュース番組を編成し、「ニュース戦争」「報道の時代」と一般に呼ばれる時期が到来する。

(3) 「ニュースステーション」に関する本格的な検証はまだ数少ないが、二〇〇四年三月八日から同月一九日までの二週間を対象に、その報道内容に詳細な分析を加えたものとして福永勝也の研究［福永 2005］がある。本章もこの研究に教えられることが多かった。この研究では、「NHKニュース9」との比較もなされている。

(4) 福永によれば、二〇〇四年三月八日の報道を「ニュースステーション」と「NHKニュース10」で比較したところ、両局でトップニュースとして扱った「鳥インフルエンザ」に関して、前者では一四分五三秒、後者では一〇分四三秒であったこと、同調査期間における両番組の「一般ニュースの平均本数（一日当たり）」を比較すると、前者が九・〇本、後者が一一・三本、さらに「そのうちのストレートニュースの平均本数（一日当たり）」を比較すると、前者が六・六本、後者が一〇・六本であった、との結果を提示している。ニュース項目を限定し、一つの項目に比較的長い時間をかける、という本文でも指摘した「Nステ」の特徴が示されている。

（5）たとえば、日吉昭彦は「Nステ」のテクスト分析を行い、二〇〇四年一月八日に放送された「ダムが洪水を呼ぶ～北海道二風谷ダム」という特集番組について、番組が設定した枠組みの中で映像が反復的に使用され、安易な形で「住民側」と「行政の開発側」の対立構図が構成されていることを検証している［日吉 2005］。出来事を単純な二項対立の形式で物語る、ニュースの「物語化」である。

（6）たとえば、2ちゃんねるにおける書き込みでは、古舘や「報道ステ」に対する、辛辣で、感情的な批判（というより罵倒に近い）が多数見られる。それは、「報道ステ」の報道姿勢が政府に批判的である、「左」寄りの報道であることに対する批判というよりも、感情的な批判と言える。

（7）この時期、多くの政治家が登場した番組として、「ビートたけしのTVタックル」（テレビ朝日、一九八九年七月～）、「たけし・逸見の平成教育委員会」（フジテレビ、一九九一年一〇月～一九九四年九月）、「平成教育委員会」（フジテレビ、一九九四年一〇月～一九九七年九月）、「たかじんのそこまで言って委員会」（読売テレビ、二〇〇三年七月～）などを挙げることができるし、朝日放送「ワイドABCDE～す」に出演後、二〇〇三年四月から「行列のできる法律相談所」（日本テレビ）にレギュラー出演し、全国的に知名度を上げて政治家となった橋下徹や河村たかしが「タレントの政治家（化）」を象徴的に示している。

Rosaldo, R. (1989/1993) *Culture and Truth: The Remaking of Social Analysis*, Beacon Press. =(1998) 椎名美智訳『文化と真実――社会分析の再構築』日本エディタースクール出版部。

Schutz, A. (1964) *Collected Papers 2, Studies in Social Theory*, Martinus Nijhoff. =(1980) 中野卓監修，桜井厚訳『現象学的社会学の応用』御茶の水書房。

Silverstone, R. (1994) "Television, Ontology and the Transitional Object,"in *Television and Everyday Life*, Routledge. =(2000) 土橋臣吾・伊藤守訳「テレビジョン，存在論，移行対象」吉見俊哉編『メディア・スタディーズ』せりか書房。

Sunstein, C. R. (2001) *Republic.com*, Princeton University Press. =(2003) 石川幸憲訳『インターネットは民主主義の敵か』毎日新聞社。

Urry, J. (2000) *Sociology Beyond Societies: Mobilities for the Twenty-First Century*, Routledge. =(2006) 吉原直樹監訳『社会を越える社会学――移動・環境・シチズンシップ』法政大学出版局。

Van Leeuwen, T. (2008) *Discourse and Practice: New Tools for Critical Discourse Analysis*, Oxford University Press.

Williams, R. (1975/1990) *Television: Technology and Cultural Form*, 2nd ed., Routledge.

Certeau, M. de (1980) *L'invention du quotidien 1. Art de faire*, Union Générale d'Éditions. =（1987）山田登世子訳『日常的実践のポイエティーク』国文社。
Clayman, S. & Heritage, J. (2002) *The News Interview: Journalists and Public Figures on the Air*, Cambridge University Press.
Cohen, S. (1973) *Folk Devils and Moral Panics*, Paladin.
Deleuze, G. (1983) *Cinéma 1. L'image-mouvement*, Les Éditions de Minuit. = (2008) 財津理・齋藤範訳『シネマ１＊運動イメージ』法政大学出版局。
Derrida, J. et Stiegler, B. (1996) *Échographies de la télévision*, Galilée. = (2005) 原宏之訳『テレビのエコーグラフィー――デリダ〈哲学〉を語る』NTT 出版。
Deutsch, K. W. 1971 (Discussion) "Designing Organization for An Information-Rich World" (Speaker: Simon, H. A.), in M. Greenberger (ed.), *Computers, Communications, and the Public Interest*, The Johns Hopkins Press. = (1976) 電気通信総合研究所訳「情報社会における組織の設計」『コンピュータ・通信――その未来と課題』東京創元社。
Deuze, M. (2003) "The Web and its Journalisms: Considering the Consequences of Different Types of Newsmedia Online," *New Media & Society*, 5(2).
Fairclough, N. (1992) *Discourse and Social Change*, Polity.
――――(1995) *Media Discourse*, Arnold.
Fenton, N. (2010) "Drowning or Waving? New Media, Journalism and Democracy," in Fenton N. (ed.), *New Media, Old News: Journalism and Democracy in the Digital Age*, SAGE.
Fiske, J. (1989) *Reading the Popular*, Routledge. = (1998) 山本雄二訳『抵抗の快楽――ポピュラーカルチャーの記号論』世界思想社。
Fowler, R. (1986) *Linguistic Criticism*, Oxford University Press.
――――(1991) *Language in the News: Discourse and Ideology in the Press*, Routledge.
Jenkins, H. (1992) *Textual Poachers: Television Fans and Participatory Culture*, Routledge.
Kitsuse, J. I. and Spector, M. B. (1977) *Constructing Social Problems*, Cummings. = (1990) 村上直之・中河伸俊・鮎川潤・森俊太訳『社会問題の構築――ラベリング理論をこえて』マルジュ社。
Lanham, R. A. (2007) *The Economics of Attention: Style and Substance in the Age of Information*, University of Chicago Press.
Massumi, B. (2005) "Fear: the spectrum said," *Position*, 13(1). = (2014) 伊藤守訳「恐れ（スペクトルは語る）」伊藤守・毛利嘉孝編『アフター・テレビジョン・スタディーズ』せりか書房。
McQuail, D. (2005) *McQuail's Mass Communication Theory*, 5th ed., SAGE. = (2010) 大石裕監訳『マス・コミュニケーション研究』慶應義塾大学出版会。
Melucci, A. (1989) *Nomads of the Present: Social Movements and Individual Needs in Contemporary Society*, Hutchinson. = (1997) 山之内靖・貴堂嘉之・宮崎かすみ訳『現在に生きる遊牧民――新しい公共空間の創出に向けて』岩波書店。
――――(1996) *Challenging Codes: Collective Action in the Information Age*, Cambridge University Press.
Negroponte, N. (1995) *Being Digital*, Knopf. = (2001) 西和彦監訳・解説，福岡洋一訳『ビーイング・デジタル――ビットの時代　新装版』アスキー。

藤田真文（1995）「ニュース・テクストにおける客観性とモダリティ」『人間科学』第13巻1号。

――――（2006）「テレビニュースの談話分析」伊藤守編『テレビニュースの社会学――マルチモダリティ分析の実践』世界思想社。

藤竹　暁（1977）「共有的テレビ視聴論――テレビにおける日常的視聴の意見について」『文研月報』（NHK放送文化研究所）第27巻1号。

藤原功達・三矢恵子（1987）「テレビ報道はどう受け止められているか――『テレビと報道』調査から」『放送研究と調査』第37巻7号。

ベック，U.（1986＝1998）『危険社会――新しい近代への道』東廉・伊藤美登里訳，法政大学出版局。

保阪正康（2005）『戦後政治家暴言録』中公新書ラクレ。

星浩・逢坂巌（2006）『テレビ政治――国会報道からTVタックルまで』朝日新聞社。

マイヤー，M.（2001＝2010）「理論，方法論，そして政治の間で――CDAアプローチを位置づける」R.ヴォダック／M.マイヤー編著『批判的談話分析入門――クリティカル・ディスコース・アナリシスの方法』野呂香代子監訳，三元社。

牧野智和（2008）「少年犯罪をめぐる『まなざし』の変容――後期近代における」羽渕一代編『どこか〈問題化〉される若者たち』恒星社厚生閣。

益岡隆志（1991）『モダリティの文法』くろしお出版。

町田和彦（2005）『感染症ワールド――免疫力・健康・環境』早稲田大学出版部。

松田素二（2009）『日常人類学宣言！――生活世界の深層へ／から』世界思想社。

三浦展（2006）『「自由な時代」の「不安な自分」――消費社会の脱神話化』晶文社。

山口　仁（2007）「『全国報道』における水俣病事件の表象」小林直毅編『「水俣」の言説と表象』藤原書店。

山崎恵人（2010）『GIGAZINE未来への暴言』朝日新聞出版。

山田富秋（2004）「エスノメソドロジー・会話分析におけるメッセージ分析の方法」『マス・コミュニケーション研究』第64号。

ヤング，J.（1999＝2007）『排除型社会――後期近代における犯罪・雇用・差異』青木秀男・伊藤泰郎・岸政彦・村澤真保呂訳，洛北出版。

外国語文献

Altheide, D. L. (2002) *Creating Fear: News and the Construction of Crisis*, Aldine de Gruyter.
――――(2006) *Terrorism and the Politics of Fear*, AltaMira Press.
――――(2009) *Terror Post 9/11 and the Media*, Peter Lang.
Anderson, B. (1991) *Imagined Communities: Reflections on the Origin and Spread of Nationalism*, Rev. and extended ed., Verso.＝(1997) 白石さや・白石隆訳『想像の共同体――ナショナリズムの起源と流行 増補版』NTT出版。
Bourdieu, P. (1980) *Le sens pratique*, Les Éditions de Minuit.＝(1988-1990) 今村仁司他訳『実践感覚　1・2』みすず書房。
Brown, T. (2009) *Change by Design: How Design Thinking Transforms Organizations and Inspires Innovation*, Harper Business.＝(2010) 千葉敏生訳『デザイン思考が世界を変える――イノベーションを導く新しい考え方』早川書房。
Carey, J. W. (1989) *Communication as Culture: Essays on Media and Society*, Routledge.

高村　裕（1986）「報道番組『テレビ化』とは――『ニュースステーション』の1年」『世界』第494号。

田中幹人・標葉隆馬・丸山紀一朗（2012）『災害弱者と情報弱者――3・11後，何が見過ごされたのか』筑摩書房。

田端信太郎（2012）『MEDIA MAKERS――社会が動く「影響力」の正体』宣伝会議。

土井隆義（2012）『少年犯罪〈減少〉のパラドクス（若者の気分）』岩波書店。

土橋臣吾（2010）「ウェブにおけるニュース接触の形」伊藤守編『グローバル化におけるニュースメディア・テクスト研究の刷新』2007～2009年度科学研究費補助金研究成果報告書。

――――（2013）「モバイルメディアと都市経験――極端なユーザーに見るその可能的様態」金井明人・土橋臣吾・津田正太郎編『メディア環境の物語と公共圏』法政大学出版局。

中河伸俊（1999）『社会問題の社会学――構築主義アプローチの新展開』世界思想社。

中西新太郎（2012）『「問題」としての青少年――現代日本の〈文化‐社会〉構造』大月書店。

蜷川真夫（2010）『ネットの炎上力』文春新書。

バウマン，Z.（2011＝2011）『コラテラル・ダメージ――グローバル時代の巻き添え被害』伊藤茂訳，青土社。

橋元良明・福田充・森康俊（1997）「慎重を期すべき『街頭の声』の紹介――テレビ報道番組におけるイグゼンプラー効果に関する実証的研究」『新聞研究』第553号。

羽渕一代編（2008）『どこか〈問題化〉される若者たち』恒星社厚生閣。

浜井浩一・芹沢一也（2006）『犯罪不安社会――誰もが「不審者」？』光文社新書。

早河　洋（1988）「ニュースステーションの実験」『新聞研究』第446号。

原　寿雄（1979）「情報操作――発表ジャーナリズム時代への抵抗」『新聞研究』第341号。

原田正純（2004）「水俣病における認定制度の政治学」原田正純・花田昌宣編『水俣学研究序説』藤原書店。

ばるぼら（2005）『教科書には載らないニッポンのインターネットの歴史教科書』翔泳社。

日吉昭彦（2005）「『ニュースステーション』が伝えた『二風谷ダム』報道――ニュース・ドキュメンタリーにおける映像テクストの分析を中心に」『目白大学人文学研究』第2号。

平井智尚（2010）「個人ニュースサイトの『ニュース』について考える」『メディア・コミュニケーション』第60号。

――――（2013）「原発事故とインターネット――放射性物質の拡散に関する情報を事例として」『大震災・原発とメディアの役割――報道・論調の検証と展望』公益財団法人新聞通信調査会。

広田照幸（2011）『教育論議の作法――教育の日常を懐疑的に読み解く』時事通信出版局。

ファーロング，A.／カートメル，F.（2006＝2009）『若者と社会変容――リスク社会を生きる』乾彰夫・西村貴之・平塚眞樹・丸井妙子訳，大月書店。

福島原発事故独立検証委員会（2012）『福島原発事故独立検証委員会調査・検証報告書』ディスカヴァー・トゥエンティワン。

福永勝也（2005）「ジャーナリズムとしての『ニュースステーション』テレビ報道論――久米宏『キャスターニュース』の考察」『人間文化研究』（京都学園大学人間文化学会）第15号。

フーコー，M.（1969＝1981）『知の考古学』中村雄二郎訳，河出書房新社。

川野徳幸（2001）「閣僚失言の政治学」『国際協力研究誌』（広島大学大学院国際協力研究科）第7巻1号。

北田暁大（2005）『嗤う日本の「ナショナリズム」』日本放送出版協会。

木村幹夫・浅利光昭（2011）『東日本大震災時のメディアの役割に関する総合調査報告書』日本民間放送連盟・研究所。

木村盛世（2009）『厚労省と新型インフルエンザ』講談社現代新書。

久米　宏（1995）「ニュースステーションのすべてを語る」『文藝春秋』第73巻9号。

久米　宏・小宮悦子・早川洋・川村晃司（1991）「『ニュースステーション』私たちの湾岸報道」『朝日ジャーナル』第33巻12号。

グライス，P.（1989＝1998）『論理と会話』清塚邦彦訳，勁草書房。

後藤孝典（1995）『ドキュメント「水俣病事件」沈黙と爆発』集英社。

小松美彦（2010）「爛熟する生権力社会――『臓器移植法』改定の歴史的意味」『現代思想』第38巻3号。

酒巻政章・花田昌宣（2004）「水俣病被害補償にみる企業と国家の責任論」原田正純・花田昌宣編『水俣学研究序説』藤原書店。

桜井哲夫（2003）『フーコー――知と権力』講談社。

佐藤哲彦（2008）『ドラッグの社会学――向精神物質をめぐる作法と社会秩序』世界思想社。

佐藤郁哉（2008）『質的データ分析法――原理・方法・実践』新曜社。

佐藤卓己（2006）『メディア社会――現代を読み解く視点』岩波新書。

佐藤俊樹（2006）「閾のありか」佐藤俊樹・友枝敏雄編『言説分析の可能性――社会学的方法の迷宮から』東信堂。

サール，J. R.（1969＝1986）『言語行為――言語哲学への試論』坂本百大・土屋俊訳，勁草書房。

澤田治美（1993）『視点と主観性――日英語助動詞の分析』ひつじ書房。

清水瑞久（2004）「脳死・臓器移植報道に対する視聴の分析――TBS『ニュースの森』をテクストとして」『マス・コミュニケーション研究』65号。

――――（2006）「犯罪ニュースがかたどる生と死のかたち――溢れる不安と親密性」伊藤守編『テレビニュースの社会学――マルチモダリティ分析の実践』世界思想社。

――――（2010）「現代社会と身体の囲い込み――健康の造成と死への見放し」田中義久編『触発する社会学――現代日本の社会関係』法政大学出版局。

正林督章（2011）「パンデミックのその後」和田耕治編『新型インフルエンザ（A/H1N1）――わが国における対応と今後の課題』中央法規出版。

正林督章・和田耕治（2011）「新型インフルエンザ（A/H1N1）の特徴」和田耕治編『新型インフルエンザ（A/H1N1）――わが国における対応と今後の課題』中央法規出版。

情報通信政策研究所（2012）「東日本大震災を契機とした情報行動の変化に関する調査結果」総務省 HP：http://www.soumu.go.jp/main_content/000160888.pdf（2014年9月1日取得）

菅谷憲夫（1999）『インフルエンザ――新型ウイルスの脅威』丸善。

関谷直也・橋元良明・中村功・小笠原盛浩・山本太郎・千葉直子・関良明・高橋克巳（2012）「東日本大震災における首都圏住民の震災時の情報行動」『東京大学大学院情報学環情報学研究　調査研究編』第28号。

瀬名秀明（2009）『インフルエンザ21世紀』鈴木康夫監修，文春新書。

ヴォダック，R.（2001＝2010）「談話の歴史的アプローチ」R.ヴォダック／M.マイヤー編著『批判的談話分析入門――クリティカル・ディスコース・アナリシスの方法』野呂香代子監訳，三元社。

NHK「最強ウイルス」プロジェクト（2008）『最強ウイルス――新型インフルエンザの恐怖』日本放送出版協会。

柄本三代子（2005）「動物由来感染症に関するリスクコミュニケーション研究」順天堂大学医学部公衆衛生学教室（丸井英二）『大規模感染症発生時の効果的かつ適切な情報伝達の在り方に関する研究』2004年度厚生労働科学研究費補助金（新興・再興感染症研究事業）研究報告書。

――――（2006）「テレビにおける報道の実態」順天堂大学医学部公衆衛生学教室（丸井英二）『新型インフルエンザに対するリスクコミュニケーションの在り方についての実践的研究』2005年度厚生労働科学研究費補助金（厚生労働科学特別研究事業）研究報告書。

――――（2010a）『リスクと日常生活』学文社。

――――（2010b）「水銀汚染に関するリスクコミュニケーションの批判的考察――魚類の摂食制限初期報道を中心に」『応用社会学研究』第20号。

――――（2010c）「リスクをめぐる認知と行為選択についての語り――情報リソースの多様性と非合理性についての考察」『社会学年誌』第51号。

FPN・徳力基彦・渡辺聡・佐藤匡彦・上原仁（2005）『アルファブロガー――11人の人気ブロガーが語る成功するウェブログの秘訣とインターネットのこれから』翔泳社。

遠藤　薫（2011）『間メディア社会における〈世論〉と〈選挙〉――日米政権交代に見るメディア・ポリティクス』東京電機大学出版局。

大石　裕（2004）「政治環境とジャーナリズム」田村紀雄・林利隆・大井眞二編『現代ジャーナリズムを学ぶ人のために』世界思想社。

――――（2007）「メディア・フレームと社会運動に関する一考察」『三田社会学』第12号。

大石裕・岩田温・藤田真文（2000）『現代ニュース論』有斐閣。

大塚英志（2001）『定本物語消費論』角川文庫。

岡井崇之（2006）「ニュースに見られる女性身体の編制――ダイエット食品の被害をめぐる語りと映像の矛盾」伊藤守編『テレビニュースの社会学――マルチモダリティ分析の実践』世界思想社。

――――（2009）「美容整形バラエティのミクロ社会学」藤田真文・岡井崇之編『プロセスが見えるメディア分析入門――コンテンツから日常を問い直す』世界思想社。

――――（2012）「メディアと社会変容をめぐる新たな視座――言説分析からのアプローチ」『東洋英和　大学院紀要』第8号。

岡田晴恵・田代眞人（2003）『感染症とたたかう――インフルエンザとSARS』岩波新書。

岡田晴恵編（2006）『強毒性新型インフルエンザの脅威』藤原書店。

加地正郎（2005）『インフルエンザの世紀――「スペインかぜ」から「鳥インフルエンザ」まで』平凡社新書。

加藤典洋（1995）「失言と癋見」『思想の科学』第8次29号。

加藤昌男（2012）『テレビの日本語』岩波新書。

香山リカ（2011）『〈不安な時代〉の精神病理』講談社現代新書。

河岡義裕（2005）『インフルエンザ危機』集英社新書。

引用・参考文献

日本語文献

赤川　学（2012）『社会問題の社会学』弘文堂。

赤羽由起夫（2010）「『リスク』としての少年犯罪とモラル・パニック――『普通の子』の凶悪犯罪報道に着目して」『犯罪社会学研究』第35号。

浅野智彦（2006）「若者論の失われた十年」浅野智彦編『検証・若者の変貌――失われた10年の後に』勁草書房。

鮎川　潤（2001）『少年犯罪――ほんとうに多発化・凶悪化しているのか』平凡社新書。

飯島裕一（2009）『健康不安社会を生きる』岩波新書。

イェーガー，S.（2001＝2010）「談話と知――批判的談話分析および装置分析の理論的，方法論的側面」R. ヴォダック／M. マイヤー編著『批判的談話分析入門――クリティカル・ディスコース・アナリシスの方法』野呂香代子監訳，三元社。

石田英敬（2003）「テレビと日常生活――テレビの記号論再考」『放送メディア研究』第1号。

石牟礼道子（2004）『石牟礼道子全集・不知火　第3巻』藤原書店。

――――（2006）『苦海浄土　第二部――神々の村』藤原書店。

井出嘉憲（1998）「現代における情報公開の制度化」井出嘉憲他編『講座情報公開――構造と動態』ぎょうせい。

伊藤昌亮（2011）『フラッシュモブズ――儀礼と運動の交わるところ』NTT出版。

――――（2012）『デモのメディア論――社会運動社会のゆくえ』筑摩書房。

伊藤　守（2006）「ニュースのディスコース分析，マルチモダリティ分析」伊藤守編『テレビニュースの社会学――マルチモダリティ分析の実践』世界思想社。

――――（2008）「メディア相互の共振と社会の集合的沸騰――『亀田父子』問題にみる『民意』」『現代思想』第36巻1号。

――――（2012）『ドキュメント　テレビは原発事故をどう伝えたのか』平凡社新書。

――――（2013）『情動の権力――メディアと共振する身体』せりか書房。

――――編（2006）『テレビニュースの社会学――マルチモダリティ分析の実践』世界思想社。

――――編（2010）『グローバル化におけるニュースメディア・テクスト研究の刷新』2007〜2009年度科学研究費補助金研究成果報告書（基盤研究（B），研究課題番号19330118）。

伊藤儀雄（2012）「気をつけたい『釣り見出し』必要な自制と長期的な視点」［連載］“ヤフー・トピックスの中の人”が紹介するヤフー・トピックス『ITmedia マーケティング』http://marketing.itmedia.co.jp/mm/articles/1210/16/news003.html（2012年12月1日取得）

伊豫田康弘（2004）「久米宏と『ニュースステーション』の18年――ジャーナリズムの大衆化促す」『世界週報』第85巻13号。

ヴァン・デイク，T. A.（2001＝2010）「学際的なCDA――多様性を求めて」R. ヴォダック／M. マイヤー編著『批判的談話分析入門――クリティカル・ディスコース・アナリシスの方法』野呂香代子監訳，三元社。

[さ行]

[た行]

事　項

テレビ番組・新聞

索　引

人　名

[あ行]

[か行]

[さ行]

小林直毅（こばやし　なおき）　第9章

法政大学社会学部教授。専門は，メディア文化研究，水俣病事件報道研究。「水俣」のテレビドキュメンタリーのアーカイブ研究に関心がある。

主要業績に，『放送番組で読み解く社会的記憶――ジャーナリズム・リテラシー教育への活用』日外アソシエーツ，2012年（共著），「メディア言説としての安定賃金闘争と水俣病事件」『大原社会問題研究所雑誌』第630号，2011年，『「水俣」の言説と表象』（編著）藤原書店，2007年，など。

福田朋実（ふくだ　ともみ）　コラム3

東洋大学現代社会総合研究所奨励研究員。専門は，マス・コミュニケーション論，ナショナリズムとメディア研究。ナショナリズムの形成におけるマス・メディアの機能に関心がある。

主要業績に，「新聞4コマ漫画が描く鳩山由紀夫首相（前・中・後編）――首相在任期間中の3大紙の4コマ漫画に関する一分析　2009～2010」『東洋大学社会学部紀要』第90-93号，2012-2014年（共著），「現代的ナショナリズムの一考察――特攻作品の内容分析を通して」『白山社会学研究』第18号，2011年。

清水瑞久（しみず　みずひさ）　第4章

大妻女子大学／明治大学大学院非常勤講師。専門は，メディア論，社会思想史。現在の関心は，都市―メディアと身体性の現在。

主要業績に，「現代社会と身体の囲い込み――健康の造成と死への見放し」田中義久編『触発する社会学――現代日本の社会関係』法政大学出版局，2010年，「犯罪ニュースがかたどる生と死のかたち」伊藤守編『テレビニュースの社会学――マルチモダリティ分析の実践』世界思想社，2006年，「北村透谷の生命思想――『力としての自然』を中心として」社会思想史学会『社会思想史研究』第30号，2006年，など。

柄本三代子（えのもと　みよこ）　第5章・コラム2

東京国際大学教育研究推進機構准教授。専門は，身体論，リスク論，メディア論。健康リスクや環境リスクをめぐる不安／安心／安全についての「実践と語り」に関心がある。メディア内容分析を含む質的調査を主として行っている。

主要業績に，『〈つながる／つながらない〉の社会学』弘文堂，2014年（共著），『リスクと日常生活』学文社，2010年，『健康の語られ方』青弓社，2002年，など。

堀口　剛（ほりぐち つよし）　第7章・コラム1

東京大学大学院学際情報学府博士課程，武蔵野大学／大妻女子大学非常勤講師。専門は，メディア論，メディア史。現在は1980年代における日本の出版文化に関心を向けている。

主要業績に，「写真美術館構想と『つくば写真美術館』」粟生田弓・小林杏編『1985／写真がアートになったとき』青弓社，2014年，「『編集者』が『作者』になるとき――三浦展という事例から」南後由和・加島卓編『文化人とは何か？』東京書籍，2010年，「戦時期における岩波文庫の受容――古典と教養の接合をめぐって」『マス・コミュニケーション研究』第72号，2008年，など。

藤田真文（ふじた　まふみ）　第8章

法政大学社会学部教授。専門は，メディア論。テレビドラマの物語構造分析とニュースの言説分析が研究テーマ。

主要業績に，『現代ジャーナリズム事典』三省堂，2014年（共監修），『メディアが震えた――テレビ・ラジオと東日本大震災』東京大学出版会，2013年（共編著），『メディアの卒論――テーマ・方法・実際』ミネルヴァ書房，2011年（編著），『プロセスが見えるメディア分析入門――コンテンツから日常を問い直す』世界思想社，2009年（共編著）など。

著者紹介

岡井崇之　　はじめに・第6章

※奥付の編者紹介を参照

伊藤　守　　序章・第10章

※奥付の編者紹介を参照

土橋臣吾（どばし　しんご）　　第1章

法政大学社会学部准教授。専門は，メディア論。デジタル情報化によるメディア文化とメディア経験の変容を具体的に記述することに関心がある。

主要業績に，『ケータイの2000年代――成熟するモバイル社会』東京大学出版会，2014年（共編著），『メディア環境の物語と公共圏』法政大学出版局，2013年（共編著），『デジタルメディアの社会学――問題を発見し，可能性を探る』北樹出版，2013年（共編著），など。

小林義寛（こばやし　よしひろ）　　第2章

日本大学法学部教授。専門は，文化社会学。日常生活とメディア文化との接点，日米欧のファンカルチャーとメディア文化の受容に関心がある。

主要業績に，「メディア・ミックス・コミックス――マンガが読者と出会う場所」吉田則昭・岡田章子編『雑誌メディアの文化史――変貌する戦後パラダイム』森話社，2012年，「銀水晶に解放された関係性――美少女戦士セーラームーンに欲望するファン」鈴木智之・西田善行編『失われざる十年の記憶――一九九〇年代の社会学』青弓社，2012年，『ポピュラーTV』風塵社，2009年（共著），『それぞれのファン研究』風塵社，2007年（共著），など。

平井智尚（ひらい　ともひさ）　　第3章

一般財団法人マルチメディア振興センター研究員，日本大学法学部非常勤講師。専門は，ウェブ社会論，メディア文化論。一般の人々によるポピュラーなウェブ利用と営みに関心がある。

主要業績に，『大震災・原発とメディアの役割――報道・論調の検証と展望』新聞通信調査会，2013年（共著），「ウェブに見られるテレビ・オーディエンスの活動と公共性――市民による公共性を越えて」大石裕編『戦後日本のメディアと市民意識――「大きな物語」の変容』ミネルヴァ書房，2012年，「なぜウェブで炎上が発生するのか――日本のウェブ文化を手がかりとして」『情報通信学会誌』第101号，2012年，など。

編者紹介

伊藤　守（いとう　まもる）

早稲田大学教育・総合科学学術院教授。専門は，社会学，メディア・スタディーズ。

これから2020年の東京オリンピック開催までメディア空間がどう変容するか関心がある。

主な業績に，『アフター・テレビジョン・スタディーズ』せりか書房，2014年（共編著），『情動の権力』せりか書房，2013年，『ドキュメント　テレビは原発事故をどう伝えたのか』平凡社新書，2012年，『記憶・暴力・システム』法政大学出版局，2005年，など。

岡井崇之（おかい　たかゆき）

奈良県立大学地域創造学部専任講師。専門はメディア論，文化社会学。

都市空間における人々のメディア利用とその身体に関心がある。

主な業績に，『レッスル・カルチャー――格闘技からのメディア社会論』風塵社，2010年（編著），『「男らしさ」の快楽――ポピュラー文化からみたその実態』勁草書房，2009年（共編著），『プロセスが見えるメディア分析入門――コンテンツから日常を問い直す』世界思想社，2009年（共編著），など。

ニュース空間の社会学――不安と危機をめぐる現代メディア論

2015年2月20日　第1刷発行　　定価はカバーに表示しています

編　者　伊　藤　　守
　　　　岡　井　崇　之

発行者　髙　島　照　子

世界思想社
京都市左京区岩倉南桑原町56　〒606-0031
電話　075(721)6506
振替　01000-6-2908
http://sekaishisosha.jp/

（印刷・製本　太洋社）

ISBN978-4-7907-1651-8

『ニュース空間の社会学』の
読者にお薦めの本

テレビニュースの社会学　マルチモダリティ分析の実践

伊藤　守 編

テロップ，画像，音声，音響，キャスターをとらえるカメラ・アングルなど，多様なモードから作られたテレビのニュース番組。そのメディアとしての特質を見なおし，ディスコース分析による新たなニュース研究の枠組みと方法を提示する。

本体価格 2,300 円＋税

プロセスが見えるメディア分析入門　コンテンツから日常を問い直す

藤田真文・岡井崇之 編

スポーツ番組，バラエティ番組，CM，ドラマ，インターネットの掲示板，週刊誌など、現代の多様なメディアのメッセージを、自分で読み解くための実践的入門書。メディア・コンテンツの扱い方から理論まで、実際の授業に沿って丁寧に解説する。

本体価格 2,300 円＋税

昭和ノスタルジアとは何か
記憶とラディカル・デモクラシーのメディア学

日高勝之 著

映画，テレビ，音楽，雑誌等に現れる《昭和ノスタルジー》は，単純な懐古にすぎないのか。メディア表象や言説の詳細な検証を通して通説に挑み，背後に隠れたモダニティへの抵抗，戦後の「光」と「闇」を炙り出す斬新な戦後文化論の誕生。

本体価格 3,700 円＋税

メディア・情報・消費社会　〈社会学ベーシックス 6〉

井上　俊・伊藤公雄 編

記号化する世界——主体と欲望の変容

マクルーハン『グーテンベルグの銀河系』から見田宗介『現代社会の理論』まで，近代から現代に至る社会の変貌を鮮やかに描き出す 23 の名著解題。

本体価格 2,000 円＋税

価格は，2015 年 1 月現在